本书系2021年江苏省高等教育学会辅导员工作研究会专项课题"社会主义核心价值观融入高校第二课堂研究"（项目批准号：21FYHLX013）的研究成果。

光明社科文库
GUANGMING DAILY PRESS:
A SOCIAL SCIENCE SERIES

·政治与哲学书系·

社会主义核心价值观
融入高校第二课堂研究

吕云超｜著

光明日报出版社

图书在版编目（CIP）数据

社会主义核心价值观融入高校第二课堂研究 / 吕云
超著 . -- 北京：光明日报出版社，2023.11
ISBN 978 - 7 - 5194 - 7694 - 6

Ⅰ.①社… Ⅱ.①吕… Ⅲ.①高等学校—思想政治教
育—教学研究—中国 Ⅳ.①G641

中国国家版本馆 CIP 数据核字（2023）第 250260 号

社会主义核心价值观融入高校第二课堂研究
SHEHUI ZHUYI HEXIN JIAZHIGUAN RONGRU GAOXIAO DI-ER KETANG
YANJIU

著　　者：吕云超

责任编辑：杨　娜　　　　　　　责任校对：杨　茹　李佳莹
封面设计：中联华文　　　　　　责任印制：曹　净

出版发行：光明日报出版社

地　　址：北京市西城区永安路 106 号，100050

电　　话：010-63169890（咨询），010-63131930（邮购）

传　　真：010-63131930

网　　址：http：// book. gmw. cn

E - mail：gmrbcbs@ gmw. cn

法律顾问：北京市兰台律师事务所龚柳方律师

印　　刷：三河市华东印刷有限公司

装　　订：三河市华东印刷有限公司

本书如有破损、缺页、装订错误，请与本社联系调换，电话：010-63131930

开　　本：170mm×240mm

字　　数：221 千字　　　　　　印　　张：14

版　　次：2024 年 3 月第 1 版　　印　　次：2024 年 3 月第 1 次印刷

书　　号：ISBN 978 - 7 - 5194 - 7694 - 6

定　　价：89.00 元

前　言

从事了 20 余年的高校学生工作，我一直在想，究竟如何才能真正把握大学生思想政治教育工作的核心？每个学生都是一个独立的个体，就像世界上没有两片一模一样的树叶一样，他们都是独一无二的。他们来自不同的家庭、生长于不同的学习生活环境，周边的人和事影响着他们的思想和价值标准。当他们走进大学的那一刻，他们眼中的世界是各不相同的，世界本没有变，是看待这个世界的人有着不同的高度和视角，这可能就是青年人价值观最初的雏形和差异吧。

2014 年 5 月，习近平总书记在北京大学师生座谈会上指出："我为什么要对青年讲讲社会主义核心价值观这个问题？是因为青年的价值取向决定了未来整个社会的价值取向，而青年又处在价值观形成和确立的时期，抓好这一时期的价值观养成十分重要。"并强调，"青年要从现在做起、从自己做起，使社会主义核心价值观成为自己的基本遵循，并身体力行大力将其推广到全社会去"。①习近平总书记的这段话既强调了培育青年社会主义核心价值观的重要性，又指出了青年时期对于开展价值观教育养成的特殊地位，这也为高校思想政治教育指明了方向。

本书的写作初衷是基于大学生培育和践行社会主义核心价值观的重要性。经过查阅文献资料和调查访谈，我发现，学者们对社会主义核心价值观的宏观阐述较多，微观研究较少；对实践路径的研究虽然数量较多，但真正能落地实施的较少。对社会主义核心价值观在高校的实践载体研究主要围绕第一课堂相关课程、职业教育、文化活动等，对高校第二课堂这个实践载体阐述较少，即

---

① 习近平. 青年要自觉践行社会主义核心价值观——在北京大学师生座谈会上的讲话 [EB/OL]. 中央政府门户网站，2014-05-05.

使有所涉及，大部分也是止步于宏观层面，研究不够深入。因此，无论是理论研究，还是实践研究，其效果远远达不到社会主义核心价值观"入脑、入心、入行"的目标。研究可见，高校第二课堂是高校开展大学生社会主义核心价值观培育和践行较为薄弱的环节。但不可忽视的是，高校第二课堂在大学生的学习生活中占有较大的份量，这个份量包括了学生的时间、兴趣和个人综合能力提升等内涵。第一课堂更侧重理性学习和知识积累，氛围较为严肃紧张；而第二课堂更侧重感性学习和综合能力的提升，氛围较为活泼放松。社会主义核心价值观属于意识形态领域的范畴，是人的思想和情感的升华。如果社会主义核心价值观能够融入高校第二课堂，学生更易在潜移默化中接受社会主义核心价值观的思想导向，可以避免知识接收与思想接纳之间的错位。

基于以上分析，本书的写作方向逐渐明确，研究动机更侧重社会主义核心价值观融入高校第二课堂的可行性和紧迫性。社会主义核心价值观可以融入高校第二课堂的管理制度、教师队伍、课程内容、活动项目及环境布置等。由于高校第二课堂的开放性及大学生参与第二课堂的自发性特点，兴趣成了推动学生参与课堂学习与实践的动力，兴趣是最好的老师，因此，我坚信，如果把社会主义核心价值观融入高校第二课堂，则能使学生在参与课堂学习时更易接受贯穿其中的内容和观点。这也触发了本书最终选择高校第二课堂与社会主义核心价值观培育相结合的研究。

高等学校第二课堂是第一课堂的延伸，与第一课堂既互补又相对独立，是大学生拓展素质和提升能力的理想场所，也是高校开展价值观教育的重要载体，肩负着立德树人的重任。社会主义核心价值观融入高校第二课堂可为大学生价值观的培育提供浸润的环境，既可以解决第二课堂缺乏理论指导、易产生意识形态偏差等问题，也可以弥补第一课堂思想政治教育及价值观教育形式单一、学生参与积极性不高的问题。

基于此，本书主要从现状考察、问题分析和路径探寻三个方面开展研究。现状考察主要从正反两个方面入手，运用典型分析、学生问卷调查和教师访谈等方法，全面把握社会主义核心价值观融入高校第二课堂的有利因素、存在问题及成因。针对存在的问题，本书通过多种方法进行调查分析，得出主要原因有：西方错误思潮对第二课堂的冲击、社会消极因素对第二课堂的干扰、第二课堂保障机制的缺失和第二课堂自身特点带来的困惑等。针对以上问题的成因，本书主要从四个方面进行深入研究：一是确立目标和原则，为社会主义核心价值观融入高校第二课堂指明方向。只有坚持马克思主义方向性原则、主导性和多样性相结合的原则、理论性和实践性相结合的原则、普遍性与特殊性相统一的原则，才能实现大学生对社会主义核心价值观的内心认同和自觉践行、社会主义核心价值观对高校第二课堂的理论指导、高校第二课堂对第一课堂的有效促进等目标。二是创新形式和内容，为社会主义核心价值观融入高校第二课堂增添动力。只有构建全覆盖的"大融入"格局，创新价值观教育内容提炼模式，进一步落实、落细社会主义核心价值观的教育内容，才能真正把社会主义核心价值观与第二课堂实践相对接。三是深化机制和保障，为社会主义核心价值观融入高校第二课堂保驾护航。只有构建协同保障机制、实践融入机制、文化陶冶机制、激励约束机制、评价反馈机制及科学研究机制等保障机制，才能全方位克服制度缺失的问题。四是优化第二课堂载体，为社会主义核心价值观融入高校第二课堂培植土壤。只有加强专兼职相结合的师资队伍建设，构建科学有效的课程体系，打造全面发展的第二课堂大学生群体，优化社会主义核心价值观融入高校第二课堂的各种载体与平台，才能克服第二课堂自身特点带来的困惑，提高价值观教育实效。

本书的研究有利于拓展社会主义核心价值观培育和践行的载体，有利于创新高校第二课堂的育人模式，有利于解决社会主义核心价值观"入脑、入心、入行"的问题，是高校思政课程的有效尝试，是高校把握思想政治教育核心的重要路径，更是实现立德树人目标的重要支撑。希望本研究能为社会主义核心价值观的培育和践行提供一个新的视角。但是，由于笔者理论水平和研究能力有限，对许多问题的研究不够深入。如由于调查样本不够广泛，对有些问题的把握有可能存在不够精准的方面；对社会主义核心价值观融入高校第二课堂的有些机制的阐述仅限于宏观层面，微观领域的研究与设计不够深入。当然，还有许多笔者没有意识到的问题，恳请各位专家与同仁不吝赐教。

作者

2023 年 5 月 20 日

目 录
CONTENTS

第一章

绪　论

第一节　研究的背景和意义

自党的十八大以来，社会主义核心价值观的研究在全党全社会如火如荼地展开，学者们除对社会主义核心价值观进行深入的理论分析以外，如何培育和践行社会主义核心价值观成为一个研究的重点。高等学校是大学生云集的场所，他们是年轻的一代、富有知识的一代，是祖国的希望与未来，培育和践行当代大学生社会主义核心价值观的研究关系国家的发展方向和发展高度。除了理论灌输之外，我们只有把社会主义核心价值观融入教育教学的各个环节中，才能更为有效地培养大学生正确的价值观，才能真正地培育和践行大学生社会主义核心价值观。在教育教学的各个环节中，社会主义核心价值观与高校第二课堂的有机融合是一个非常重要的实践环节，具有重要的研究价值。然而，从当前的研究现状来看，对这个环节的研究较少，即使有所涉及，大部分也是止步于表面或宏观层面，其深入程度不够。如何把社会主义核心价值观融入高校第二课堂将是本书研究的重点。

一、研究的背景

社会主义核心价值观的研究在不同阶段都是理论工作者和教育工作者关注的重点。在不断的研究和实践中，社会主义核心价值观的内涵和外延将会得到不断拓展，培育和践行的方法、载体和路径也将不断丰富。本书以高校第二课堂为切入点，主要研究在两者交叉融合的情况下，如何借助第二课堂这个平台来开展社会主义核心价值观的培育和践行，本研究主要基于以下背景：

（一）国家对社会主义核心价值观培育和践行的高度重视

2012 年 11 月，党的十八大报告提出，要"倡导富强、民主、文明、和谐，倡导自由、平等、公正、法治，倡导爱国、敬业、诚信、友善，积极培育和践行社会主义核心价值观"。随后，2013 年 12 月，中共中央办公厅印发《关于培育和践行社会主义核心价值观的意见》，指出："富强、民主、文明、和谐是国家层面的价值目标，自由、平等、公正、法治是社会层面的价值取向，爱国、敬业、诚信、友善是个人层面的价值准则，这二十四个字是社会主义核心价值观的基本内容，为培育和践行社会主义核心价值观提供了基本遵循。""要把培育和践行社会主义核心价值观融入国民教育全过程"，"落实到教育教学和管理服务各环节，覆盖到所有学校和受教育者，形成课堂教学、社会实践、校园文化多位一体的育人平台"。[①] 社会主义核心价值观的正式确定给广大理论研究者开辟了新的研究领域，社会主义核心价值观的培育和践行成为研究的重点。2015 年 4 月，中共中央宣传部、中央文明办印发《培育和践行社会主义核心价值观行动方案》，该方案是《关于培育和践行社会主义核心价值观的意见》配套文件，提出了详细的工作要求，力争把社会主义核心价值观的要求日常化、具体化、生活化，使社会主义核心价值观内化于心、外化于行，成为全社会的群体意识和共同行动。以上会议的召开和文件的出台标志着社会主义核心价值观内容的正式确立，二十四字的表述成为国家、社会和个人三个层面所追求的价值目标。随后，如何培育和践行社会主义核心价值观成为学者们研究的重点，也是学者们在高校教学中需要思考的重要方面。如何让社会主义核心价值观入脑入心、如何让大学生认同社会主义核心价值观的内容、如何选择合适的培育和践行载体等，这一系列问题值得学者们进行深入的理论研究，更需要广大教育工作者在实践中进行尝试和践行。

[①] 中共中央办公厅. 关于培育和践行社会主义核心价值观的意见：中办发〔2013〕24 号〔A/OL〕.（2013-12-24）〔2023-05-10〕. http：//www. moe. gov. cn/jyb_ xwfb/s5147/201312/t20131224_ 161114. html.

（二）大学生培育和践行社会主义核心价值观所担负的特殊使命

2014年5月4日，习近平总书记在北京大学师生座谈会上的讲话中指出："对一个民族、一个国家来说，最持久、最深层的力量是全社会共同认可的核心价值观。核心价值观，承载着一个民族、一个国家的精神追求，体现着一个社会评判是非曲直的价值标准。""核心价值观其实就是一种德，既是个人的德，也是一种大德，就是国家的德、社会的德。"他强调："我为什么要对青年讲讲社会主义核心价值观这个问题？是因为青年的价值取向决定了未来整个社会的价值取向，而青年又处在价值观形成和确立的时期，抓好这一时期的价值观养成十分重要。这就像穿衣服扣扣子一样，如果第一粒扣子扣错了，剩余的扣子都会扣错。人生的扣子从一开始就要扣好。'凿井者，起于三寸之坎，以就万仞之深。'青年要从现在做起、从自己做起，使社会主义核心价值观成为自己的基本遵循，并身体力行大力将其推广到全社会去。"① 2016年12月，全国高校思想政治工作会议召开，这为高校思想政治教育工作者指明了方向，也为培育和践行大学生社会主义核心价值观提供了方法论的指导。高校思想政治工作关系高校培养什么样的人、如何培养人以及为谁培养人这个根本问题。要坚持把立德树人作为中心环节，把思想政治工作贯穿教育教学全过程，实现全程育人、全方位育人，努力开创我国高等教育事业发展新局面。2018年5月2日，习近平总书记在与北京大学师生座谈时指出："要把立德树人的成效作为检验学校一切工作的根本标准，真正做到以文化人、以德育人，不断提高学生思想水平、政治觉悟、道德品质、文化素养，做到明大德、守公德、严私德。要把立德树人内化到大学建设和管理各领域、各方面、各环节，做到以树人为核心，以立德为根本。"② 从习近平总书记以上三次重要讲话可以看出，青年是国家的未来和希望，立德树人是高校育人的根本和德育工作的核心，而德之大者即核心价值观。培育和践行社会主义核心价值观，把以社会主义核心价值观为核心的思

---

① 习近平．青年要自觉践行社会主义核心价值观——在北京大学师生座谈会上的讲话［R/OL］．（2014-05-05）［2023-05-10］．http：//www.gov.cn/xinwen/2014-05/05/content_2671258.htm.

② 习近平．在北京大学师生座谈会上的讲话［R/OL］．（2018-05-02）［2021-11-27］．https：//www.ccps.gov.cn/xxsxk/zyls/201812/t20181216_125673.shtml.

想政治教育贯穿教育教学全过程是高等学校德育工作的重中之重，这关系当代大学生所担负的"社会主义合格建设者和可靠接班人"的重要使命。

（三）高校第二课堂社会主义核心价值观培育和践行存在缺失的情况

要实现立德树人的目标，必须从培养大学生正确的价值观开始，其核心是社会主义核心价值观的培育与践行。只有把社会主义核心价值观融入教育教学的全过程，才能使思想政治教育取得实效。教育教学的全过程离不开第一课堂和第二课堂这两个重要的教育载体，第一课堂是教育教学的主渠道，这是众所周知并被广泛认同的。但是在开展社会主义核心价值观教育时，受第一课堂形式和内容的约束，教育效果和实践领域不够全面。第二课堂形式活泼多样、类型覆盖全面、课堂开放程度高，是高校"五育"教育不可或缺的阵地，更是社会主义核心价值观培育和践行的重要载体。然而，第二课堂在社会主义核心价值观的培育和践行中普遍存在缺位的尴尬。第二课堂活动注重形式而忽视内涵，追求流行而忽视经典，没有充分发挥思想引领的作用。这种价值观教育的缺失将带来第二课堂教育的失范，且易受西方错误思潮及社会不良风气的影响，无法实现立德树人的目标。

基于此，本研究将以第二课堂为切入点、以社会主义核心价值观的培育和践行为目标，紧密结合第二课堂的特点、功能及现状，针对当下高校在第二课堂社会主义核心价值观培育和践行中存在的不足，深入研究社会主义核心价值观融入高校第二课堂的机制与路径。只有把社会主义核心价值观贯穿第二课堂、融入第二课堂，才能让广大大学生在第二课堂的学习、活动和实践中培育和践行社会主义核心价值观，从而抵制来自国内外各种不利因素的干扰，克服第二课堂在社会主义核心价值观培育和践行中的不足，为高校实现立德树人的目标贡献智慧与力量。

二、研究的意义

（一）理论意义

开展社会主义核心价值观融入高校第二课堂研究、积极探索社会主义核心价值观培育和践行的有效方法和途径，对于推进社会主义核心价值观研究及高校第二课堂教育效果的研究具有较高的理论和学术价值。

第一，该研究有利于促进大学生思想政治教育的研究。大学生思想政治教育的研究是一个历久弥新的课题，对它的研究永无止境。随着时代的发展，其会呈现出新的视角、新的载体和新的路径。随着党的十八大的召开，大学生思想政治教育的研究，开启了新的篇章。价值观是大学生思想的核心，社会主义核心价值观是大学生价值观的核心导向，二十四字的价值范畴为大学生价值观的培育指明了方向。社会主义核心价值观的研究，特别是结合第二课堂、融入第二课堂和指导第二课堂的研究必将促进大学生思想政治教育的理论创新，为思想政治教育贯穿教育教学全过程提供方法论的借鉴。

第二，该研究有利于推进社会主义核心价值观大众化的研究。"大众化具有具象化、普及化和时代化三个基本特征"①，培育和践行社会主义核心价值观需要广大群众认同，取得价值共识，然后才能落实到行为层面。习近平总书记指出："一种价值观要真正发挥作用，必须融入社会生活，让人们在实践中感知它、领悟它。要注意把我们所提倡的与人们日常生活紧密联系起来，在落细、落小、落实上下功夫。"② 该研究把高校第二课堂作为社会主义核心价值观融入的对象，其研究必然结合第二课堂的特点而展开。第二课堂具有大众化的诸多特点，对大学生参与的准入要求不高，只要有兴趣，均可参与第二课堂的相关活动。随着该研究的深入，其成果可以进一步丰富社会主义核心价值观大众化的研究领域和研究载体。

第三，该研究有利于促进社会主义核心价值观载体的研究。社会主义核心价值观的培育和践行不是浮于表面的空中楼阁，它必须跟日常的载体相联系、相融合，才可能入脑、入心。因此，教育载体的选择、社会主义核心价值观与载体的融合及教育方法等问题的研究非常重要。该研究以第二课堂为载体，把社会主义核心价值观融入其中，以此来提升社会主义核心价值观培育和践行的效果。这一研究无疑能为社会主义核心价值观载体的研究提供借鉴，以点及面，推动社会主义核心价值观载体的全面研究。

---

① 李春山，何京泽. 社会主义核心价值观大众化研究［M］. 北京：人民出版社，2017：11.
② 习近平. 把培育和弘扬社会主义核心价值观作为凝魂聚气强基固本的基础工程［J］. 党建，2014（3）.

（二）实践意义

社会主义核心价值观融入第二课堂的研究有力推进了社会主义核心价值观在高校的实践以及与第二课堂的融合，对于提高当代大学生社会主义核心价值观教育的实效性、推进大学生思想政治教育和德育工作、促进大学生全面发展具有重要的实践指导意义。

第一，该研究对社会主义核心价值观在高校的践行具有重要的实践意义。大学生社会主义核心价值观的培育和践行是高校价值观教育和德育的重点。教育的最终目的是要让大学生自觉践行社会主义核心价值观，养成优良的品德。所以，如何选择教育载体、融入教育载体，以何种方式来开展社会主义核心价值观的教育是当前乃至今后很长一段时间的研究重点。本研究找到了高校第二课堂这个重要载体，拟通过各种途径把社会主义核心价值观融入第二课堂，重点在于找到社会主义核心价值观践行的路径，这对于大学生社会主义核心价值观的践行有着重要的实践意义。

第二，该研究对高校第二课堂方向性与实效性的提升具有重要的实践意义。大学生参与高校第二课堂的人数众多、形式多样，活动时间相对灵活，学生参与活动的自由度较高，由此易带来活动方向性的隐患和实效性的不足。大学生思维活跃，价值观尚未完全成型，第二课堂形式开放，监控难度较大，这也是一些错误思潮发展蔓延的重要阵地。社会主义核心价值观与第二课堂的融合有利于从根本上解决各类活动方向性的问题，用社会主义核心价值观引领高校第二课堂有利于发挥第二课堂活动的示范性、科学性和传承性，从而提升第二课堂教育的实效性。

第三，该研究对高校两个课堂的有效衔接具有重要的实践意义。第一课堂主要是指课堂教学，是依据教学大纲，在规定的教学时间内有计划的课堂授课以及与之相配套的实验、辅导等教学活动。而第二课堂的内容与形式跟第一课堂相比差异较大，按照理想状态，第二课堂是第一课堂的延伸。但是，当下第一课堂受教学大纲的限制，教学内容和教学形式都相对固化，部分课堂对学生的吸引力不够，导致学生疲于应付。第二课堂的参与完全出于学生的自愿，受学生个体差异性的影响，第二课堂的教育形式不拘一格，教学内容丰富多彩，教学时间、地点灵活多样，但由此带来第二课堂重形式而轻内容、重娱乐而轻学习的不足，容易受错误思潮和社会不良风气的影响，无法与第一课堂有效衔接。随着社会主义核心价值观融入第二课堂，第二课堂一贯存在或有可能出现的问题可以迎刃而解，这对两个课堂的有效衔接具有重要的实践意义。

第二节　研究现状

我国对高校第二课堂的研究由来已久，但研究的重点主要侧重实践教育的研究，研究的深度与广度有待进一步提升。虽然我国对社会主义核心价值观的研究比较深入与广泛，但与高校第二课堂相结合的研究还有待进一步推进与深入。国外对价值观教育的理论研究更多是与道德教育相结合，道德教育的内容和方法对于价值观教育具有重要的借鉴意义。

一、国内研究现状

国内研究现状主要通过考察第二课堂和社会主义核心价值观两个方面来展开。通过考察高校第二课堂教育的研究现状、大学生社会主义核心价值观培育和践行的研究现状、社会主义核心价值观融入高校第二课堂的研究现状等内容，可为后续的研究奠定基础。

（一）高校第二课堂教育的研究现状

对第二课堂比较有代表性的研究可以追溯到 1983 年，当时朱九思提出了第二课堂的概念，即"第二课堂主要是指在教学计划外，引导和组织学生们开展各类健康的、有意义的课外活动"①。但此时的第二课堂是一个比较宽泛的概念，没有明确界定学段。以"大学生第二课堂"为对象的第二课堂兴起于 2000 年后。以中国知网（CNKI）高级检索的文献数量来看，2000 年之前为个位数，到 2005 年达到 53 篇，2010 年达到 162 篇，2015 年达到 222 篇，呈不断上升的

---

① 朱九思. 高等学校管理 ［M］. 武汉：华中工学院出版社，1983：308.

趋势。① 自 2016 年至 2022 年 12 月，共计 842 篇，研究规模从点状式向立体式展开。

近年来，高校第二课堂的研究主要围绕以下几个方面：一是关于第二课堂教育范畴的研究。有学者认为第二课堂是指这样一种教育教学活动，它通过开展有组织、有计划的课外活动，让学生获取知识、培养能力和陶冶情操。② 有学者认为第二课堂是指相对于第一课堂而言的具有素质教育内涵的学习实践活动，学生在第一课堂教学计划之外自愿参加、有组织地进行的各类活动，是学生素质教育的重要载体，丰富实践经验的主要阵地，它与第一课堂的教育目标一致、教育手段互补、教育效果趋同，两者构成有机的整体。③ 有学者认为第二课堂是在课堂教学计划规定的课程之外，在学校的支持和教师的引导下，通过有组织的课外集体活动，对学生施加影响的教学活动。第二课堂更侧重完成开发情商、陶冶情操、塑造人格、激发潜能、提高创新实践能力等非智力开发。④ 综合国内学者的观点，大家对第二课堂的概念在提法上虽有不同，但其认定的范畴有比较一致的认识。首先，第二课堂是学校规定的教学计划之外的活动，它与第一课堂有非常清晰的界限。其次，第二课堂虽不在学校规定的教学计划之内，但它是有计划、有组织的。最后，大部分学者认为第二课堂是侧重实践活动的教育。

二是大学生第二课堂与创新创业教育相结合的模式研究。查阅许多学者的研究可以发现，针对第二课堂和大学生实践能力提升的研究很多，其中针对第二课堂与大学生创新创业教育相结合的模式研究尤为集中。有学者认为，高校在创新创业型人才培养过程中，第二课堂是第一课堂的必要补充，在培育创新意识、优化知识结构、提升科研水平、提高创业能力方面具备独特的优势。但也要解决项目设置结构失衡、指导或培训的力度不足、创新创业校园氛围不浓

---

① 曾剑雄. 大学生第二课堂研究：历程、焦点与前瞻——基于 1999—2016 年 CNKI 的文献述评 [J]. 重庆高教研究，2017 (6).

② 王国辉，等. 高等教育第二课堂素质拓展学分化研究 [M]. 沈阳：辽宁大学出版社，2006：19.

③ 彭巧胤，谢相勋. 再论第二课堂与第一课堂的关系 [J]. 学校党建与思想教育，2011 (14).

④ 刘奇. 高校第二课堂建设研究 [J]. 教育与职业，2014 (6).

等问题。① 有学者认为第二课堂创业教育实践性较强，能够有效弥补第一课堂创业教育的不足，其知识结构更为丰富、灵活性更大、针对性更强。同时存在高校对创业教育重视程度不够、"双师型"人才较少等问题。② 但是，在探讨第二课堂如何开展创新创业教育的时候，有学者认为创新创业教育是专业教育的有机构成，是高等学校深化专业教育教学改革的必然选择。创新创业教育不能只满足在第二课堂开展，更不能简单化、孤立化和狭隘化，而是要实现第一课堂与第二课堂的有机结合，共同促进高校的创新创业教育。③ 由此可见，第二课堂是高校开展创新创业教育的重要阵地，有些学者主张第二课堂是创新创业教育的主阵地，有些学者主张两个课堂对创新创业教育同等重要，缺一不可。无论何种主张，都反映了第二课堂在创新创业教育中的地位。

三是大学生"第二课堂成绩单"制度的实施研究。2002 年，团中央、教育部、全国学联联合实施了"大学生素质拓展计划"，为共青团在第二课堂发挥育人优势奠定了工作基础。2014 年，团中央学校部遴选了 35 所高校，探索打造"高校学生第二课堂成绩单"的创新试点工作。2016 年，团中央正式启动高校共青团"第二课堂成绩单"制度试点工作。经过几年的探索和实践，试点省份团委和高校团委在课程内容、评价体系、运行机制、实践运用和数据管理等方面取得了一系列成果，逐步形成了较为成熟、可供推广的共青团"第二课堂成绩单"工作制度。2018 年 7 月，共青团中央、教育部联合印发《关于在高校实施共青团"第二课堂成绩单"制度的意见》。这是深入贯彻习近平总书记 2016 年在全国高校思想政治工作会议精神的具体举措，也是高校共青团深入学习贯彻习近平新时代中国特色社会主义思想和党的十九大精神，全面落实《关于加强和改进新形势下高校思想政治工作的意见》等有关文件要求的重要举措。随着团中央对"第二课堂成绩单"制度的研究、试点和正式颁布，学者们也对这项制度进行了研究，对"第二课堂成绩单"制度的顺利推进提供了有力保障。

---

① 宋达飞. 基于创新创业型人才培养的"第二课堂"梯度建设研究［J］. 思想理论教育，2017（9）.

② 沈燕明，等. 高校第二课堂创业教育的优势与实效性提升策略［J］. 学校党建与思想教育，2017（8）.

③ 李志义. 创新创业教育之我见［J］. 中国大学教学，2014（4）.

有学者认为，"高校第二课堂成绩单"工作需要树立多种理念，如成果导向理念、过程管理理念、系统管理理念、数字化管理理念，按照"反向设计，正向管理"的逻辑来设计和实施，借鉴第一课堂，设立主干课程，建立以自我管理为核心的管理机制、以素质拓展为导向的教学机制、以素质模型为牵引的应用机制等。① 有学者认为，"第二课堂成绩单"制度可避免"标准难统一、过程难评价、成效难量化"等问题，他们认为"第二课堂成绩单"制度是一项人才培养机制、能力评价机制、教育融合机制、团学改革机制，能实现第二课堂由"边缘化"向"主体化"变革，由"自发粗放型"向"精准集约型"变革，由"经验化管制"向"科学化理治"变革，能有效推动第一课堂与第二课堂的相互融合，促进学生更好地成长成才。② 总之，"第二课堂成绩单"制度更多的是从实践能力和综合素质的培养着手，过程可监督、结果可量化、成果有展示，但在思想引领与价值观教育等方面关注较少。

四是提升大学生第二课堂成效的路径研究。有学者通过问卷调查，采用结构方程模型的方法，考察了第二课堂、学生满意度和大学生核心竞争力之间的关系，构建了三者关系的模型。通过模型分析，研究得出第二课堂与大学生核心竞争力之间存在着正向显著关系。基于此，他们提出，要提升第二课堂的成效，需优化第二课堂的教育环境，加大对第二课堂教育经费及教育场所的支持，构建第二课堂保障机制，拓展校外资源，努力延伸第二课堂教育范围。③ 有学者从学分制的角度来审视当前高校第二课堂实施过程中的问题，以问题导向来探索提高第二课堂教育教学成效。其认为，学分制对人才培养具有积极的促进作用，许多高校不同程度地以学分制进行教学管理，但在实施过程中，也存在对学分制内涵认识偏差所导致的各种问题。因此，需要正确把握学分制的本质内涵，建立健全协同育人机制，树立正确的培养理念，努力提升第二课堂教育质

---

① 朱国军，等.高校第二课堂成绩单工作的建设逻辑与核心机制［J］.淮海工学院学报（人文社会科学版），2019（2）.

② 丁彦，李子川.高校"第二课堂成绩单"的构建：内涵、变革与实现路径［J］.高教学刊，2019（8）.

③ 宋丹，等.第二课堂、学习满意度与大学生核心竞争力关系的实证研究［J］.大学教育科学，2018（5）.

量。① 有学者认为,随着信息技术的发展,"互联网 +"的思维模式已经应用到社会的各个领域,运用"慕课模式"能够为学生提供丰富的教育资源和优质的学习体验。②

当然,在第二课堂的建设与推进过程中也存在诸多问题,各高校间的发展呈不平衡态势。有学者认为,"四化困局"制约着第二课堂的育人实效,即内涵空心化,形式大于内容;领域边缘化,忽视服务大局,偏离学校中心工作;运行孤立化,忽视与第一课堂的联动,甚至出现相对的情况;培养单一化,经验大于实际,背离学生的成长需求。"四化困局"对第二课堂建设的方向性、全局性和协同性有很大影响,限制了第二课堂育人实效的发挥,是当前高校第二课堂教育领域存在的关键问题。③ 还有学者认为,部分高校对第二课堂的价值认识存在偏差,认为第二课堂是一些文艺体育等娱乐活动,与第一课堂相比存在"不务正业"的嫌疑。受主观认识与客观办学经费的限制,部分高校对第二课堂各方面的建设缺乏经费的投入与政策的支持,由此带来第二课堂被"边缘化"的境地。④

综上可知,学者们对第二课堂的问题分析得比较透彻,针对存在的问题和认识偏差,学者们从第二课堂的教育规律提出了提升第二课堂成效的路径,主要集中在第二课堂的制度体系、内容体系、保障体系和评价体系等,采用定量或定性研究的方法展开研究,结合当前信息技术手段的发展,多路径、多平台、多角度推进第二课堂教育成效。

(二)大学生社会主义核心价值观培育和践行的研究现状

党的十八大以来,理论界按照党中央的部署,以及习近平总书记系列重要讲话精神,在进一步深入研究社会主义核心价值观的基础上,逐步将研究重心转向社会主义核心价值观的培育和践行上来,围绕如何将社会主义核心价值观真正"入脑、入心"开展一系列研究,内容涉及培育和践行社会主义核心价值

① 沈忠华 . 高校第二课堂学分制管理存在的问题及对策研究 [J]. 教育科学,2018 (12) .
② 张程 . 运用"慕课模式"改进大学生第二课堂教育的思考 [J]. 中国成人教育,2017 (14) .
③ 宋丹,等 . 提升高校第二课堂育人实效的路径探析 [J]. 思想教育研究,2018 (5) .
④ 刘奇 . 高校第二课堂建设研究 [J]. 教育与职业,2014 (2) .

观面临的问题和挑战、原则和路径、载体与机制、群体与对象等。面对大学生这个青年群体，社会主义核心价值观的培育和践行显得尤为重要和紧迫。大学时代是大学生价值观形成的重要时期，处于这个时期的大学生从被动接受外界知识和思想逐步转变为主动分析问题，确立自己的价值观。

习近平总书记曾指出："新时代中国青年要自觉树立和践行社会主义核心价值观，善于从中华民族传统美德中汲取道德滋养，从英雄人物和时代楷模的身上感受道德风范，从自身内省中提升道德修为，明大德、守公德、严私德，自觉抵制拜金主义、享乐主义、极端个人主义、历史虚无主义等错误思想，追求更有高度、更有境界、更有品位的人生，让清风正气、蓬勃朝气遍布全社会！"① 因此，如何让社会主义核心价值观主动占领阵地、让大学生个人价值观与社会主义核心价值观取得一致是学者与高校工作者共同的目标。

一是大学生社会主义核心价值观教育的研究。对社会主义核心价值观的研究在任何历史时期都没有间断过，特别是党的十八大以后，随着社会主义核心价值观最新提法的明确，社会各界掀起了一波社会主义核心价值观研究的热潮。大学生群体是优秀青年的代表，不同时代的大学生明显带有特殊的时代特征。针对大学生社会主义核心价值观的教育，有学者提出，大学生核心价值观教育要遵循大学生思想品德形成和发展的基本特征和特殊规律，加强课堂教学的主渠道作用，发挥网络平台的育人功能，注重人文方式的涵育作用，突出实践育人的重要作用，着眼多方力量的统筹协调，使社会主义核心价值观内化为大学生的人格素养、行为习惯和自觉行动。② 也有学者提出要从社会主义核心价值观的形成规律出发寻找教育对策，要充分认识大学生价值认同的现实特征，丰富大学生思想政治教育内容，创新教育方法，有效整合社会主义核心价值观形成所需要的情感要素，强化大学生自觉践行社会主义核心价值观的内在动力。③ 习近平总书记在 2016 年全国高校思想政治工作会议上指出，思想政治理论课要坚

---

① 习近平. 在纪念五四运动 100 周年大会上的讲话 [R/OL]. (2019-04-30) [2021-11-27]. http://www.gov.cn/xinwen/2019-04/30/content_5387964.htm.

② 冯刚. 着力培育大学生社会主义核心价值观 [J]. 高校理论战线, 2012 (9).

③ 徐柏才, 等. 大学生社会主义核心价值观的形成规律与教育对策 [J]. 学校党建与思想教育, 2012 (2).

持在改进中加强，提升思想政治教育的亲和力和针对性。有学者指出，社会主义核心价值观教育可以利用思想政治理论课平台，采用情景剧教学法来提升其教育亲和力。情景剧教学法能实现以学生为本的双主体教育，师生在情景剧编排中，把社会主义核心价值观的价值判断标准融入故事的情境中，通过实践、体验达到接受和内化的目标。①

二是以中国梦为归宿的社会主义核心价值观的研究。习近平总书记指出："实现中华民族伟大复兴是近代以来中华民族最伟大的梦想。"② 同时指出，社会主义核心价值观是实现中华民族伟大复兴中国梦的精神支撑。有学者分析了中国梦与社会主义核心价值观之间的内在联系，并主张中国梦是"纲"或"极"，社会主义核心价值观是"目"。中国梦与社会主义核心价值观之间是"一纲十二目"的树状关系，纲举目张，以中国梦引领社会主义核心价值观的培育和践行，以社会主义核心价值观的践行来推动中国梦的实现。③ 有学者以实现中国梦为归宿对大学生社会主义核心价值观的培育进行研究，他们指出，社会主义核心价值观是社会主义价值体系的高度凝练，"应大力倡导以社会主义核心价值观为基准的现代家庭美德，增强广大青年对国家与民族的情感认同，并树立起实现中国梦的忠诚信仰"。同时又指出，"中国梦伟大目标的早日实现对广大青年的思想觉悟提出了更高的要求，强化校园道德教育已然迫在眉睫"，"学校要以社会主义核心价值观为武器对学生进行思想熏陶，引导青年正确处理学习、就业、生活等问题"。④

三是以社会思潮为视角的社会主义核心价值观的研究。结合社会思潮来研究社会主义核心价值观是众多学者研究的一个重要视角，这是因为两者对大学生个人价值观的形成具有重要影响，从一定程度上影响着大学生价值观的走向。有学者认为，在互联网时代，社会思潮的传播更多地依托网络平台，加之青年人对网络的依赖超乎以前任何一个时期，这对青年核心价值观认同的培育提出

---

① 周琳娜，等．以思政课情景剧教学法提升社会主义核心价值观教育亲和力［J］．思想政治教育研究，2019（2）．

② 习近平．决胜全面建成小康社会夺取新时代中国特色社会主义伟大胜利——在中国共产党第十九次全国代表大会上的报告［M］．北京：人民出版社，2012（13）．

③ 王南湜．中国梦：社会主义核心价值观之"纲""极"［J］．江汉论坛，2018（8）．

④ 赵雪，李丽丽．以中国梦带动青年梦［J］．人民论坛，2019（12）：134-135.

了前所未有的挑战，而且这种挑战将长期存在，并愈加激烈。其主要表现为社会思潮的"去中心化"和"解构权威"的反传统特质，在"淡化意识形态"的表象之下，对主流意识形态进行渗透与颠覆。同时，社会转型时期暂时性的社会问题凸显也会影响青年对核心价值观的认同。由此可见，高校和政府应构建核心价值观的认同培育体系，特别是要掌握网络话语权，创新核心价值观认同培育模式，健全核心价值观认同的利益关怀机制。① 有学者认为，大学生容易受各种思想观念的影响，高校需要进行无时不在、无处不有的教育和引导，彰显社会主义核心价值观的真理性，把握大学生的教育接受规律，提升大学生鉴别各种思潮的能力。高校要引导他们在鉴别和批判各种社会思潮的实践中，形成对社会主义核心价值观的高度认同。②

四是以文化为载体的社会主义核心价值观的研究。文化是一个民族赖以存在的基础，是一个民族区别于另一个民族的显著标志。中华文化源远流长，有学者从中华优秀传统文化的视角认为："中华优秀传统文化为社会主义核心价值观提供了生长的文化土壤，社会主义核心价值观是中华优秀传统文化在现时代的延续。"③ 虽然中华优秀传统文化和社会主义核心价值观是两种不同性质的文化，但都是以"观念上层建筑"的形式呈现出来的，这也为二者的内在契合提供了可能性。中华民族不仅是中华优秀传统文化的创造者，也是社会主义核心价值观的培育者和践行者，是两者内在契合的实践主体。这种"契合"的实现过程就是对中华优秀传统文化进行创造性转化和创新性发展的过程，这也为当前社会主义核心价值观的培育和践行提供了文化的支撑。有学者从文化的继承方式视角认为，社会主义核心价值观植根中华优秀传统文化之中，只有懂得如何从中华优秀传统文化中吸取养分，才能不断夯实社会主义核心价值观的根基。中华传统文化既带有时代的烙印，又带有当时施政主体的意志和特点，在继承中华传统文化的同时要注意鉴别，取其精华，去其糟粕。继承中华传统文化是

---

① 秦程节. 社会思潮网络传播影响下青年核心价值观认同培育［J］. 当代青年研究，2017（3）.

② 裴晓涛. 多元社会思潮中的社会主义核心价值观培育［J］. 中国高等教育，2018（18）.

③ 王新刚. 论中华优秀传统文化与社会主义核心价值观的内在契合［J］. 思想理论教育导刊，2018（12）.

为了更好地丰富完善社会主义核心价值观，其侧重点还是后者。① 20 世纪 50 年代，冯友兰提出"抽象继承法"，它涉及中国传统文化如何继承的问题，其核心思想是"取其抽象意义而不取其具体意义"。现代人对传统文化的继承应该侧重一个道理、一个规律等带有普遍意义或一般意义的东西，这些东西跟时代的结合又成为具体的东西。"抽象继承法"为社会主义核心价值观如何从中华传统文化中吸取养分提供了方法论的指导。② 有学者从校园文化的视角认为，校园文化是大学生社会主义核心价值观培育的重要载体，高校应加强大学生校园文化活动的顶层设计，确定学校、学院及系部分层建设的目标，整合活动资源，提升活动品位，树立活动品牌，将社会主义核心价值观融入校园文化活动的全过程。③

（三）社会主义核心价值观融入高校第二课堂的研究现状

学者对社会主义核心价值观融入高校第二课堂的研究相对较少，更多的是围绕社会主义核心价值观"融入教育教学""融入思想政治教育全过程""融入校园文化建设""融入职业教育"等方向展开研究。但以上部分研究领域就是第二课堂的范畴，如校园文化建设。即使有些研究领域与第二课堂不完全一致，如教育教学、思想政治教育、专业课程建设等，但其研究方法和思路是值得借鉴的。而且，其教育教学的内容可以进一步拓展第二课堂的教学范围，为第二课堂的教育教学注入新鲜血液，为社会主义核心价值观的教育与传播提供新的载体，为社会主义核心价值观的培育和践行拓展新的领域。

一是社会主义核心价值观融入大学校园文化建设的研究。有学者认为，社会主义核心价值观是引领大学校园文化建设的指路明灯，是马克思主义价值观念的时代产物，是马克思主义指导大学校园文化建设的重要切入点。砺志铸魂是社会主义核心价值观融入大学校园文化建设的根本目的，引导大学生树立共

---

① 姚才刚. 社会主义核心价值观的传统文化根基及其实现路径 [J]. 湖北大学学报（哲学社会科学版），2018（11）.

② 冯友兰. 中国哲学遗产的继承问题·三松堂全集：第 12 卷 [M]. 郑州：河南人民出版社，2001.

③ 许益锋，等. 基于立德树人的大学校园文化建设与社会主义核心价值观融合机制研究 [J].高教探索，2017（9）.

产主义的政治信仰、以中国梦为主体的科学信仰和社会信仰是最终归宿。传承创新是融入的命脉,两者都有传承创新的内在要求。主体互动是融入的有效方式,并且要以多样性作为融入的主要方式。① 有学者认为,当前社会主义核心价值观融入高校校园文化建设存在着工作格局不完善、意识形态方向把控不强、融入时机不够准确、融入方式不够创新等问题,把社会主义核心价值观有机融入高校校园文化建设需要以习近平总书记关于思想政治教育的论述为指导,以格局、功能、方向、节点、方法五个方向为基本分析框架,克服存在的不足,不断提升社会主义核心价值观融入高校校园文化建设的成效。②

二是社会主义核心价值观融入大学生职业教育的研究。有学者认为,社会主义核心价值观融入大学生职业发展教育的主要目的就是用正确的价值观念引领人的精神世界,进一步提升人们的职业素养和职业能力,在个人价值得以实现的同时,为国家、为社会做出更大的贡献。③ 有学者从高校创业教育的机理与机制出发,认为社会主义核心价值观教育与高校创业教育有着许多的关联性,在两者教育过程中具有目标一致性、内容互融性和方式相通性等特点,这也为两者互融创设了先天优势;从机理出发,认为在创业课程中要传授创业之道,把社会主义核心价值观融入其中;同时,在创业教育中,认为社会主义核心价值观要凸显创业诉求的情感认同和创业实践的行为认同;最后,从保障机制、协同机制和评价机制等方面出发,认为必须构建社会主义核心价值观融入高校创业教育的长效育人机制。④

三是社会主义核心价值观融入大学生综合素质培养的研究。有学者认为社会主义核心价值观融入大学生核心素养教育具有很重要的意义。核心素养是指学生应具备的适应终身发展和社会发展需要的必备品格和关键能力,包括个人

---

① 马平均,等.社会主义核心价值观融入大学校园文化建设的几点思考 [J].思想教育研究,2017 (1).

② 周萍.社会主义核心价值观融入高校校园文化建设的新思考 [J].思想教育研究,2018 (8).

③ 张广乐.社会主义核心价值观融入大学生职业发展教育研究 [J].思想教育研究,2018 (7).

④ 张天华,等.社会主义核心价值观融入高校创业教育机理与机制研究 [J].国家教育行政学院学报,2017 (4).

修养、社会关爱、家国情怀等。人文素养是核心素养的基础，社会主义核心价值观为大学生人文素养的培育提供了更加科学、理性的价值指引。① 有学者认为，大学生人文素养培育中存在着价值观和核心素养缺失等问题，作为高等学校，要探索社会主义核心价值观融入大学生人文素养培育的路径，以此来引领大学生树立正确的价值观，培养和提升大学生的核心素养。②

四是社会主义核心价值观融入日常生活的研究。习近平总书记指出："一种价值观要真正发挥作用，必须融入社会生活，让人们在实践中感知它、领悟它。要注意把我们所提倡的与人们日常生活紧密联系起来，在落细、落小、落实上下功夫。"③ 社会主义核心价值观既源于日常生活，又高于日常生活，它是社会主义核心价值观生成的根基，美好的日常生活是社会主义核心价值观的价值诉求。"日常生活虽然是宽松愉悦的，但也要以社会主义意识形态为主导，积极传播和倡导社会主义核心价值观，把社会主义核心价值观有机融入日常生活，增强社会主义核心价值观对日常生活的解释力。"④

五是社会主义核心价值观融入思想政治教育的研究。思想政治教育无处不在，大学生思想政治教育既通过思想政治教育理论课程进行系统传播，又通过辅导员队伍进行点面结合的传播，抑或通过第一课堂课程思政的方式进行传播。这些传播方式为思想政治教育在第二课堂的传播积累了丰富的经验。社会主义核心价值观只有融入思想政治教育，才能得到更为广泛的传播。有学者认为，探究社会主义核心价值观融入大学生思想政治教育的长效机制是确保融入效果的重要保障。要通过加强理论学习，找寻社会主义核心价值观融入大学生思想政治教育的契合点；要通过对大学生思想品德的形成规律进行研究，找寻社会主义核心价值观有效融入的普遍方法。要创新教育模式，形成第一课堂教育与第二课堂教育的联动、灌输式教育与体验式教育的互补，思想教育线上线下并

---

① 张立梅. 关于社会主义核心价值观融入大学生核心素养教育的思考［J］. 学校党建与思想教育，2019（5）.

② 丁利锐，等. 以社会主义核心价值观引领大学生人文素养培育探析［J］. 河北青年管理干部学院学报，2016（6）.

③ 习近平. 习近平谈治国理政：第一卷［M］. 北京：外文出版社，2014：165.

④ 陶利江. 社会主义核心价值观融入日常生活的逻辑理路［J］. 中共浙江省委党校学报，2017（5）.

举。要健全管理机制，为大学生社会主义核心价值观教育融入思想政治教育提供制度保障。①

二、国外研究现状

国外对价值观的研究由来已久，特别是 21 世纪以来，价值观的研究从个别观点到相关学说并形成系统的理论，有些理论和学说影响深远，并作为当前理论研究的基石和实践探索的依据。如以认知为核心的价值澄清理论和道德认知发展理论、以情感为核心的体谅模式理论和关怀模式理论、以行为为核心的社会行动模式理论、以品格为核心的品格教育理论。这些理论各自具有其内在的逻辑和特色，从不同的视角来探寻价值观教育的方法和路径，对我国当前所开展的大学生社会主义核心价值观的培育和践行有着重要的借鉴意义，对解决价值观教育中的问题有着重要启发。

（一）以认知为核心的价值观教育研究

西方国家的价值观教育普遍强调认知，注重培养受教育者自身的认知能力，反对知识或价值观的直接灌输。在以认知为导向的价值观理论中，比较有代表性的有美国学者路易斯·拉斯思等人提出的价值澄清理论和美国心理学家劳伦斯·科尔伯格提出的道德认知发展理论。②

价值澄清理论主张价值观教育不是从理论到理论的说教，不是灌输给学生现成的知识，而是注重培养学生自身的认知能力。教育者不直接阐述价值观，而是让学生根据自己的认知能力来评价价值。教育者会利用各种机会深入学生生活，在一种生活化的场景中，在一种宽松愉悦的氛围中，达到价值观教学的目的。该理论的倡导者认为，教育者应该做的是帮助学生完善自己的思维、判断和选择，努力构建价值观教育的实践方案，通过实践来影响学生的价值观。该理论在西方各国受到人们的普遍欢迎，对西方现代道德教育影响很大。这是因为这一理论所阐述的观点不是以一种哲学理论作为基础，而是针对道德教育

---

① 邢瑞娟．社会主义核心价值观融入大学生思想政治教育的长效机制探究 [J]．学校党建与思想教育，2018（5）．

② 吕金函．国外价值观教育方法理论的路向及其启示 [J]．思想教育研究，2019（4）．

实际提出，且具有很强的操作性和实效性。但是这一理论也带有明显的局限性，如该理论把个体感受作为价值观的标准来评判和指导自身的社会行为，其结果可能导致个人主义和形式主义，忽视价值观的客观标准。

道德认知发展理论是科尔伯格在不同角度分析和论证道德产生、变化和发展的基础上，提出的著名的道德认知阶段论、"新苏格拉底法"和"新柏拉图法"①。虽然该理论是侧重道德教育的理论，但其对大学生思想政治教育，特别是对价值观教育有着重要的借鉴作用。科尔伯格继承和发展了进步主义道德教育哲学。首先，他认为道德认知是道德教育的基础，它既表现为人们对是非、善恶准则的认识，又表现为一种理性的思维结构，能有效促进道德的发展。其次，他认为道德发展是指道德判断由低级阶段向高级阶段的变化过程，道德发展是道德教育的目的。道德发展来源于道德认知的冲突，发展不仅仅是量的积累，更体现在质的飞跃。最后，他认为道德发展的核心是公正原则。公正的概念不是特定国家或特定制度下的价值观的产物，它是人类所固有的、根本的和普遍的原则，包含了自由、平等、公正、互惠、契约和信任，是一种对每个个体行为同样适用的理想关系。科尔伯格提出的道德认知阶段论是道德认知发展理论的灵魂，该理论深刻阐释了道德发展的内在规律，至今在道德教育和价值观教育领域有着重要影响。道德认知阶段论以社会习俗为标准，分为"三个水平和六个阶段"：第一水平称为前习俗水平，包括惩罚与服从（阶段一）、相对的功利主义（阶段二）；第二水平称为习俗水平，包括人际和谐一致（阶段三）、社会秩序和法则（阶段四）；第三水平称为后习俗水平，包括社会契约和个人权利（阶段五）、普遍的伦理原则（阶段六）。道德认知阶段论体现了科尔伯格对道德发展特征和规律的认知。他认为，不同国家和地区在文化、社会环境和风俗习惯方面存在不同，但是这些因素只能影响道德发展的速度或相关内容，而道德发展的阶段是类似的，道德发展的顺序是一致的。道德认知发展理论对价值观的教育具有重要的借鉴价值，特别是道德认知阶段论对社会主义核心价值观的培育有着重要的指导意义。

---

① 邹绍清. 论柯尔伯格的道德认知发展理论及其借鉴 [J]. 学校党建与思想教育，2008 (7)．

（二）以情感为核心的价值观教育研究

以情感为核心的价值观教育理论主要有英国德育学家彼得·麦克菲尔创立的体谅模式理论和美国教育哲学家内尔·诺丁斯倡导的关怀模式理论，这两个理论都是以情感为核心的道德教育方面的重要理论，也是大学生价值观教育值得借鉴的教育模式。

体谅模式理论以道德情感教育为主线，主张引导受教育者通过关心和体谅他人的方式来感受人生的快乐与幸福。该理论从实证研究出发，建立起体谅他人、发展利他主义精神的理论基点。通过编制教材，体谅教育模式在课堂教学中得以运用，且具有很强的实践性。体谅模式理论认为：首先，学生的具体需要是道德教育的出发点。道德不仅仅是社会发展的要求，更是人们自身的需要。麦克菲尔通过广泛调查后发现，学生普遍具有希望获得体谅并体谅别人、关心别人和被别人关心的需要。因此，他认为"人类的基本需要是与其他人友好相处、爱和被爱，组织教育的首要职责就是帮助人们去满足这种需要"①。其次，道德教育的核心是引导学生学会体谅。道德教育不仅要讲授是与非的规则，更要培养良好的道德，提升高尚的行为，在解决实际问题中实现道德教育的目的，从而激发人们的人性感，培养利他主义观念。要达成以上目标，教育的核心就是让学生学会关心他人、体谅他人。教育者不能主观臆断，要从学生角度出发，让学生摆脱那些"破坏性和自我损害的冲动"②，最后，把激发学生的道德动机放在德育的首要位置。麦克菲尔认为，道德行为和态度是受环境感染而形成的，榜样的力量不可忽视，特别是教师的品行尤为重要。教师在教学中的一言一行对学生有着重要影响，他们对学生具有道德感染和榜样模仿作用。因此，麦克菲尔主张道德教育应以情感为中心，在日常生活与实践中发展学生的道德判断力，使学生在体谅和被体谅的环境中，形成自我的道德意识和动机，从本质上提高自身的道德水平。

关怀模式理论同样是强调情感因素的道德教育理论。与体谅模式理论基于实证研究的理论故理念和方法上都带有很浓的经验性不同，关怀模式理论具有

---

① ［美］理查德·哈什，等. 道德教育模式［M］. 傅维利，等译. 北京：学术期刊出版社，1989：57.
② 陈思坤. 体谅关怀德育模式的伦理内涵及实践价值［J］. 现代教育管理，2010（4）.

缜密的哲学思考和扎实的理论基础。诺丁斯在其著作《学会关心——教育的另一种模式》中提出了以关怀为核心的道德教育思想，她主张以关怀为核心来组织整个教育，让学生"关心自己，关心身边最亲近的人，关心与自己有各种关系的人，关心与自己没有关系的人，关心动物、植物和自然环境，关心人类制造出来的物品，以及关心知识和学问"①。值得一提的是，"诺丁斯认为关怀不仅可以是一种'美德'，更是一种'关系'"②。而且，只有建立了关系，才有实质上的关怀。在关怀关系中，关怀方与被关怀方是平等互利的。正是由于道德源于"爱"和人与人之间的"联系"，学校教育才应该不断建立、维持和增强这一关怀关系。只有在这种平等的关怀关系中，学生才会自然而然地受到教师的影响，才会提升道德认知。高校价值观教育应借鉴关怀模式理论，除了价值观知识的传授以外，要在关怀学生中影响学生，传递正确的价值观。

（三）以行为为核心的价值观教育研究

以行为为核心的价值观教育理论的典型代表是美国道德教育学家弗雷德·纽曼提出的道德教育的社会行动模式理论。社会行动模式是以行动因素为核心来审视价值观教育的方法。纽曼认为，道德教育应该注重公民社会行动能力的培养和训练，道德认知发展理论和价值澄清理论等价值观教育理论过于注重认知因素的作用，其往往侧重分析寻找价值原则，发展道德认识力，改变学校德育环境，注重培养学生的道德情感，或致力于使学生获得更多的道德知识，而缺乏更为重要的行动训练和技能，忽视了行为因素在价值观教育中的核心地位。他认为，德育不应该只强调教育活动本身，而应该注重培养学生改变环境的能力，通过学生的实际行动改变周围环境。由此可见，一个有道德的公民应具备三种能力：作用事物的能力、影响他人的能力和影响公众事务的能力。德育应该注重这三种能力的培养，为此，他创立了社会行动德育模式。

纽曼为了论证其理论的可行性，做了深入的研究和实践。他提出了一系列的理论假设。根据这些设想，他提出了实现公民社会行动过程的三要素，即制定政策目标、争取公众支持、解决心理问题。通过道德研究，使学生的伦理水

---

① ［美］内尔·诺丁斯．学会关心——教育的另一种模式［M］．于天龙，译．北京：教育科学出版社，2003：11.
② 檀传宝．诺丁斯与她的关怀教育理论［J］．人民教育，2014（2）.

平达到正当的目标，让学生了解不同的社会行动会产生的不同后果；当个人的观点形成后，要争取公众的支持，通过社会行动来实现预期目标；要解决好心理问题，使自己的心理保持平衡，保持开放的心态和批判的精神，处理好个人动机和社会需求的关系等。社会行动过程对价值观的教育和实践具有较强的借鉴作用。随即，纽曼在威斯康星州麦迪逊的一所学校中开始了他的实验，并且取得了预期的效果，这也再次印证了公民社会行动教育的重要性。同时，通过学校的实验，他为人们找到了一套较为完整的教育实施方法和程序，特别是如何把这种道德教育融入现有课程的方法，这与当下我国高校思政教育改革中的"课程思政"不谋而合。因此，社会行动模式理论对我国的价值观教育具有非常重要的指导意义。

（四）以品格为核心的价值观教育研究

品格教育理论是典型的以人的品格为核心的价值观教育理论。美国著名教育专家凯文·瑞安博士就是品格教育理论的积极实践者和倡导者。他先后提出有关品格教育的"5E"理论和"6E"理论。"5E，即榜样（Example）、解释（Explanation）、规劝（Exhortation）、环境（Environment）和体验（Experience）；6E，即榜样（Example）、风气（Ethos）、解释（Explanation）、情感（Emotion）、体验（Experiences）、追求优异（Expectations for Excellence）。"[①] 凯文·瑞安在教育中非常注重教师的榜样作用，他要求教师在学生的道德发展和品格形成方面做出榜样，还要求教师带着情感，对学生遇到的各种道德问题进行耐心解释，对学生的错误行为进行规劝，为学生道德发展和品格形成营造良好的环境。

凯文·瑞安的品格教育理论是以德性作为基础的道德教育理论。这个理论同样强调实践，但它强调的实践是基于品格形成的实践，不同于其他以实践为核心的道德教育理论。它的核心是通过各种方式来形成人的优秀品格，塑造一个道德高尚的人，道德高尚的人自然会做出道德高尚的事。亚里士多德认为，不崇尚美好行为的人，就不能称为善良；不喜欢公正行为的人，就不能称为公正；不进行自由活动的人，就不能称为自由。同样，人们只有通过做公正的行

---

① 安钰峰.凯文·瑞安品格教育理论的演变及启示［J］.思想教育研究，2012（1）.

为，才能使自己成为公正的人，只有通过做勇敢的事，才能使自己变得勇敢。①

通过对国外典型的价值观教育和道德教育理论的考察可知，国外道德教育的研究起步较早，不同学者形成了各自具有代表性的学说。不同学说从各自的侧重点来构建理论基础，并开展实践探索。纵观不同的理论和学说，有几点是值得我们关注的：一是国外学者普遍注重教育环境的营造。通过对个体的道德教育，提高个人改变环境的能力；通过争取公众的支持，创造更有利于人们道德提升的新环境，达到德育的目标。二是尊重个人的主观能动性。大部分学者认为价值观的形成或道德的提升是靠自身主观上的认同而达到的，而不是靠传授道德知识或原则而形成的。所以，教师要通过教育引导，让学生自己去感受和体悟，最终达到内心的认同。同时，通过教育引导和环境影响，可让学生不断提升自己的道德认知水平，从而进一步提升自己的道德水准。三是突显榜样的作用。学者们普遍提及了教师作为榜样的作用。教师要注重自身修养的提升，在教育教学中，主动关心体谅学生，让学生在感性交流中以教师为榜样，无形中形成自己的价值观，提高自身的道德水平。四是强调实践的重要性。大部分学者认为实践是提升道德水平的重要途径。学生可以通过实践来辨别价值标准，形成自己的价值观；学生可以通过参与社会行动来改变环境，达成道德目标；教师可以通过关心关怀学生，在教育教学中用自己高尚的品格影响学生，从而达到道德教育的效果。

国外学者的研究成果对我国开展德育和思想政治教育有着重要的借鉴意义，特别是对我国社会主义核心价值观的培育和践行有着重要参考。同时，学者们揭示的价值观和道德形成的规律有利于我们更为科学地开展社会主义核心价值观的培育和践行。

第三节　研究概述

本部分主要是对全书的研究思路做一个全面梳理，对研究的方法进行概要

---

① ［古希腊］亚里士多德. 亚里士多德全集：第 8 卷 ［M］. 苗力田，译. 北京：中国人民
大学出版社，1994：17-28.

的介绍。同时，重点阐述文章的创新之处。

一、研究思路

本书以大学生社会主义核心价值观的培育和践行为目标，重点研究如何以高校第二课堂为载体，把社会主义核心价值观融入高校第二课堂的教育教学当中，让大学生在第二课堂的学习实践中，不知不觉受到社会主义核心价值观的熏陶，以期实现社会主义核心价值观对大学生产生"润物细无声"的效果。

本书共分为七个部分，从基础概念和基础内容出发，层层推进，不断探索社会主义核心价值观融入高校第二课堂的路径。本书第一章为绪论，第二章至第七章为本书的主体部分，最后为结语。

第一部分，主要阐述本课题提出的原因和背景、课题研究的理论和实际意义、国内和国外对该课题的研究现状，以及国外可供借鉴的价值观理论梳理。同时，阐述本课题研究的思路、方法和创新点。

第二部分，主要进行社会主义核心价值观和第二课堂相关概念辨析，阐述与课题研究相关的基础理论，分析社会主义核心价值观融入高校第二课堂的必然性。回到价值本原来分析价值的含义，从价值观的概念来分析核心价值观的含义；界定第二课堂的含义，分析第二课堂的特点与功能，以及第一课堂与第二课堂的关系，为下一步理论分析和实践探寻奠定基础。

第三部分是承上启下部分，主要分析社会主义核心价值观融入高校第二课堂的现状。运用典型分析法剖析当前高校第二课堂价值观教育取得的成效。通过学生问卷调查和教师访谈，全面了解社会主义核心价值观融入高校第二课堂的相关情况。围绕调查和访谈的主要结论，梳理出有助于社会主义核心价值观融入高校第二课堂的积极因素，主要有：社会主义核心价值观理论自身的先进性、高校思想政治教育对第二课堂的渗透、高校课程思政建设对第二课堂的辐射、我国德育成果为第二课堂营造的良好氛围等。同时，对存在的问题进行了深入分析，寻找出社会主义核心价值观融入高校第二课堂存在问题的原因，主要有：西方错误思潮对第二课堂的冲击、社会消极因素对第二课堂的干扰、第二课堂保障机制存在缺失、高校第二课堂自身特点带来的困惑等。

第四至第七部分主要是社会主义核心价值观融入高校第二课堂的路径探寻，

侧重发挥教育的积极因素，克服社会主义核心价值观融入高校第二课堂的问题。

第四部分，确立目标和原则，为社会主义核心价值观融入高校第二课堂指明方向。建立马克思主义方向性原则、主导性和多样性相结合的原则、理论性和实践性相结合的原则、普遍性与特殊性相统一的原则，以实现大学生对社会主义核心价值观的内心认同和自觉践行、社会主义核心价值观对高校第二课堂的理论指导、高校第二课堂对第一课堂有效促进的目标。

第五部分，创新形式和内容，为社会主义核心价值观融入高校第二课堂增添动力。构建全覆盖的"大融入"格局，创新价值观教育内容提炼模式，进一步落实落细社会主义核心价值观的教育内容，真正把社会主义核心价值观理论与第二课堂实践相对接。

第六部分，深化机制和保障，为社会主义核心价值观融入第二课堂保驾护航。构建协同保障机制、实践融入机制、激励约束机制、科学研究机制、文化陶冶机制及评价反馈机制等保障机制，全方位克服制度缺失的问题。

第七部分，优化载体和评价，为社会主义核心价值观融入高校第二课堂培植土壤。加强专兼职相结合的师资队伍建设，构建分层分类的课程体系，打造全面发展的大学生群体，优化社会主义核心价值观融入第二课堂的各种载体与平台，以克服第二课堂自身的困惑，提高价值观教育实效。

结语，主要概括提炼本书的主要观点和结论，展望未来的研究和实践方向。

二、研究方法

本书的研究是理论结合实践的过程，研究方法主要有文献研究法、调查访谈法和典型分析法等，通过多种方法的结合，为社会主义核心价值观融入第二课堂找寻路径。

第一，文献研究法。文献研究法是针对相关的研究主题，搜集与此相关的研究数据、观点和结论，并通过对已有资料的鉴别、整理和综合分析，形成对研究主题的科学认识，了解不同学者的不同观点，供研究者进一步深入研究的科学方法。这种方法是人文社科研究中最为常见的方法，也是不可或缺的方法。本书的写作也充分利用了这种方法，从论题的确定到主体论述前和写作过程都是一个研读文献和继承创新的过程。笔者研究所涉及的文献资料主要有：马克思主义经典原著、党和国家主要领导人的重要讲话原文、思想政治教育的相关理论及研究成果、学者关于社会主义核心价值观研究的有关研究著作及论文、学者关于第二课堂的有关研究论文、社会主义核心价值观与第二课堂交叉研究的相关论文以及国外价值观的相关理论及研究成果。文献的梳理和分析为本论题的研究奠定了基础，对该领域的研究方向和高度有了全面的了解。通过学校图书、超星电子图书馆或书店购买等途径，笔者获得了丰富的图书资料，对马克思主义经典原著进行了系统学习，从基础理论的视角对社会主义核心价值观进行了溯源；通过党和政府网站、教育部网站等公开网络，笔者对党和国家主要领导人的重要讲话原文进行了研读，特别是对习近平总书记对于社会主义核心价值观的论述进行了理论和实践的分析和思考；通过学校图书馆电子期刊资源，笔者阅读了学者们对于思想政治教育、社会主义核心价值观培育和践行、第二课堂教育实践等方面的研究，已初步掌握了社会主义核心价值观融入第二课堂的研究方法和融入路径，为以后开展实践性研究打下了基础。当然，从文献的梳理中也可以看出，学者们对于第二课堂的研究论文数量相对较少，研究成果级别也相对不高，这些情况是文献研究的重要结论，这也引发了笔者的思考与重视，对本书论题视角的选择、研究方向的确定和具体方法的运用都起着重要作用。

第二，调查访谈法。调查访谈法分为问卷调查和个人访谈两个部分，既可以说是两个方法，也可以认为是调查的不同形式，这也是调查研究中较为常用的方法。在本书的研究过程中，为了了解问题的现状，笔者主要从学生的角度出发，拟定了调查问卷。本次调查通过网上"问卷星"平台（社会主义核心价值观融入高校第二课堂研究，ID：129084219）作答提交，十余所高校共计完成问卷1884份，基本情况为：从性别上看，男生774人（占41.08%），女生1110人（占58.92%）；从年级分布上看，大一116人（占6%），大二912人（占48.41%），大三632人（占33.55%），大四及以上227人（占15.74%）；从政治面貌上看，中共党员及预备党员212人（占11.25%），共青团员1568人（占83.23%），群众103人（占5.47%），民主党派1人（占0.05%）；从所学专业上看，理工农医类642人（占34.08%），经管法教类337人（占17.89%），文史哲艺类869人（占46.13%）。从回收数据上看，党团员占比、年级分布和专业类别等客观群体分布都较为理想，对调查数据的可靠性有着重要的支撑性和可信度。此外，为了进一步找寻社会主义核心价值观融入第二课堂的路径，笔者又从第二课堂教师的角度拟定了访谈提纲，以江苏省内高校为主，对相关教师进行了逐一访谈。访谈主要是通过线上线下相结合的方式进行，访谈提纲主要包括以下内容：一是基本信息，包括受访人姓名、职务和分管的工作等基本信息；二是第二课堂工作面临的问题和机遇等情况；三是第二课堂社会主义核心价值观培育与践行情况介绍；四是第二课堂师资配备情况和课程化情况；五是对社会主义核心价值观融入第二课堂的意见和建议。访谈的学校共计20余所，包括南京大学、东南大学、南京航空航天大学、南京邮电大学、江南大学、南京林业大学、江苏大学、江苏师范大学、扬州大学和南京师范大学10余所公办本科大学，三江学院、无锡太湖学院、南京理工大学紫金学院、南京航空航天大学金城学院、南京审计大学金审学院和南京师范大学中北学院6所民办本科学院。通过访谈，笔者了解到，不同学校的办学层次、历史传承、专业设置和经济基础对第二课堂的项目设置、教育方式、教育重点和项目开展情况都有着较大差异。不同学校面临着共同的机遇和相似的困难，但其中也有许多主观和客观上的差异，这些重要调查和访谈信息对笔者开展后续的研究有着重要作用。

第三，典型分析法。典型分析法也称案例分析法或个案分析法，通过选择有代表性的案例或典型事件作为研究对象，对案例进行深入剖析，提炼出可供借鉴的理念、方法或路径。本书在写作过程中充分运用了此方法，笔者结合多年来学生工作经验并深入基层一线进行访谈，对第二课堂中的典型案例进行深入剖析，把以往的工作经验上升到理论层面或可供推广的实践方法，为社会主义核心价值观融入第二课堂提供了理论和实践的支撑。典型案例主要是第二课堂较为成熟的项目，如社会实践、志愿服务、主题教育活动及科技创新活动等。但是，第二课堂的项目类别很多，即使对多个典型案例进行分析，也不能全面覆盖。因此，本书在采用典型分析法的同时，结合其他研究方法，共同完成对不同课堂项目的研究设计。

三、创新点

本书以大学生社会主义核心价值观的培育和践行为目标，以高校第二课堂为载体，试图构建社会主义核心价值观融入高校第二课堂的长效机制，找寻融入的路径。研究过程中形成了一些可能的创新，具体如下：

一是研究视角的创新。查阅文献可知，学者们对社会主义核心价值观的研究较为丰富。但是，从高校第二课堂这个视角进行社会主义核心价值观培育和践行的研究非常少，因此，本书具备了探索创新的客观基础。同时，本书的研究视角侧重为第二课堂营造社会主义核心价值观培育浸润的环境，这有助于进一步论证社会主义核心价值观融入高校第二课堂的普遍规律，有利于化解第二课堂项目个性化特点带来的论证困难。

二是研究内容的创新。本书的研究既重视第二课堂大环境的研究，又重视第二课堂微观载体的典型分析。通过第二课堂微观载体的典型分析，提炼出社会主义核心价值观融入高校第二课堂的典型方法，为普遍规律和路径的探寻提供方法论的参考。因此，书中"大思政"背景下的"大融入"格局、宏观与微观相结合的第二课堂融入机制及第二课堂载体的优化等第二课堂大环境的研究可谓有可能的内容创新，这有利于克服理论研究难以运用于实践的困难。

三是研究方法的创新。本书对融入机制和载体优化所采用的微观领域融入模式的研究方法是有可能的创新。虽然本书采用的文献研究法、调查访谈法和典型分析法不是创新的方法，但是结合本论题而采用这三种方法相结合的模式是有一定新意的。在这三种方法的指引下，本书对社会主义核心价值观融入高校第二课堂进行了更为精准的微观研究，建立"反向设计，正向实施"的社会主义核心价值观融入第二课堂的机制和项目的设计，进一步落实落细社会主义核心价值观的教育内容，真正把社会主义核心价值观理论与第二课堂实践相对接。微观融入模式是被众多学者忽视的研究领域，它可以使第二课堂微观领域的价值观融入更精准，可以避免高校价值观培育活动大而化之、简单复制和流于形式的现象，有利于克服理论研究难以运用于实践的困难。

第二章

理论基础与概念辨析

对社会主义核心价值观融入第二课堂的研究可以借鉴马克思主义的重要原理和观点，以及思想政治教育的方法，这有助于为本课题的研究提供世界观和方法论的指导。同时，厘清社会主义核心价值观和第二课堂相关的基础概念，以及相关概念之间的关系也是开展研究的基石。

第一节　相关基础理论阐述

核心价值观是意识形态的一部分，培育和践行社会主义核心价值观既离不开马克思主义意识形态理论的指导，也离不开实践理论和灌输理论在方法论方面的指导，最终目标是在马克思"人的全面发展"理论的指导下，培育社会主义的合格建设者和可靠接班人。现对相关理论做一个简要阐述。

一、"人的全面发展"理论

"人的全面发展"理论是马克思主义理论体系的重要组成部分，是马克思主义哲学的最高命题。在马克思主义创始人的著作中，"人的全面发展"思想可追溯到马克思的《1844 年经济学哲学手稿》。在这本著作中，马克思通过对资本主义生产关系及其规律的研究，指出了异化劳动及导致人的异化的根源。同时，马克思指出："对私有财产的积极扬弃，就是说，为了人并且通过人对人的本质和人的生命、对象性的人和人的作品的感性的占有，不应当仅仅被理解为直接的、片面的享受，不应当仅仅被理解为占有、拥有。人以一种全面的方式，就是说作为一个完整的人，占有自己的全面的本质。"① "完整的人就是全面发展的人，它以全面的方式（不是片面的、拥有欲支配下的方式）'占有自己全面的本质'。"② 在这里，马克思提出了人的根本属性以及人的全面发展的相关理念。

随后，"人的全面发展"完整的概念和理论阐述出现在恩格斯和马克思合著的《德意志意识形态》（1845—1846 年）中。在这本著作中，马克思、恩格斯从"现实的人"出发，揭示了生产力与生产关系矛盾运动规律，对共产主义社会及人的自由全面发展进行了描绘。马克思、恩格斯指出，人的全面发展是"指个人劳动能力（包括体力和智力）的充分自由发展，是人的本质规定的拓展，是人的社会关系的丰富和发展，是人的需要得以实现与满足"③。这也标志着马克思主义"人的全面发展"理论的形成。后来，在《共产党宣言》《政治经济学批判大纲》和《资本论》中，马克思进一步完善和发展了这一理论。

在马克思"人的全面发展"问题的研究中，始终以唯物史观关于"现实的人"及其历史发展为理论基础，把"人的全面发展"视作人获得自由解放的核心，科学地揭示了人的全面自由发展与共产主义社会密不可分的联系。共产主义社会是人类社会的最高形态，不是短期内能实现的，马克思所说的"完整的人"或"全面发展的人"都是共产主义社会才存在的全面自由的人。"人的全面和自由的发展是一个历史的过程，一个不断超越一定历史束缚的过程，一个逐步改善和进步的过程，更是一个促进全人类解放的过程。"④ 正确而全面地理解马克思所说的"完整的人"和"全面发展的人"对我们当下开展大学生社会主义核心价值观的教育有着重要的指导意义。

二、意识形态理论

意识形态理论是马克思主义理论的重要组成部分，正确解读这一理论的基本立场、观点、方法对社会主义核心价值观的培育和践行有着重要的指导意义。

---

① 马克思.1844 年经济学哲学手稿［M］.北京：人民出版社，2014：81.

② 孙迎光.马克思"完整的人"的思想对当代教育的启示［J］.南京社会科学，2011（5）.

③ 牛佳.马克思"人的全面发展"理论与社会主义核心价值观［J］.人民论坛，2016（22）.

④ 李婷.马克思人的全面发展理论的当代解读［J］.人民论坛，2017（17）.

首先，马克思在研究意识形态时提出："社会存在决定社会意识。"① 他指出："人类想要创造历史就得先生存下来，就得获取生产物质生活资料来满足人在社会生活中的吃穿住行等需求。"② 意识形态是由物质生产和物质交往方式决定的，要考察意识形态的属性，就必须从现实中的物质生产入手。其次，社会中占统治地位的意识形态都是社会中占统治地位的物质关系的反映。意识形态代表具体的阶级利益，具有鲜明的阶级性，分析意识形态必须从社会的物质关系和阶级关系着眼。最后，意识形态来源于现实生活，其发展从属于社会物质发展。我们可以从日常的生产实践和社会生活中找到推动意识形态发展的物质力量。

列宁对马克思意识形态理论做出了巨大贡献，核心是提出了"科学意识形态"概念。列宁对意识形态的理解不同于马克思、恩格斯的批判立场，他把意识形态看作一个中性的概念，认为意识形态的性质是由其所属的阶级性质决定的，资产阶级和无产阶级都有代表本阶级的意识形态。列宁指出："资产阶级的意识形态具有欺骗性和虚假性，而无产阶级的意识形态是适应社会历史发展潮流的'科学的意识形态'，是在与资产阶级意识形态的斗争中发展壮大起来的。"③ 列宁"科学的意识形态"的提出赋予了马克思意识形态理论新的内涵，也解决了无产阶级革命指导思想存在理论模糊的问题，巩固并提升了马克思主义意识形态理论对世界无产阶级革命的指导作用，也为社会主义国家的意识形态建设打下了坚实的理论基础。

意识形态是观念、概念、思想和价值观等要素的总和。价值观属于意识形态的范畴，核心价值观是国家意识形态的重要内容。意识形态问题是国家安全与发展的头等大事。作为社会主义国家，我国必须以马克思主义意识形态理论为指导，加强大学生社会主义核心价值观的灌输、培育和践行，这样才能凝聚力量，促进国家的长治久安和科学发展。

---

① 马克思恩格斯文集：第 2 卷 ［M］. 北京：人民出版社，2009：591.
② 马克思恩格斯文集：第 1 卷 ［M］. 北京：人民出版社，2009：531.
③ 翟宇，张新. 马克思主义意识形态理论发展脉络 ［J］. 人民论坛，2016（36）.

三、灌输理论

灌输理论是马克思主义思想理论教育的重要原理，也是指导思想理论教育的重要方法，在马克思主义理论中占有重要地位。"灌输理论肇始于马克思恩格斯，虽然他们没有系统、完整、直接地阐释灌输理论，但正是这些零散的论判为列宁系统阐述灌输理论铺垫了理论基础。"①

列宁继承了马克思、恩格斯对灌输思想的初步阐释，他结合苏联的革命实践，系统论述了灌输理论。列宁在《怎么办?》一书中指出："工人本身也不可能有社会民主主义的意识。这种意识只能从外面灌输进去，各国的历史都证明：工人阶级单靠自己本身的力量，只能形成工联主义的意识。"② 工人不可能在他们运动进程中创造出独立的思想体系，所以灌输是必然途径。列宁还指出："社会主义学说则是从有产阶级的，有教养的人即知识分子创造的哲学理论、历史理论和经济理论中发展起来的，……，也是完全不依赖于工人运动的自发增长而产生的，它的产生是革命的社会主义知识分子的思想发展的自然和必然的结果。"③ "没有革命的理论，就不会有革命的运动。"④ 由此可见，灌输在思想理论教育中的重要性。

虽然灌输理论的提出距今已经较为久远，但它在思想理论教育领域一直保持着旺盛的生命力。2019 年 3 月 18 日，习近平总书记在学校思想政治理论课教师座谈会上强调，推动思想政治理论课改革创新要坚持灌输性与启发性相统一。这为理论研究和高校社会主义核心价值观的教育提供了理论遵循和方法指导。

当然，与本课题研究相关的理论还有很多，只是因为以上三种理论对于本研究来说较为重要，运用得较为普遍，因此做一个简要的理论溯源和内涵分析。从研究目标来看，最终，本课题通过大学生社会主义核心价值观的培育和践行来培养社会主义的合格建设者和可靠接班人。培养目标与马克思"全面发展的

---

① 罗红杰，平章起. 马克思主义灌输理论的理性审视及其当代价值［J］. 湖湘论坛，2019 (5).

② 列宁选集：第 1 卷［M］. 北京：人民出版社，2012：317.

③ 列宁选集：第 1 卷［M］. 北京：人民出版社，2012：317-318.

④ 列宁选集：第 1 卷［M］. 北京：人民出版社，2012：311.

人"较为契合，用马克思"人的全面发展"理论做指导更有利于明确研究的方向，提升理论指导的价值。从研究对象来看，本课题所研究的核心是社会主义核心价值观。价值观是意识形态的范畴，社会主义核心价值观是我国意识形态的核心。我们对意识形态理论进行解析有利于指导社会主义核心价值观的培育和践行，从而确保方向和内涵的正确性。从研究方法来看，本课题不可避免地会对第一课堂和第二课堂的价值观教育方法进行比较，由此体现两个课堂在价值观教育方法方面的差异和互补。为了避免对第一课堂灌输理论内涵和地位理解的偏差，有必要在此进行理论的溯源和作用的解析。以上三个理论对于本课题的研究来说，是目标、内容和方法的有机统一，对后续研究具有重要的理论指导意义。

第二节　社会主义核心价值观的概念辨析

社会主义核心价值观的提炼和提出离不开一系列基本概念，如价值、价值观、核心价值观和社会主义核心价值体系等，准确把握这些概念的内涵、厘清这些概念之间的关系是进一步研究社会主义核心价值观的前提。同时，对价值、价值观及核心价值观等一系列概念和相互关系的梳理有利于对社会主义核心价值观的理解、把握和践行。

一、价值、价值观与核心价值观的含义

价值、价值观和核心价值观是相互联系、环环相扣和不断升华的关系，对三者含义的深入剖析将有利于我们对社会主义核心价值观内涵的理解与把握，更有利于我们深入开展社会主义核心价值观教育，在大学生中培育与践行社会主义核心价值观。

（一）价值

"价值"一词最早来自拉丁语"valera"，意思是"好的"。在西方的哲学书

中，其意义通常被理解为"值得个人或社会向往的行为或目标的特定方式之信念"①。近现代以来，"价值"的概念有了很大拓展。在不同学科中，对"价值"这一概念的运用越趋广泛，其含义也各有侧重。在《现代汉语词典》中，"价值"有两层意思：一是指"体现在商品里的必要劳动"，意指价值量的大小决定于生产这一商品所需的社会必要劳动时间的多少；二是指"用途或积极作用"。② 前者是经济学范畴的概念，后者是社会学范畴的概念，而本书探讨的核心价值观中的"价值"则侧重哲学范畴的价值概念。要深入理解价值的概念，我们可以从主体、客体和两者之间的关系三个视角进行分析。

从客体的视角来看价值，就是把价值作为主客体交互过程中的客体。此时，价值就是客体满足主体需要的属性。"价值就是一个人行动所要获得或保持的对象"③，"价值可以理解为客体对于人的作用和效用"④，"是客体对主体的效应"⑤。所以，价值是一种与人有关的客体或其属性，按照这个逻辑，客体视角的价值定义普遍存在主体价值缺失的弊端。

从主体的视角来看价值，就是把价值作为主客体交互过程中的主体。此时，价值的主体就是人，人的需要的满足就是价值。"'价值是人的愿望的满足'（帕克）、'价值是令人愉悦的质量'（刘易斯）、'价值是兴趣的函数'（培里）等。"⑥ 这些观点都是把价值着眼于主体或人的主观感受上，如人的需要、愿望、心情及兴趣等。以主体为视角的价值定义仍然存在主体人缺位的问题。

由此可知，要客观地定义价值这个概念，离不开主客体两个元素，而最终取决于主客体之间构成的关系。价值是主客体之间的一种特定关系，主体往往按照自己的需要对客体及其属性进行选择和改造。所以，他们之间是"客体属性对主体需要的满足关系，这种关系就是价值关系"⑦，"价值只能在主客体相

① 李醒民. 价值的定义及其特性 [J]. 哲学动态，2006（1）.
② 现代汉语词典 [M]. 北京：商务印书馆，2007：658.
③ [美] 安·兰德. 自私的美德 [M]. 焦晓菊，译. 北京：华夏出版社，2007：15.
④ 袁贵仁. 价值学引论 [M]. 北京：北京师范大学出版社，1991：45.
⑤ 王玉梁. 价值哲学新探 [M]. 西安：陕西人民出版社，1993：163.
⑥ 韩东屏. 人·元价值·价值 [J]. 湖北大学学报（哲学社会科学版），2003（5）.
⑦ 杨耕. 价值、价值观与核心价值观 [J]. 北京师范大学学报（社会科学版），2015（14）.

互作用的关系中去理解，这是我们把握价值范畴含义的本质规定"①。由此可见，价值既不是单独的客体属性，也不是孤立的主体需要，而是主客体之间的一种关系范畴，它反映的是客体功能、属性与主体需要之间满足与否的关系。

（二）价值观

价值观是人们所具有的对于区分好与坏、正确与错误、符合与违背人们愿望的观念，"是人们基于生存、享受和发展的需要对于什么是好的或者是不好的根本看法，对于某类事物是否具有价值以及具有何种价值的根本看法"②，是主体对客体的一种态度或评判标准。

由此可知，价值观呈现出不同的特征：一是主观性，人们都是依据主体自身的需要和对客体的价值进行评价。二是选择性，人们在不同时期受到周围社会环境和家庭环境的影响，他们会选择符合自己意愿的价值评价，从而形成自己的价值观。三是稳定性，它是人们头脑中形成的关于价值的明确而固定的表述形式或看法。如果是随意改变的想法或价值评价，那肯定不是价值观，只有形成较为固定的对事物的评价标准，才可称之为价值观。四是社会历史性，观念的形成与人们所处的历史环境和社会环境息息相关，人的思维很难超越其所处的时代。所以，在不同的历史时期和不同的社会环境中，价值观也会有所差异。

第一，价值观具有优劣之分。价值观存在着先进和落后、积极和消极之分，当今社会，价值观多种多样并随着时代的推进而不断产生，多种价值观间的矛盾冲突常态化存在，人们应该培养正确的价值取向，树立正确的价值观。③

第二，价值观具有主次之分。价值观不是孤立存在的，各种价值观以不同方式组合在一起，构成价值观体系，"不同价值观在这个体系中所处的地位不尽相同，有的价值观处于主导或支配地位，有的价值观则处于相对从属或依附地

---

① 万光侠．培育践行社会主义核心价值观的人本向度［J］．山东师范大学学报（人文社会科学版），2013（1）．

② 袁贵仁．价值观的理论与实践——价值观若干问题的思考［M］．北京：北京师范大学出版社，2013：130.

③ 万光侠．培育践行社会主义核心价值观的人本向度［J］．山东师范大学学报（人文社会科学版），2013（1）．

位"①。因此，价值观可分为主导价值观和非主导价值观、核心价值观和非核心价值观等。主导价值观引导社会的价值取向和人们的理想、信念和信仰。主导价值观具有最广泛的认同者、支持者和践行者，为人们的价值取向指明方向并为人们的行为提供最有力的价值依据，它的缺位可能导致价值危机和信仰危机。

（三）核心价值观

核心价值观是相对一般价值观而言，在整个价值观体系中处于核心地位的价值观。核心价值观是价值观体系中"起支配作用的核心理念，是价值观体系中最基础、最核心、最稳定的部分"②，最能体现社会或个体诉求的部分。

在我们的研究中，不可避免地提及核心价值观与主流价值观。核心价值观居于各种价值观的核心地位，对各种价值观起着主导作用，其属于社会的主导价值观。人们往往把主导价值观与主流价值观等同起来，其实这两个概念是有严格区别的，厘清这两个概念的界限是我们进行后续研究的基础。"所谓主导价值观，就是一个社会占主导或统治地位、对社会其他价值观的发展方向和基本走向具有引导和规范作用的价值观，如核心价值观。所谓主流价值观，则是指一个社会大多数人所信奉的具有较强影响力的价值观"③，这种价值观在量上处于一个较大的比例，拥有较大的数量群体。主导价值观与主流价值观既有可能是一致的，也有可能是有所偏离的，更可能是完全对抗的。只有当一个社会的主导价值观与主流价值观基本一致的时候，这个社会才是和谐稳定的，否则将是动荡不安、存在巨大隐患的。在核心价值观和主流价值观研究的基础上，我们可以进一步分析一下价值取向与价值导向的区别。作为扮演社会主导价值观角色的核心价值观，如前文所述，其占据着社会的统治地位，体现着官方的意志，对社会的价值观体系具有价值导向作用。主流价值观反映的是社会上占大多数的民众的价值追随，体现的是人们的价值取向。价值导向对应主导价值观，价值取向对应主流价值观，两者的区别是显而易见的。但价值取向与价值导向

---

① 孙伟平.关于社会主义核心价值观的几点思考［J］.山东社会科学，2015（2）.
② 公方彬，等.关于构建社会主义核心价值观若干问题的思考［J］.南京政治学院学报，2008（5）.
③ 廖小平.价值观变迁与核心价值体系的解构和建构［M］.北京：中国社会科学出版社，2013：41.

也是有重合之处的，只有让两者存在更多的交集，才能凸显价值导向的引导、整合和教育功能。广大教育工作者必须将核心价值观通过大众化的方式转化为广大民众易于接受的主流价值观，这样才能把核心价值观的价值主导转化为社会大众自觉自愿的价值取向。

二、社会主义核心价值观的概念辨析与理论来源

要深入研究社会主义核心价值观，我们必须对社会主义核心价值观的概念进行全面辨析，明确社会主义核心价值观的基本含义，剖析社会主义核心价值观的指导思想、性质、地位和范畴等，这有利于我们对社会主义核心价值观的理解与把握。同时，为了更清晰地理解党的十八大提出的社会主义核心价值观的具体内容，我们也要对社会主义核心价值观进行理论溯源，只有这样，才能准确把握不同价值元素的价值范畴，从而在现实中培育和践行社会主义核心价值观。

（一）社会主义核心价值观的概念辨析

社会主义核心价值观是人们对社会主义最根本、最核心的观点和看法，是中国人民在中国社会发展的不同阶段所持的思考问题和解决问题的根本立场、观点和准则，"它在整个价值观体系中处于中心地位，起着主导作用，代表着价值观的根本特征，体现着价值观的根本倾向，统率并约束其他处于非核心地位的价值观"①。社会主义核心价值观蕴含着"社会主义"和"核心价值观"两个重要的关键词，社会主义即中国特色社会主义，核心价值观体现了它在价值观体系中所处的地位。

第一，社会主义核心价值观以中国特色社会主义为基本遵循。社会主义是我国核心价值观的限定语，是对价值观念群的定性。在我国，社会主义核心价值观是在社会主义革命、建设和发展过程中不断凝练而成的，遵循的是中国特色社会主义的指导思想、基本观点和价值目标。社会主义核心价值观是国家的主导价值观，体现的是国家、社会和个人的价值愿景、价值追求和行为准则。

---

① 杨业华，符俊. 关于社会主义核心价值观的界定分析［J］. 湖北大学学报（哲学社会科学版），2015（2）.

通过社会主义核心价值观的培育和践行，可以统一全民的意志，形成共同的信仰，最终实现我国的奋斗目标。

第二，社会主义核心价值观居于社会价值观体系的核心地位。社会上有许多价值观，这些价值观形成一个价值观群或者称之为价值观体系，核心价值观是相对于一般价值观而言的，它居于这个价值观体系的核心地位，主导着社会的发展方向，对其他价值观形成指导和影响。社会主义核心价值观是以马克思主义为指导思想的价值观，体现的是社会主义制度下国家、社会和人民的价值取向和共同愿望，由此也体现了社会主义核心价值观的重要地位。

在本课题的研究中，不可避免地会涉及社会主义核心价值观和社会主义核心价值体系这两个相似的概念，因此，在此进行辨析是有必要的。社会主义核心价值观与社会主义核心价值体系在本质上是一致的，两者都是对社会主义的本质、特性和价值目标的阐述，是同一个问题从不同角度的表达。"社会主义核心价值观是从精神观念入手，强调对社会主义的准确理解和把握，倾向于根本价值理念的建构。社会主义核心价值体系则从外在性的体系入手，强调实践上的操作性，倾向于更加直观的结构和具体的内容。"① 由此可见，社会主义核心价值观体系明确界定了价值范畴，而社会主义核心价值观则是对价值范畴更为深刻、更为精炼、更为集中的表达。社会主义核心价值观进一步提升了社会主义核心价值体系的传播性，更有利于大众的理解和接受，是社会主义核心价值体系的精神内核。

（二）社会主义核心价值观的理论来源

社会主义核心价值观的形成是历史的必然选择，是对世界各种价值观甄别后的思考，是对中华优秀传统文化的提炼。社会主义核心价值观的形成是马克思主义中国化的结果，是中国特色社会主义道路、理论、制度及文化的融合。

一是来源于马克思主义及其中国化的理论。社会主义核心价值观不是凭空产生的，它是在学习世界人类文明的基础上，结合我国的国情而逐步形成的，它的理论源头就是马克思主义。同时，在中国漫长的革命斗争和社会主义建设过程中，形成了中国化的马克思主义，这就直接推动了社会主义核心价值观的

---

① 钟明华，黄荟. 社会主义核心价值观内涵解析 ［J］. 山东社会科学，2011（5）.

形成。

我们从马克思主义创始人对价值观的主张入手来分析社会主义核心价值观的来源。马克思、恩格斯在《共产党宣言》中指出："代替那存在阶级和阶级对立的资产阶级旧社会的，将是这样一个联合体，在那里，每个人的自由发展是一切人的自由发展的条件。"① 未来社会将是"一个更高级的、以每个人的全面而自由的发展为基本原则的社会形式"②。由此可见，社会主义高级阶段将是社会全面解放、人类真正自由的社会。要到达这种社会阶段，马克思、恩格斯认为，只有通过革命把人从旧的生产关系中解放出来；只有通过全世界无产阶级的联合才能使社会主义制度取代资本主义制度；只有在共产主义发展的不同阶段采取不同策略，才能使人类的全面自由的发展成为现实；只有共产主义社会才是人的真正解放和自由。③ 中国共产党自成立之时，就把马克思主义作为指导思想。意识形态是占统治地位的阶级为维护和发展其统治而建构的价值观念体系和行为规范体系。从这个角度来看，马克思主义即中华人民共和国的主流意识形态。

马克思指出："统治阶级的思想在每一时代都是占统治地位的思想，支配着物质生产资料的阶级，同时也支配着精神生产资料。"④ 由此可见，意识形态是统治阶级的思想观念，是对统治阶级所处社会制度合法性的论证，并以思想和价值观的形式而存在，主要是让人们对社会制度产生认同，它是合目的性与合规律性的统一。主流意识形态是意识形态的核心，是对经济基础、上层建筑和统治阶级意志的集中反映，它对整个意识形态体系具有统摄作用。社会主义核心价值观即当今社会的主流意识形态，其中对国家、社会和个人的价值追求与马克思主义重要论述一脉相承，社会主义核心价值观所追求的最高目标与马克思主义对人对社会所描绘的最高愿景完全一致。由此可以推断，社会主义核心价值观来源于中国无产阶级，即工人阶级的价值观念。中国共产党是中国工人阶级的先锋队，其指导思想来源于马克思主义。因此，社会主义核心价值观的

---

① 马克思，恩格斯. 共产党宣言 [M]. 北京：人民出版社，2009：50.
② 马克思恩格斯全集：第 23 卷 [M]. 北京：人民出版社，1972：649.
③ 赵笑蕾. 论社会主义核心价值观产生的理论、历史和现实逻辑 [J]. 求实，2017（6）.
④ 马克思恩格斯选集：第 1 卷 [M]. 北京：人民出版社，2012：178.

理论源头是马克思主义。

当然，社会主义核心价值观的最终形成必须经历马克思主义中国化的过程。马克思主义是一个外来的思想，它的形成有其自身背景，国情不同、形势不同，如果机械地照搬照抄，那么只会适得其反。只有把握马克思主义所倡导的精神，掌握其哲学原理，理解其精髓，才能在中国的大地上开花结果。自从马克思主义传入中国，特别是十月革命爆发之后，中国共产党人吸收了马列主义的思想精髓，积极开展武装斗争，最终取得了新民主主义革命的胜利，创立了毛泽东思想，这就是中国化的马克思主义。随后，在中国的改革和建设过程中，逐渐形成了一系列马克思主义中国化的成果，即邓小平理论、"三个代表"重要思想、科学发展观和习近平新时代中国特色社会主义思想，这一系列重要思想直接促进了社会主义核心价值观的形成。由此可见，马克思主义是社会主义核心价值观的思想理论来源之一。

二是来源于中华优秀传统文化的精髓。中国具有 5000 多年的悠久历史，在这历史长河中，中国人民用勤劳和智慧创造了令世界瞩目的灿烂文化。习近平总书记曾深刻指出："不忘历史才能开辟未来，善于继承才能更好创新。"① 这些传统文化经过中国几千年的荡涤和洗礼，取其精华，去其糟粕，形成了可供当代中国借鉴的优秀传统文化。从理论渊源来看，社会主义核心价值观和中华优秀传统文化是一脉相承的。社会主义核心价值观生于中国，长于中华大地，它的身上已经打上了深深的中华优秀传统文化的烙印。从社会主义核心价值观的十二组词中，我们可以找到它们的历史传承。

如国家层面的"和谐"概念可追溯到《易传》提出的"夫大人者，与天地合其德"的"天人合一"思想。老子在《道德经》中也提道："人法地，地法天，天法道，道法自然。"老子意在表达人与自然的相通性，由此可见，人与事都要顺应自然规律，这样才能达到人与自然的和谐共处，此处也是"天人合一"思想的体现。社会主义核心价值观中的"和谐"概念更为广泛，但它是在继承了中华传统文化的基础上与时代结合的产物，既一脉相承，又推陈出新。

---

① 习近平. 在纪念孔子诞辰 2565 周年国际学术研讨会暨国际儒学联合会第五届会员代表大会开幕式上的讲话［N］. 人民日报，2014-9-25（10）.

如社会层面的"自由"概念是中华儿女、仁人志士一生为之奋斗的目标，特别是近代，中华儿女为了争取民族的独立、国家的解放和亿万人民的自由付出了艰苦卓绝的努力，最终建立了中华人民共和国，为人民的自由创造了理想的空间。庄子在《庄子·逍遥游》中提出了不受任何束缚的绝对"自由"的人生理想，这是一种不切实际的空想。孔子在《论语·为政》中提出："七十而从心所欲不逾矩。"这也是追求个人心灵自由的真实写照。这些都是人类追求个人行为或思想自由的一些事例，只有追求自由，人类社会才能不断发展和进步。当然，从古人追求自由的典故也可以看出，世上没有绝对的自由，只有在一定的规则之内才能实现自己真正的自由。

如个人层面的"爱国"概念是中华民族的优秀传统，也是人民最根本、最深层的情感。"爱国"在传统文化中体现的是人民对自己国家无限的热爱，以及对自己故土家园的归属与眷恋。"爱国"一词较早出现于《战国策·西周策》："今秦者，虎狼之国也，兼有吞周之意……周君岂能无爱国哉？"① 而后，东汉荀悦的《汉纪·惠帝纪》记载："封建诸侯各世其位，欲使亲民如子、爱国如家。"②《晋书·刘聪传》也有"臣闻古之圣王爱国如家，故皇天亦祐之如子"的阐述。③ 中华传统文化讲究"修身、齐家、治国、平天下"的家国情怀，主要是古代上层统治者对国家的爱，虽然具有历史的局限性，但蕴含着以国家振兴为己任、追求民族独立、维护国家统一的爱国热情。社会主义核心价值观中的"爱国"传承了传统文化中"爱国"的朴素情感，把忠于君主等狭隘思想转化为爱中国共产党、爱祖国和爱社会主义的高度统一，推动中华民族伟大复兴。

马克思说："人们创造自己的历史，但是他们并不是随心所欲地创造，并不是在他们自己选定的条件下创造。"④ 社会主义核心价值观的形成同样不以任何个人和团体的意志为转移，它的形成是中华优秀传统文化的传承。由此可见，中华优秀传统文化是社会主义核心价值观另一个重要的思想来源。

三是来源于人类文明的优秀成果。近代以来，西方资本主义国家普遍把人

---

① 刘向. 战国策全鉴 [M]. 孙红颖，解译. 北京：中国纺织出版社，2015：9.

② 荀悦，袁宏. 两汉纪：第1卷 [M]. 北京：中华书局，2002：72.

③ 房玄龄，等. 晋书：第102卷 [M]. 北京：中华书局，1997：2057.

④ 马克思恩格斯文集：第2卷 [M]. 北京：人民出版社，2009：470.

权、博爱、自由和平等作为本国核心价值观的价值目标，其实，这些价值目标也包含着一定的合理成分。它们是资本主义国家经过多年的实践形成的对社会的美好期盼和对个人的价值准则，也是人类文明进步的标志。培育和践行社会主义核心价值观需要借鉴人类文明的优秀成果。

　　事实上，社会主义核心价值观的自身性质决定了其必然会借鉴人类文明的优秀成果。社会主义核心价值观吸纳了马克思主义中国化的成果，以及中华优秀传统文化的精髓。由此可见，社会主义核心价值观是一个具有包容性的体系，同时具有开放性与发展性特点。从马克思主义指导中国革命开始，马克思主义思想就在中国焕发出勃勃生机，它的世界观、价值观和方法论为中国特色社会主义建设和发展提供了强有力的指导，并产生了许多马克思主义中国化的成果，指导中国这艘巨轮朝着正确的方向全速前进。同样，对于西方资本主义社会的优秀成分，我们也要大胆借鉴。资本主义是在社会主义产生之前人类社会的最高形态，必然带有现实的优越性，加之它对人类文明数百年的探索，产生了许多客观的优秀成果。社会主义核心价值观的形成吸纳了资本主义社会优秀合理的成分，并把它转化为社会主义的正确形式，赋予了全新的内涵。此外，我国社会主义所处的发展阶段也决定了社会主义核心价值观必然会借鉴人类文明的优秀成果。我国社会主义正处于并将长期处于初级阶段，与发达国家相比，我国的生产力水平、科技水平、人们的道德观念和文明程度还有一定差距。马克思指出，共产主义的实现必须建立在高度发达的生产力基础上，生产力的高度发达和社会财富的极大丰富是实现共产主义的前提之一。社会主义是共产主义的初级社会制度，而我国又处于社会主义的初级阶段，为了提高生产力，实现现代化，我国以开放的姿态敞开国门，通过改革开放，"引进来，走出去"，学习国外的先进理念、先进技术和先进方法，批判地继承国外的先进文化，所以，我们才迎来了综合国力的不断增强、文明程度的快速提升、人民生活水平的极大改善、国际地位的迅速攀升，这些都是与我国开放包容的国家战略息息相关的。社会主义核心价值观体现的是国家、社会和个人三个层面的价值目标、取向和准则，与中国特色社会主义的路线、方针和政策相一致。所以，社会主义核心价值观必须坚持开放包容的原则，必然借鉴人类文明的优秀成果。

　　如上所述，社会主义核心价值观的形成借鉴了人类文明的优秀成果，但是借鉴并不等于全盘接受。虽然我国对一些价值目标的表述同国外许多国家相同或相似，但是，资本主义和社会主义对于相关价值目标的内涵大相径庭。如自由，我国社会主义核心价值观和许多西方资本主义国家的核心价值观中普遍都有这个价值元素，但其追求的价值目标相距甚大。在资本主义国家，自由的价值目标更多的是追求绝对的自由、追求个人的自由。追求自由的过程中往往矛盾重重，部分人的自由会妨碍其他人的自由，部分人的自由也会影响整体的自由，最终导致个人自由和他人自由、整体自由之间产生不可调和的矛盾。马克思主义理论所阐述的自由"是一种集体主义的自由，它是目的自由与工具自由、形式自由与实质自由，个人自由与社会自由的对立统一"①。

鉴于此，我们要科学提炼社会主义核心价值观，确立新时代的各价值目标，我们既不能把资本主义的东西都拒之门外，又不能不加分析全盘接收，我们要批判地吸收来自全世界的优秀成果，去除泥沙，留下真金。对于具有普遍意义和人类共同愿望的价值元素，我们可以采用"拿来主义"的策略，去除资本主义的元素，给它们赋予新时代中国特色社会主义的内涵。

第三节　第二课堂的概念辨析

学界对第二课堂的研究由来已久，虽然学者对高校第二课堂的概念、第二课堂与第一课堂的关系有着较为一致的看法，但对其内涵和外延的认识还存在着一些差异，对社会主义核心价值观的培育和践行会产生较大影响。要深入开展社会主义核心价值观融入第二课堂的研究，我们必须对社会主义核心价值观的概念进行辨析，从而进一步明确第二课堂的概念，厘清第二课堂与第一课堂的关系，总结当前第二课堂的特点，有针对性地开展研究与实践。

一、第二课堂的含义

第二课堂是相对第一课堂的概念而产生的。第一课堂是指学校依据教学大

---

① 谭培文. 社会主义自由的张力与限制 [J]. 中国社会科学，2014（4）.

纲，在规定的教学时间内进行的有计划的课堂教学活动。自 1983 年朱九思提出第二课堂的概念以来，有许多学者对第二课堂进行了研究，第二课堂的概念也发生了一些变化，其内涵不断丰富，外延不断扩大，并随着时代的变化，继续处于发展之中。在前文中已经提到，朱九思刚提出第二课堂的概念时，认为第二课堂主要是指在教学计划外，引导和组织学生们开展各类健康的、有意义的课外活动。这个定义为第二课堂确立了基本方向，划定了明确界限，之后虽然第二课堂的概念不断丰富，但始终沿着朱九思提出的第二课堂概念的方向发展，这也可以看出学者们对第二课堂的认识是比较一致的。

虽然大家对第二课堂与第一课堂的界限有不同的见解，但对第二课堂这个研究对象有较为稳定的看法，这有利于我们比较深入地开展研究。综合大量学者的研究来看，大家普遍认为高校第二课堂是指学生在第一课堂之外所从事的一切有益活动。这个定义主要是划定了第二课堂与第一课堂之间的界限，对第二课堂所从事的活动没有做具体界定。学生只要从事法律规定范围之内、课堂教学以外，有益于自己思想进步、身心发展、知识积累和能力提升等方面的活动，便都属第二课堂的范畴。

因此，高校第二课堂是在第一课堂之外所开展的有组织、有目标、有素质教育内涵的学习实践活动。它是第一课堂专业教学计划课程之外，学生自愿参加的有组织地进行的各类活动，按其类型，大致可分为主题教育、理论研讨、科学研究、社会实践、文体活动、志愿服务、勤工助学等。

二、第二课堂的特点

从上文对第二课堂概念的分析，我们可以发现，第二课堂有许多方面不同于第一课堂，它具有第一课堂无法替代的地位，并呈现出许多鲜明的特点。

（一）教育内容的丰富性

第一课堂以基础知识和专业知识的传授为主要内容，课程内容受教学大纲的规定，不能超越，更不能有任何冲突。但是，第二课堂课程项目的内容不受计划的约束。除传统课程项目外，随着时代的发展，第二课堂课程项目会产生不同的类别，相同的类别下又会组织不同的活动内容，其丰富性大大超越了第一课堂，这是第一课堂所无法比拟的，如主题教育活动可以在不同阶段采取不同主题开展，如爱国、诚信和法治主题等；又如社会实践活动可以借助不同载体开展不同类型和主题的活动。

（二）教育形式的开放性

第二课堂教育形式的开放性体现在时间空间的灵活性和组织形式的多样性上。第一课堂一般是在教室或实验室中进行，每学年、每学期、每周都有相对固定的教学任务和教学进度，没有特殊情况不能任意调整和改变。相对而言，第二课堂不受时间和空间的约束，第二课堂课程项目开展的时间和空间可以由学生主体来商议决定，相对灵活机动。同时，第二课堂的组织形式也是多种多样的。第一课堂的组织形式一般以教师主讲为主，也有部分互动和讨论，形式相对比较单一。而第二课堂则根据活动内容的不同，可采取不同形式，也可以根据学生的不同需求调整形式，侧重实践、体验、探究和参与。此外，第二课堂广泛接纳新的第二课堂课程项目加入，既可以是全新的形式，也可以是新的社团项目，只要符和相关规定，便可以较为灵活地加入第二课堂的行列。

（三）教育对象的自发性

当前，国内高校第一课堂普遍没有实现完全的选课制度，虽然对部分课程有一定的选择权，但远远不能满足学生自主选课的需求。当然，这也是教育主管部门为了实现专业培养目标而进行的科学设置。但是，教育主管部门或高校对课程设置单方面的论证会偏离学生的兴趣，使学生学习的主动性下降。与之相对，第二课堂以学生的个人兴趣为起点，是学生自我发起、自由选择、自主参与的舞台。同时，第二课堂以大学生综合素质培养为目标，每一类课程项目都能对应大学生相关能力的培养和提升。因此，为了发挥特长或弥补不足，部分大学生会主动选择参加第二课堂活动，这大大激发了学生的参与热情，第二课堂也成为学生挖掘潜能、展现个性的平台。

（四）教育效果的全面性

第二课堂活动形式的多样性会提升大学生不同的能力，培养大学生多方面的素养，从而对大学生产生全方位的教育影响，如理论研究型课堂会提升学生对第一课堂理论的认识与应用，既巩固了专业理论知识，又提升了实践能力；社会实践会锻炼学生了解社会、适应社会的能力，提高学生理论联系实践的本领；志愿服务能提升学生的互助、友爱与奉献精神，是和谐社会建设的重要基石。由此可知，学生通过参加不同形式的第二课堂活动，会收获更为全面的教育效果。

三、第二课堂的功能

第二课堂作为高校教育教学的重要阵地，其功能是不可忽视的。随着高校功能的不断丰富、外延的不断拓展，第二课堂的功能也不断彰显，特别是在提升大学生综合素质、发掘特色人才及服务社会建设方面都具有不可替代的作用。

（一）提升综合素质的功能

第二课堂丰富的课程内容给大学生综合素质的提升创造了条件。2019 年 7 月，中共中央、国务院在《关于深化教育教学改革全面提高义务教育质量的意见》中，提出要坚持"五育"并举，全面发展素质教育，特别对劳动教育进行了强化。2020 年 3 月，中共中央、国务院出台《关于全面加强新时代大中小学劳动教育的意见》，指出，"高等学校要注重围绕创新创业，结合学科和专业积极开展实习实训、专业服务、社会实践、勤工助学等，……整体优化学校课程设置，将劳动教育纳入普通高等学校人才培养方案，形成具有综合性、实践性、开放性、针对性的劳动教育课程体系"①。劳动教育是第二课堂综合素质教育的重要契机，其课程设置离不开第二课堂这个载体。第二课堂同样是"五育"教育载体的重要组成部分，大学生德、智、体、美、劳教育在第二课堂均能找到发展的舞台，为大学生综合素质的培养发挥重要作用。

（二）发掘特色人才的功能

第二课堂内容丰富，给大学生提供了展现才能的舞台，各类竞赛层出不穷，其中包括"挑战杯"大学生课外学术科技作品竞赛和创业计划大赛，以及大学生辩论赛、文艺和体育比赛及科技作品竞赛等，这些活动的举办大大吸引了各类大学生的参与。他们在第一课堂学习专业知识的过程中，没有机会展现自身的才能，发展自身的兴趣，只有进入第二课堂这个平台，才能真正展示他们的特长。通过参与活动，获得指导老师的指点和同行的激励，大学生中的特色人

---

① 关于全面加强新时代大中小学劳动教育的意见［EB/OL］.（2020-03-26）［2023-05-10］. http://www.gov.cn/zhengce/2020-03/26/content_5495977.htm.

才才会脱颖而出，同时给自己创造更大的发展空间。由此可见，第二课堂在特色人才培养和人才特长发掘上也具有不可替代的功能。

（三）服务社会建设的功能

第二课堂在服务社会地方经济文化建设、协助重大活动举办以及支援地方教育方面都做出了巨大贡献。第二课堂的社会实践项目是高校服务地方经济文化建设的重要平台。每年暑期是全国各高校集中开展社会实践活动的时间，大学生以小分队的形式或个人实践的形式走入社会，走进工厂、农村、学校等地开展实践活动，他们为地方带去了新的思想，为学校输送了新的智慧，为企业提出了新的建议，向社会反馈了基层的声音。志愿服务也是第二课堂服务社会最典型的方式，除了日常的社区、福利院的志愿服务之外，国家承办的重大赛事和重要会议都有大量志愿者的参与。据悉，"2008 年北京奥运会共招募志愿者74615 人，大部分志愿者均为北京的大学生"①。由此可见，他们牺牲了自己休息、学习、和家人团聚的时间，积极响应国家的号召，既确保了重大活动的有序开展，又维护了国际形象，用奉献书写了无悔的青春。此外，研究生支教团等第二课堂项目常年定期支援落后地区的教育，对地方教育的发展也做出了重要贡献。

四、高校第二课堂与第一课堂的关系

高校第二课堂与第一课堂是开展人才培养的重要阵地，厘清两者的关系将更加有利于高校有的放矢地开展各项教育工作，促进两个课堂的良性发展。当前，我们需要在两个课堂的课程、功能和地位方面进行进一步分析和探究，完善第二课堂的管理和教育，促进社会主义核心价值观更好地融入高校第二课堂。

（一）第二课堂对第一课堂部分功能的延伸

学者们普遍认为第二课堂是第一课堂的延伸，但如何延伸？是内容延伸还是功能延伸？或者其他？这些似乎没有讲透，或许是认为没有进一步探究的必

---

① 中央政府门户网站 . 2008 年北京奥运会志愿者人数比计划增加近 5000 人［EB/OL］.（2008-7-16）［2022-11-27］. http://www.gov.cn/jrzg/2008-07/16/content_1047053.htm.

要。但是，对本书的研究来说，厘清第二课堂与第一课堂的关系非常重要。第二课堂相对于第一课堂是部分功能的延伸，即部分第一课堂的内容和功能向第二课堂延伸。第一课堂重理论，客观条件也造成了实践条件不够、实践机会不多的现状。因此，应该把第一课堂相关课程内容向第二课堂延伸，让大学生在第二课堂完成实践体验的内容。第一课堂具有知识传授的主要功能，但第一课堂按专业类别分别开展教学，对于一个学生来说，交叉学科的内容、其他学科的内容以及社会需要的知识的学习只能延伸到第二课堂来。此外，第二课堂也承接了第一课堂部分知识传授的功能，从第二课堂部分项目课程化可见一斑，如第二课堂开设的理论研讨社团、辩论社、文学社及相关竞赛项目是对第一课堂知识的再学习和再提升。

（二）第二课堂和第一课堂的职能互补

除了第二课堂对第一课堂的延伸之外，第二课堂与第一课堂更多的是互补关系。首先，第一课堂与第二课堂在理论和实践的侧重点上是互补关系。第一课堂重理论和知识的传授，第二课堂重实践和体验。其次，第一课堂与第二课堂在对人才的选拔和评价上是互补关系。第一课堂侧重选拔理论研究型人才，此类人才容易从第一课堂脱颖而出；第二课堂侧重培养或发现实践型人才、管理型人才和创新型人才，如辩论人才、文艺体育人才、创业人才、竞赛人才及优秀学生干部等。最后，第一课堂与第二课堂在课程内容上是互补关系。第一课堂按照课程大纲设置课程，主要考虑专业的需求；第二课堂按照能力培养设置课程，主要考虑大学生综合素质的培养。

（三）第二课堂和第一课堂的地位相对独立

从地位上看，第一课堂与第二课堂是相对独立的关系。第一课堂与第二课堂缺一不可，缺少第二课堂，那大学就类似培训学校；缺少第一课堂，那大学就类似社区文化中心。第一课堂有自己独立的运行体系，在校教务处和研究生院的领导下，制定教学大纲，组织日常教学，按计划完成对学生的考核与培养。第二课堂同样具有自身的运行体系，第二课堂一般由校团委组织运行，按照上级团委的精神，依托二级学院分团委共同组织校、院两级的第二课堂活动。由此可见，两个课堂在各自的体系中独立开展教育管理工作。需要强调的是，第一课堂与第二课堂不是绝对独立的关系，而是相对独立的关系。其中最主要的原因是它们面向的是同一对象，即大学生。它们肩负的是同样的使命，即为国家培养合格的建设者和可靠的接班人。因此，在培养学生的过程中，两个课堂需要延伸，需要互补，这就是联系，也即相对独立的关系。

第四节 社会主义核心价值观融入高校第二课堂的必然性

第二课堂是高校素质教育、文化传承和服务社会的重要载体。相对于第一课堂来说，第二课堂也是高校人才培养的"半边天"。社会主义核心价值观的培育和践行只有覆盖第二课堂这个载体，才能达到价值观教育的全覆盖。因此，社会主义核心价值观融入高校第二课堂是必然的选择。

一、高校第二课堂迫切需要社会主义核心价值观的理论引领

第二课堂具有内容的丰富性、形式的开放性、参与的自发性等特点。虽然这些特点看似是第二课堂相对于第一课堂的特色，但是这些特点是一把双刃剑，也会给第二课堂带来一些隐患，如活动偏离主流意识形态的风险、活动出现舍本逐末及趣味低下等问题的风险等。因此，第二课堂迫切需要社会主义核心价值观的理论引领。只有在社会主义核心价值观的指引下，第二课堂才能坚持正确的方向，保证课程项目的质量与品位，促进社会主义核心价值观的培育和践行。

（一）应对复杂环境的需要

当今社会环境复杂多变，随着国家开放程度的进一步加大，我国教育、文化、经济及科技等方面与世界各国发生着交流与互动，呈现出你中有我、我中有你的世界大格局。在这种背景下，西方敌对势力会借助各种载体，通过输入科技、文化、教育等内容，达到输入本国主导价值观的目的，动摇我国年轻人对社会主义核心价值观的认同与践行。意识形态之间是没有硝烟的战争，其背后有可能隐藏着更深的政治目的。作为刚刚踏入大学的大学生来说，他们没有能力和经验来区分真正的是与非。对于第一课堂来说，教学大纲经过教育主管部门的层层审核，教学内容经过各高等学校教务部门的认可，教学过程经过高

等学校的严格监管，因此，第一课堂相对来说显得规范有序。而第二课堂并非如此，第二课堂以兴趣为导向，加之开放性、自发性、丰富性等特点，这无疑给各种思潮的渗透提供了可乘之机。所以，无论第二课堂采用何种形式，都必须加强社会主义核心价值观的融入，使第二课堂坚持正确的方向，把西方的错误思潮拒之门外，确保第二课堂发挥应有的教育作用，体现第二课堂的重要教育地位。

（二）促进高等教育良性发展的需要

高校第二课堂是高等教育的重要组成部分，它和第一课堂同样具有人才培养、科学研究、服务社会和文化传承的功能，承担着培养德、智、体、美、劳全面发展的社会主义合格建设者和可靠接班人的重要使命。从"五育"的开展情况来看，要达到"五育"并举，共同发展，其中第二课堂的教育是必不可少的。如在德育方面，第一课堂主要通过思想政治理论课的主渠道进行理论灌输与情景展示，让大学生具备分析问题、判断对错的理论基础；第二课堂则在第一课堂的基础上，通过志愿服务、社会实践及主题教育活动的开展，让大学生亲身感受社会百态，从而激发爱心，提升道德情操。又如在美育方面，中国的哲学始终认为，真善美是一体的，美是真和善的表现形式，真和善是判断事物美丑的标准。我国的美育教育还未纳入国民教育序列，学校美院教育也没有形成从小学到大学的完整体系，高校第一课堂更是缺乏美育的系统教育。虽然第一课堂在倡导真善美方面有相应的思想教育，但离美育的要求还有不小的差距。因此，第二课堂在大学生美育教育方面将起到重要的互补作用。通过组织参观博物馆、美术馆，感受艺术的气息，了解作品背后的故事，以此启迪人的心灵，通过了解真善美的故事，参与志愿服务活动，以此感受美好的大千世界，通过社会调研、参观考察等活动，了解祖国的大好河山及翻天覆地的变化，以此感受祖国的美好与富强，第二课堂是美育教育最生动的阵地。再如劳动教育，第二课堂将成为劳育的主课堂，在开阔的校园、广阔的社会大舞台，大学生们可以施展自己的手脚，投入劳动实践中去，让他们的身体得到锻炼，思想融入大众，让他们认识到"青春是用来奋斗的"的真正含义。

（三）保证大学生健康成长的需要

大学生是接受社会思潮最前沿、最敏感和最活跃的群体。虽然他们在第一课堂接受过社会主义主流意识形态的教育，但是，"各种社会思潮凭借其特有的现实性、群体性和传播性等特点对大学生的思想观念形成冲击，对大学生核心价值观的形成产生巨大的挑战"①。当前，网络自媒体越来越发达，社会热点快速切换，"网红"层出不穷。大学生普遍拥有智能手机，随时与世界进行着亲密接触。虽然他们已经成年，但是由于社会经历较少、社会阅历不够丰富、辨别是非的能力较差、个人价值观还未成型，所以，他们极易受到拜金主义、新自由主义等错误思潮的影响。如果第二课堂的活动掺杂着这些消极的思想，将大大削减第一课堂的教育效果，使第二课堂的教育与高等教育的导向背道而驰。所以，高等学校迫切需要社会主义核心价值观的理论引领，按照社会主义核心价值观所倡导的内容，从三个不同的层面来设计和组织课程项目，用先进的价值观理论占领第二课堂，引导大学生的思想，从而确保大学生的健康成长。

二、培育和践行社会主义核心价值观离不开高校第二课堂这一载体

大学生培育和践行社会主义核心价值观是实现高等学校立德树人目标的基本途径。社会主义核心价值观的培育离不开第一课堂思想政治理论课的主渠道，但高校第二课堂特有的教育优势同样不可忽视。如何让社会主义核心价值观真正入脑入心，第二课堂是一个必不可少的重要载体。

（一）第二课堂教育方式的优势

第一课堂一般以正面说教及灌输教育为主，这种方式能在短时间内把社会主义核心价值观的原理和内涵分析清楚，让学生具备分析问题的理论基础。这是灌输教育的优势，也是思想理论教育的一种常用方法，具有科学性和合理性。但是，这种教育方式的前提是学生有主动获取知识的意识和欲望，如果第一课堂的教学过程较为枯燥，说理不够透彻，那就会使学生对教育形式产生抵触，从而影响对教育内容的吸收。事实上，第一课堂在社会主义核心价值观教育方面还是存在一些不足，如教材内容虽然融入了社会主义核心价值观内容，但知

---

① 吕云超. 论社会思潮对大学生核心价值观形成的影响［J］. 思想理论教育导刊，2015
（5）.

识体系不够系统，对于教材体系向教学体系的转化不够理想。① 学生普遍反映第一课堂教学形式单一，缺乏课堂活力等。当然，有些问题是第一课堂自身条件导致的，无法从根本上得以解决，只有与第二课堂相互配合、相互补充，才能体现两个课堂的特色与价值。因此，必须把社会主义核心价值观的理念、内容和观点融入第二课堂，才能让大学生在实践中深刻感悟社会主义核心价值观的强大魅力，也才能体会第一课堂知识灌输的重要性。

西方国家对价值观培育和践行的研究由来已久，形成了许多值得我们学习和借鉴的理论和方法。如西方国家的价值观教育普遍强调认知、情感、品格及实践，注重培养受教育者自身的认知能力、关心他人的习惯及榜样示范作用，反对知识或价值观的直接灌输。比较有代表性的理论有以认知为核心的价值澄清理论、以情感为核心的关怀模式理论、以行为为核心的社会行动模式理论、以品格为核心的品格教育理论。虽然有些理论过于强调某一方面的教育力量，带有明显的缺陷和问题，但其对于我国开展全方位的核心价值观教育有着借鉴的作用。在社会主义核心价值观的指导下，在第一课堂知识教育的基础上，借鉴科学的方法，结合第二课堂的优势与特点，注重隐性教育、场景融入和实践锻炼，势必更加体现社会主义核心价值观的培育和践行的良好效果。

（二）第二课堂教育环境的优势

"我国传统思想政治教育较为关注显性教育，而忽视其他教育活动、教育途径、教育影响和教育力量中的教育因素。"② 习近平总书记在学校思想政治理论课教师座谈会上曾经提到，要坚持显性教育和隐性教育相统一。这番话引人深思，从某种程度上转变了传统的思想政治教育观念，强调了隐性教育和显性教育在思想政治教育中的重要性。显性教育是指学校有明确的课程目标和教学计划，并有组织地开展的教育活动。思想政治教育的显性课程主要是指思想政治教育理论课，承担着思想政治教育的特殊使命和明确要求，"主要讲授国家主导意识形态，这种理论性和系统化的政治观念，不能通过渗透在其他课程中来实

---

① 李颖. 当代大学生社会主义核心价值观的培育 [J]. 社会科学家，2020（9）.

② 余双好. 办好思想政治理论课须坚持显性教育与隐性教育相统一 [J]. 红旗文稿，2019（1）.

现，必须采取正面教育方式，为学生打下坚实的理论基础"①。但是，只讲授好思想政治理论课是不够的。习近平总书记在学校思想政治理论课教师座谈会上还讲到，要"挖掘其他课程和教学方式中蕴含的思想政治教育资源，实现全员全程全方位育人"②。其他课程既包括各类必修课和通识课程，也包括第二课堂的相关课程。要做到全员全程全方位育人，除了第一课堂的全部课程之外，第二课堂的各类课程项目、社团活动、主题教育和志愿服务等都是进行大学生思想政治教育的有利资源，更是开展价值观教育实践的重要阵地，为实现社会主义核心价值观"内化于心，外化于行"营造了良好的环境。

第二课堂是大学生拓展兴趣爱好、提升综合能力和开展文化活动的重要场所，涉及人员广、项目多，打破了班级、年级和专业的限制。它以知识讲授为辅，更多的是一种活动参与和情景体验，是开展隐性教育最理想的环境。第二课堂可以发挥教育环境的优势，在潜移默化中达到价值观教育的目的。在第二课堂中，隐性教育的资源无处不在、无时不有，如诵读经典名著、触摸红色文化、参观名胜古迹等，都为隐性教育提供了良好的教育资源，这些活动主题鲜明、导向正确，特别是对学生具有较强的吸引力和感染力，为大学生提供了社会主义核心价值观浸润的教育环境。学生因兴趣而来，这已经为价值观的教育打开了一扇门，加之良好的活动形式和教育环境，学生在接受活动熏陶的同时，在无形中也得到了社会主义核心价值观的隐性教育。由此可见，第二课堂社会主义核心价值观教育既是落实全员全程全方位育人的重要环节，也是开展思想政治教育隐性教育的良好阵地，充分利用第二课堂的环境优势，将会使社会主义核心价值观在第二课堂发挥更大的教育效果。

（三）第二课堂实践平台的优势

理论来源于实践，经实践检验的理论才能更好地指导实践。社会主义核心价值观要让大学生真正接受并付诸行动，离不开实践这条重要途径。第一课堂受课时、教育场所等限制，主要进行理论的教学并结合一定的实践演示，即使

---

① 余双好. 办好思想政治理论课须坚持显性教育与隐性教育相统一［J］. 红旗文稿，2019（15）.

② 新华社. 习近平主持召开学校思想政治理论课教师座谈会［EB/OL］.（2019-03-18）［2023-5-10］. http://www.gov.cn/xinwen/2019-03/18/content_5374831.htm.

有部分实践课程，但由于课时有限，也只能浅尝辄止。特别是思想政治教育第一课堂的实践体验更需要大学生利用课外时间去进行。第二课堂是大学生参与实践和情景体验的理想场所。第二课堂以实践为核心，可以通过组织话剧社、文学社、合唱团等社团活动，让大学生的兴趣与特长得以发挥，极大地丰富了大学生的课余生活。同时，教育工作者可以将社会主义核心价值观融入第二课堂，在文学社活动主题的选择方面、话剧社剧本的设计方面、合唱团曲目的编排方面都可以有意识地把社会主义核心价值观的主要思想融入进去。在实践过程中，大学生会受到活动内容的感染，从而更加坚定自己的信念。可以通过组织社会实践或调研活动，走出校门，走上社会，开展实地走访和调研活动。大学生在第一课堂中接受了社会主义理论的教育，对社会主义的优越性有了初步的理解，对中华人民共和国从站起来到富起来再到强起来的过程有了充分的理性认识，但是，如何进一步以点及面地对中国社会的现实情况有充分了解，从而更为全面地理解社会主义制度的优越性，这就需要大学生们通过第二课堂这个平台，有组织、有计划地走上社会，去了解社会并对相关情况进行深入调研。通过调研，了解社会的真实情况，倾听社会的真实声音。这些体验是第一课堂无法获取的，只有这样，才能加深大学生对社会主义制度和社会主义核心价值观的感性认识，让社会主义核心价值观入脑入心。当然，可以通过开展第二课堂的主题教育活动，组织大学生在校内或校外开展红色主题、时代主题或价值观主题的活动，这也是一种渲染氛围、振奋人心和提升实践体验的经历。主题教育活动可以作为社会实践、主题调研等活动的动员或总结，可以对相关活动起到点睛之笔的作用，让学生通过体验，有一种茅塞顿开的效果。

　　事实上，第二课堂主要是以实践为核心的课堂，有着丰富的实践载体和深刻的教育内涵。随着时代的变化，第二课堂不断产生新的课程内容，创造出不同的活动形式，给大学生提供了广阔的实践天地。通过参加社会实践、志愿服务、社会调研及党团主题等实践活动，大学生既巩固了专业知识，又了解了社会，加深了对社会主义核心价值观的理解与认同。第二课堂是社会主义核心价值观培育和践行不可或缺的优质载体，只有紧紧抓住第二课堂这个载体，才能加快实现全员育人、全程育人和全方位育人的目标。

三、课程思政建设的时代要求

中国共产党历来高度重视年青一代的思想政治教育，把培养社会主义合格建设者和可靠接班人作为教育的根本目标。2019 年 3 月，习近平总书记在学校思想政治理论课教师座谈会上强调："要坚持价值性和知识性相统一，寓价值观引导于知识传授之中。"① 从中我们可以看到，习近平总书记已经对课程思政指出了明确的方向，对价值观教育和知识教育的关系做出了指示，这是高校开展价值观教育和知识教育需要进一步把握的原则。第二课堂同样担负着知识教育的重任，也必须开展价值观的引导和教育。2020 年 5 月，教育部颁布《高等学校课程思政建设指导纲要》（以下简称《指导纲要》），这是在习近平总书记关于教育的重要论述和思政工作座谈会精神指导下采取的重要举措。课程思政强调在专业课程中要融入思想政治教育。第二课堂的课程项目也必须遵循课程思政的核心要义，在课程项目中融入社会主义核心价值观的教育，这是课程思政对高校第二课堂提出的时代要求。

社会主义核心价值观融入高校第二课堂顺应了国家课程思政建设的要求。课程思政是在思想政治教育理论课的基础上，进一步加强大学生思想政治教育的重要举措。课程思政建设的初心就是要在实现各知识性课程思政教育目标的基础上，达到与思政理论课同向同行的效果，培养既掌握精湛知识与技能，又具有家国情怀、国际视野、创新精神和使命担当的时代新人。② 课程思政不仅限于第一课堂的专业教育，同样包括第二课堂的教育与实践。《指导纲要》中明确指出："要综合运用第一课堂和第二课堂，组织开展'中国政法实务大讲堂''新闻实务大讲堂'等系列讲堂，深入开展'青年红色筑梦之旅''百万师生大实践'等社会实践、志愿服务、实习实训活动，不断拓展课程思政建设方法和

---

① 新华社．习近平主持召开学校思想政治理论课教师座谈会［EB/OL］．（2019-3-18）［2023-5-10］．http：//www.gov.cn/xinwen/2019-03/18/content_5374831.htm.

② 张大良．课程思政：新时期立德树人的根本遵循［J］．中国高教研究，2021（1）.

途径。"① 只有在大力开展第一课堂课程思政的同时，把思想政治教育融入第二课堂的教育与实践，才能将"价值塑造、知识传授和能力培养三者融为一体"②。对当代大学生来说，思想政治教育的范围非常广泛，如爱国主义教育、政治认同教育、理想信念教育、法治教育、道德修养教育和心理健康教育等，如果要提炼思想政治教育的核心要义，则可以从开展社会主义核心价值观教育开始。社会主义核心价值观来源于马克思主义理论、中华优秀传统文化和人类文明的优秀成果，从国家、社会和个人三个层面确立价值目标，这些内容是高校开展思想政治教育的核心内容。把社会主义核心价值观融入第二课堂，与习近平总书记对高校思想政治教育的相关论述以及《指导纲要》的精神同向同行，是符合思想政治教育规律、顺应课程思政建设潮流的重要举措。

　　课程思政对社会主义核心价值观融入高校第二课堂有着重要的指导意义。在我国高校的传统培养模式中，大学生步入高校的大门，第一课堂专业课程的学习是居于首位的。学好专业知识、掌握专业技能是家庭、学校和学生本人共同的愿望。因此，一段时间以来，高校普遍存在重视第一课堂专业教育的成果而忽视知识性课堂思想政治教育的义务、重视第一课堂的建设而忽视第二课堂的教育功能、重视第一课堂的能力锻炼而忽视第二课堂教育中价值观的渗透等。虽然思想政治教育一贯得到我们党和国家的高度重视，但直到《指导纲要》的出台，才真正从教育理念、教育思路和教育方法上解决了思想政治教育与专业教育"两张皮"的现象。首先，从教育理念上，课程思政是全面落实立德树人，推进中华民族伟大复兴的重大举措。课程思政立意高远，着眼未来，从根本上思考教育的本质和责任担当，这一举措影响深远，"影响甚至决定着接班人问

---

① 教育部. 高等学校课程思政建设指导纲要：教高〔2020〕3号［A/OL］.（2020-06-01）［2021-11-27］. http：//www. moe. gov. cn/srcsite/A08/s7056/202006/t20200603＿462437. html.

② 教育部. 高等学校课程思政建设指导纲要：教高〔2020〕3号［A/OL］.（2020-06-01）［2021-11-27］. http：//www. moe. gov. cn/srcsite/A08/s7056/202006/t20200603＿462437. html.

题，影响甚至决定着国家长治久安，影响甚至决定着民族复兴和国家崛起"①。
这是以前任何时候思想政治教育都没有过的战略高度，可见党中央对课程思政
的重视和课程思政本身所具有的时代地位。其次，从教育思路上，课程思政强
调显性教育、隐性教育和实践教育齐头并进，共促大学生价值塑造、知识传授
和能力培养。课程思政既重视思想政治理论课显性教育的地位和作用发挥，又
注重专业课程中思政教育元素的挖掘，亦关注第二课堂实践教育的功能，为大
学生思想政治教育，特别是社会主义核心价值观的培育和践行指明了方向。事
实上，由于第二课堂与第一课堂的课程有显著差异，如没有固定的教学大纲、
计划性较弱、不易量化等，第二课堂的重要性往往会被高校所忽视，导致其教
育教学缺乏指导，教育功能不够凸显。随着课程思政理念、思路和方法的形成，
第二课堂的教育思路逐渐清晰，以价值观为导向的第二课堂教育教学思路也将
慢慢形成。把社会主义核心价值观融入第二课堂，将对第二课堂的价值观教育
提供强有力的指导，使第二课堂有了主心骨，也将更加凸显第二课堂的内涵与
功能。最后，从教育方法上，始终把"融入"作为第一要义。课程思政最重要
的突破是在思政的隐性教育方面，隐性教育就是要把思想政治教育融入专业课
程之中。显性教育是国家教育部门和高校一贯重视的环节，成果卓著，但长年
来也存在研究成果与学生思想提升不对等的问题，主要原因是长期以来专业课
程中思想政治教育的隐性教育没有被充分重视，许多思政教育元素没有被挖掘，
教师教书育人的功能没有充分体现。课程思政对课程中思想政治隐性教育提出
了明确要求，这些要求对社会主义核心价值观融入第二课堂提供了方法论的
指导。

---

① 教育部.高等学校课程思政建设指导纲要：教高〔2020〕3 号［A/OL］.（2020-06-
01）［2021-11-27］. http：//www. moe. gov. cn/srcsite/A08/s7056/202006/t20200603_
462437. html.

第三章

社会主义核心价值观融入高校第二课堂的现状分析

为了更加客观全面地了解社会主义核心价值观融入高校第二课堂的现状，听取多方的建议和意见，进行深入细致的调查研究是非常有必要的。因此，笔者设计了面向在校大学生的调查问卷。通过问卷调查，我们可以更为理性地了解到第二课堂典型的教育形式、社会主义核心价值观融入第二课堂的积极因素、社会主义核心价值观融入第二课堂面临的问题，从而进一步分析问题背后的原因。学生的切身体会和真实反映能够较为客观地折射出社会主义核心价值观融入高校第二课堂的现状。同时，笔者又同步开展了对教师的访谈，从另一个角度来进一步了解问题，分析原因，寻找解决问题的策略，以期为社会主义核心价值观融入高校第二课堂找寻科学的路径。

第一节　当前高校第二课堂教育取得的成效——典型分析的视角

经过多年的发展与实践，高校第二课堂已经成为人才培养、文化建设和科研竞赛的重要组成部分，其重要性随着逐年成果的提升而受到高校、教育主管部门乃至中央的重视。2016 年，教育部、团中央在全国高校推行的"第二课堂成绩单"制度就是重要体现。"第二课堂成绩单"制度对高校第二课堂在思想政治引领、社会实践锻炼、志愿服务公益 、素质拓展提升和自我管理服务方面均提出科学化、系统化、制度化、规范化要求。在制度的指引下，高校第二课堂在原有基础上有了新的提升，思想引领更为有力，实践服务更为全面，文化建设更为丰富。本书拟从典型分析的视角，对不同类型第二课堂的微观载体进行典型分析，以期以点及面展示当前第二课堂的成效。同时，通过剖析典型活动的成功经验，为社会主义核心价值观融入高校第二课堂找寻路径。我们通过学生的调查来选取相关典型进行分析。

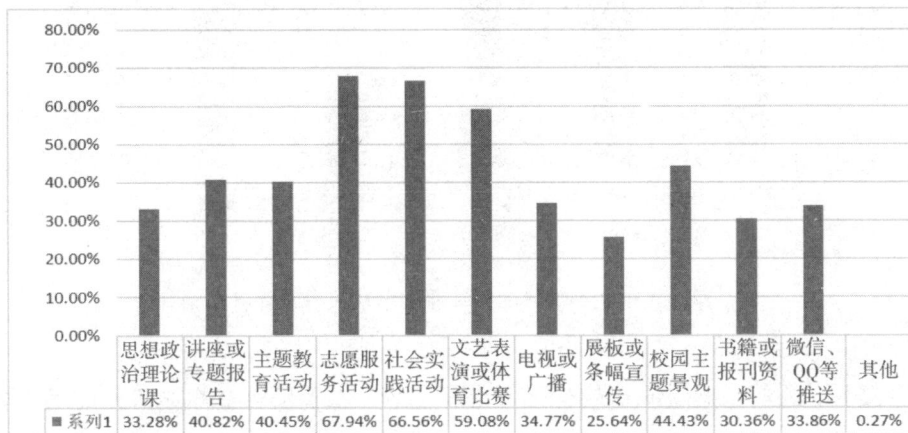

	思想政治理论课	讲座或专题报告	主题教育活动	志愿服务活动	社会实践活动	文艺表演或体育比赛	电视或广播	展板或条幅宣传	校园主题景观	书籍或报刊资料	微信、QQ等推送	其他
■系列1	33.28%	40.82%	40.45%	67.94%	66.56%	59.08%	34.77%	25.64%	44.43%	30.36%	33.86%	0.27%

图 3-1　大学生乐于接受的社会主义核心价值观教育形式（多选）

我们对大学生乐于接受的社会主义核心价值观教育形式进行了调查。图 3-1 中，讲座或专题报告、主题教育活动、志愿服务活动、社会实践活动、文艺表演或体育比赛、校园主题景观等活动或教育形式均排在前列，并有 40% 以上的学生选择。另外有两项数据值得关注：一是校园主题景观对社会主义核心价值观的传播不可忽视，有 44.43% 的学生选择乐于接受这种社会主义核心价值观的教育形式，且排在第四位，可见营造良好的校园环境的重要性。事实上，这是中外教育界的共识。二是思想政治理论课的排序较后，在所列举的十一种形式中排第九位，仅有 33.28% 的大学生乐于接受第一课堂思想政治理论课的形式开展社会主义核心价值观的教育。虽然第一课堂思想政治理论课在理论灌输及思想政治教育等方面的主导作用不可忽视，但从大学生的调查中所反映出来的量表数据进一步印证了大学生所反映的思想政治理论课形式单一、理论性强不易理解等问题，提醒高校管理者和教育工作者不可忽视第二课堂对大学生进行社会主义核心价值观培育的作用。

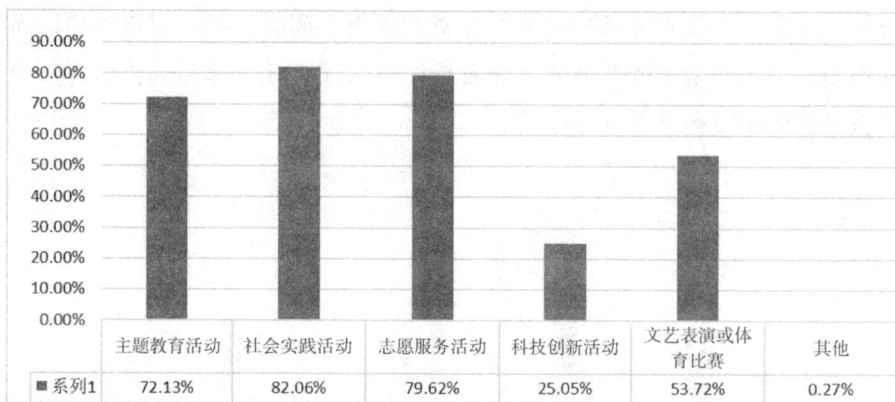

	主题教育活动	社会实践活动	志愿服务活动	科技创新活动	文艺表演或体育比赛	其他
■系列1	72.13%	82.06%	79.62%	25.05%	53.72%	0.27%

图 3-2　大学生参加过的第二课堂活动项目统计（多选）

接着，我们根据图 3-1 的情况，选取了学生乐于接受且相对典型的高校第二课堂微观载体进行进一步调查。图 3-2 显示，主题教育活动、社会实践活动、志愿服务活动是调查中位丁前三的第二课堂活动，普及率高、受众面广。事实上，这三项活动也是高校比较传统的活动，制度规范、组织有序，如高校的暑期社会实践、志愿服务月活动等都是共青团的经典活动，具有广泛的传承性和旺盛的生命力，对学生能力的提升和价值观的形成具有重要的影响力。当然，文体活动也是学生乐于参加的第二课堂活动。文体活动形式多样、活泼放松，对学生的身心发展具有重要作用，也是"五育"教育的重要组成部分。值得关注的是，学生参加科技创新活动的比例不高，这可能受专业结构、能力水平和学校客观条件等因素的影响而导致受众面相对较小，但这种形式是高校第二课堂大学生能力培养的重要增长点。

合并图 3-1 和图 3-2 的结论，本书拟对思想引领类、实践体验类、爱心奉献类及科技创新类四类微观载体的具体形式进行成效总结和典型分析。

一、思想引领类：以主题教育活动为例

主题教育活动是社会主义核心价值观融入高校第二课堂的重要微观载体。主题教育活动是以立德树人为目标、围绕具体主题开展的具有鲜明价值导向及教育意义的实践活动。主题教育活动是形式与内涵兼备的教育活动，是显性教育与隐性教育相结合的产物。它具有一定的仪式感和感染力，只有身处其中，才能更加充分地感受到它的魅力，才能对大学生起到应有的教育效果，它的形式也是一种令人难忘的教育活动。

主题教育活动是思想政治教育工作的重要载体和内容，这决定了主题教育活动具有以下特征：一是大学生主题教育活动具有鲜明的价值导向。每一个主题教育活动在开展前都是围绕一个鲜明的主题来设计的，而这个主题的确定是由活动的目标来决定的，这个目标就是对大学生的一种价值导向。主题教育活动价值导向鲜明，活动形式具有感染力，借助一些活生生的案例，让大学生沉浸其中，不断培育科学的价值观，形成良好的道德规范。二是大学生主题教育活动具有较强的时效性。思想政治教育与国家的发展、时代的变迁息息相关，这也决定了主题教育活动必须与时代同步，与国家同呼吸、共命运。主题教育活动开展的时间紧密结合国际重大时事政治，结合国家重要的发展结点。通过主题教育活动可以再现当年的重要历史时刻，再次体会新思想的产生与发展，以及党和国家不断发展强大的历程，从而激发大学生爱党爱国和热爱生活的热情。三是大学生主题教育活动具有时空延续性。大学生主题教育活动要持续发挥作用，起到较强的教育效果，必须有系列性的活动品牌，让大学生在不同的时间、地点，不同的年级和成长阶段受到同一主题而不同要求的教育，如"大学生党员成长计划""三全育人"主题教育活动等，这样才能对大学生的思想、学习和综合素养起到全面引领。

主题教育活动是社会主义核心价值观融入第二课堂的重要途径之一，比较典型的活动有爱国主义教育、理想信念教育、道德法治教育和诚信教育等，这些活动是社会主义核心价值观培育和践行的重要内容。

（一）爱国主义教育

爱国是人世间最深层、最持久的情感。爱国主义教育是不分年龄、不分学段、不分地点，需持续开展的教育活动，这种教育已经渗透到我们日常生活、学习的方方面面。中共中央、国务院印发的《新时代爱国主义教育实施纲要》指出，新时代加强爱国主义教育，对于振奋民族精神、凝聚全民族力量、决胜全面建成小康社会、夺取新时代中国特色社会主义伟大胜利、实现中华民族伟大复兴的中国梦具有重大而深远的意义。① 这也是大学生培育和践行社会主义核心价值观的重要方面。高等学校普遍结合重要的时间节点，如党的生日与国家的生日，开展爱国主义教育的主题活动。同时，开展日常的爱国主义教育，如升旗仪式、国旗下的讲话和党旗下再宣誓等活动；开展结合时事热点的爱国主义教育，如国家脱贫攻坚实现小康等，向大学生讲述社会主义制度的优越性。通过不同的视角、不同的内容和不同的方式，让大学生认识到，"爱国主义的本质就是坚持爱国和爱党、爱社会主义高度统一"②，从而推动社会主义核心价值观的培育和践行。

（二）理想信念教育

理想是一种精神现象，是一定社会关系的产物，它带有特定时代的烙印。生产力发展水平不同、社会性质不同，人们所处的经济政治文化地位不同、所处的阶级关系与阶级地位不同，所形成的理想也不同，理想随着时代的发展而不断发展变化。科学的理想是人的主观能动性与社会发展客观趋势相一致的反映，它是人们在社会实践的基础上，对社会历史发展客观规律前瞻性的把握，对社会实践具有一定的指导作用。信念是认知、情感和意志的有机统一体，是人们在一定的认识基础上确立的对某种思想或事物坚定不移并身体力行的心理态度和精神状态。信念一旦形成，就会使人坚定不移地朝着某个目标去努力，它不会轻易受其他思想和事物的影响。因此，在人的生命历程中，理想和信念总是相辅相成，共生共存。理想源于现实，又超越现实，是人们的世界观、人生观和价值观在人生目标上的集中体现。理想是信念的前提与载体，信念则是理想实现的重要保障。由此可见，理想信念教育对大学生成人成才有着极其重要的意义。

理想信念教育是社会主义核心价值观教育的重要内容，它能坚定大学生对富强、民主、文明、和谐等价值范畴的信念。高等学校长期采用多种形式开展

---

① 中共中央，国务院：新时代爱国主义教育实施纲要 [A/OL]. (2019-11-12) [2023-05-10]. http：//www. moe. gov. cn/jyb_xxgk/moe_1777/moe_1778/201911/t20191113_407983. html.

② 习近平. 在纪念五四运动100周年大会上的讲话 [R/OL]. (2019-04-30) [2021-11-27]. http：//www. gov. cn/xinwen/2019-04/30/content_5387964. htm.

理想信念教育,如榜样教育,学习伟人周恩来"为中华之崛起而读书"的远大理想,学习在平凡的岗位付出一生的守岛英雄王继才朴素而崇高的理想,学习在抗洪救灾过程中以及在各行各业平凡岗位上涌现出的大量可歌可泣、感人至深的英雄故事。再如红色教育基地的参观学习、中国近现代史及党史的学习等都是理想信念主题教育的重要形式。通过多种方式,结合大学生入学适应阶段、价值观初步确立阶段、毕业前再教育阶段等重要节点,对大学生的理想信念产生正向推动,形成科学的理想。同时,通过主题教育活动及社会实践活动等促使大学生坚定自己的理想,形成强大的信念。

(三)道德法治教育

道德属于上层建筑的范畴,它通过社会舆论、传统习俗和人们的内心信念来维系,是对人们的行为进行善恶评价的心理意识、原则规范和行为活动的总和。道德以能动的方式来把握世界,引导和规范人们的日常行为活动。人们又通过对道德的把握来确定自己的责任和义务,确立自己的道德理想,自觉扬善驱恶,选择高尚,保持社会与个人的健康成长。法治是一种社会意识,它是一种治理国家的理念、原则和方法。2014年,中国共产党第十九届中央委员会第四次全体会议全会审议通过了《中共中央关于全面推进依法治国若干重大问题的决定》,强调全面推进依法治国,总目标是建设中国特色社会主义法治体系,建设社会主义法治国家。2019年,中国共产党第十九届中央委员会第四次全体会议再次强调全面推进依法治国,建设社会主义法治国家。道德与法治是调节人的行为、进行国家治理必不可少的两个重要手段,它们相互依存,缺一不可。

道德与法治教育是高等学校主题教育活动不可或缺的环节,也是社会主义核心价值观教育的范畴。基本法律制度的学习可以通过思想政治理论课来完成,而激发学生的道德认知与内心共鸣、坚定提升自身法治意识和强烈认同的教育就要依靠主题教育活动来实现。高校通过设置一定的场景,借助一些典型案例,从正反两个方面进行法治教育。如通过观看感动中国十大人物事迹、全国道德模范人物事迹等视频展演,引导大学生树立正确的价值观,形成科学的理想。

(四)诚信教育

诚信是道德的范畴,是一个人最基本、最重要的品质之一。从古到今,诚信在为人处事、社会交往、国家治理等诸多方面都被视为一种最基本、最重要的道德准则。在现代社会，诚信除了具有道德属性外，其外沿也在不断扩大，逐渐具有了规则和法律属性。各国都在不断完善公民的诚信档案，如个人的交通违法行为、金融失信行为、日常失信违法行为等都将记录在案，形成个人的诚信档案。个人一旦有失信行为，便会影响其在多个领域的正常社会活动，如乘坐公共交通工具、个人贷款、个人和家庭成员发展等，严重的还会受到法律的制裁。因此，诚信教育是大学生进入大学之后所要接受的一堂重要的必修课。如何让诚信教育触动大学生的心灵，让诚信的品质在他们的心田生根发芽，就需要借助主题教育活动这个平台，让大学生身临其境，从正反两个方面来接受教育。

高校第二课堂要经常开展以诚信为主题的教育，从正面列举古今中外关于诚信的事例，让大学生感受到诚信的魅力与可贵。如春秋战国时期，商鞅"立木为信"的故事，商鞅以诚信的举动在百姓心中树立了威信，从而推动新法的实施；如秦朝末年，季布"一诺千金"的故事，季布一向诚实守信，甚至有"得黄金百金，不如得季布一诺"的美誉；再如"曾子杀猪""韩信报恩"等耳熟能详的故事等。除此之外，现代中外的诚信故事也有很多，这些都是诚信教育的优秀素材。当然，高校第二课堂也经常从反面进行警示教育。这样的例子也不胜枚举，有名不见经传的普通民众，有身居高位的国家干部以及历史上的昏庸君王。这些典型案例都在向大学生传达一个信息：人之为人，诚信为本。

二、实践体验类：以社会实践活动为例

"社会实践是大学教育教学的重要环节，是大学生接触社会、了解社会的窗口，通过社会实践，大学生能够把自己所学的专业知识运用到实践中去解决一些实际问题。更为重要的是，社会实践对提高大学生的思想认识、巩固专业知识、提高科研创新能力、提升文化素养、培养爱心都具有不可替代的教育功能。社会实践按照不同的标准有多种划分类型，现从社会实践对大学生的教育功能出发，把社会实践划分为以下五种类型：思想升华型、专业巩固型、科研创新型、文化提升型。"① 现就部分类型进行阐述。

---

① 吕云超．论大学生社会实践的育人功能 [J]．科教文汇，2009（9）．

（一）思想升华型

这种类型的实践活动主要是为了端正大学生的人生观、价值观，提升他们的思想认识，这是第二课堂开展社会主义核心价值观教育的重要载体。大学生是社会主义事业的建设者和接班人，这决定了我们必须坚持把爱国和爱党、爱社会主义放在教育首位。为此，高校第二课堂通过开展爱国主义基地参观、革命传统教育和英雄人物宣传学习等社会实践活动，既可以教育他人，又能对参与社会实践的自己进行自我教育和自我熏陶，使自己的思想得到提升。思想升华型社会实践对大学生的教育意义主要体现在以下几个方面："一是大学生通过社会实践能初步掌握党的基础知识、国家的大政方针及相关法律法规。大学生为了宣传党的基本知识，必须认真学习《中国共产党章程》，关心时事政治，了解党的重要会议精神；为了宣传法律法规或接受他人咨询，必须对法律法规进行全面的学习，对新政策的创新之处有足够的认识。二是大学生通过社会实践会受到实践活动的感染，思想得到升华。大学生通过准备和参与社会实践的全过程，会加深对中国特色社会主义理论及中国共产党理论体系的理解，会受到优秀事迹的感染，思想在潜移默化中产生变化。"①

（二）专业巩固型

这种类型的社会实践主要是为了增强学生的学习动力与学习兴趣。专业巩固型社会实践是指围绕专业理论学习开展的实践活动。部分"大学生存在着学习主动性不够、理论学习兴趣淡漠，而他们在实践和动手能力上却有着强烈的兴趣的现象，因此，开展专业巩固型社会实践显得尤为重要。专业巩固型社会实践主要包括大学生的专业实践、英语辅导、计算机维护等围绕专业开展的实践活动。专业巩固型社会实践对大学生的教育意义主要体现在以下几个方面：一是大学生在实践中能感受到学习理论的重要性，增加理论学习的兴趣。只有通过专业巩固型社会实践的锻炼，让理论知识在实践中得以运用，才能真正改变他们对理论学习的看法。二是进一步巩固所学理论知识。学生在校期间以理论学习为主，学习过程中对部分知识缺乏深刻的理解。通过专业巩固型社会实践，学生可以对前一阶段学习的理论进行运用，这无形中要求学生对所学知识

---

① 吕云超．论大学生社会实践的育人功能［J］．科教文汇，2009（9）．

进行总结归纳，促进他们对所学知识的理解和巩固"①。

（三）科研创新型

科学研究是大学所肩负的重要使命之一，培养具有较高科学素养、较强创新理念和初步具备科研能力的大学生是大学人才培养的目标之一。"开展科研创新型社会实践活动对促进大学生科研水平和创新能力的提高具有重要意义。科研创新型社会实践主要包括如下几种类型：课题研究、理工科类的实验调查、软件创作、文科类的实践调查报告、科研论文的写作及各种发明创造等。"② 科研创新型社会实践对大学生的教育意义主要表现在以下几个方面：一是提升大学生自身的科研素养。科学研究的基础是对自己所学知识的总结与提升，其核心是严谨踏实的作风与勇于创新的精神。大学生在社会实践的各个环节都可以体会到这种要求，久而久之就会沉淀为一种习惯，这就是一种科研素养。二是"科研创新型社会实践能培养大学生的创新精神。科研创新型社会实践的目的就是形成一定形式的科研成果。随着实践的深入，学生知识结构的完善，知识水平的提高，必将形成一些新的观点，产生一些新的成果，这也为培养大学生的创新精神创造了条件"③。

（四）文化提升型

这种类型的社会实践主要是为了提高学生的文化品位与艺术素养。"文化提升型社会实践是最常见的社会实践形式之一，受到广大群众的欢迎与喜爱，也是校园文化活动的延伸与发展。文化提升型社会实践形式主要包括如下几种类型：文艺演出、联欢会、文学名著讲评、摄影知识讲座、图片展、各类体育活动及户外拓展训练等。"④ 文化提升型社会实践对大学生的教育意义主要表现在以下几个方面：一是文化提升型社会实践是推广中华优秀传统文化、传播社会主义核心价值观的重要载体。我国是一个具有优秀传统文化和现代文明的大国，拥有丰富的物质文化及非物质文化遗产。通过社会实践可以向广大群众宣传中华民族的优秀传统文化，提升大学生自身的文化品位，同时，也是社会主义核

---

① 吕云超. 论大学生社会实践的育人功能 [J]. 科教文汇，2009（9）.
② 吕云超. 论大学生社会实践的育人功能 [J]. 科教文汇，2009（9）.
③ 吕云超. 论大学生社会实践的育人功能 [J]. 科教文汇，2009（9）.
④ 吕云超. 论大学生社会实践的育人功能 [J]. 科教文汇，2009（9）.

心价值观大众化不可或缺的途径。二是"文化提升型社会实践对大学生艺术素养的培养与提高具有不可替代的作用。文化活动是一个学生展示特长、发展个性的舞台,为广大爱好艺术的大学生提供了优越的条件,他们在服务大众的同时,自己也得到了锻炼,艺术素养在实践中不断提高。三是文化提升型社会实践可刺激学生的求知欲,锻炼学生的组织能力,为大学生的自我教育提供一条有效的途径,为其施展才华创造机会。文化提升型社会实践活动主题广泛,组织形式灵活多样,活动内容丰富多彩,是大学生自我学习、自我教育、自我提高的一个过程"①。

三、爱心奉献类:以志愿服务活动为例

志愿服务是培育和践行社会主义核心价值观最重要的载体之一。志愿服务是指个人或组织在不求回报的前提下,为改善社会、促进社会进步而自愿付出时间和精力来服务他人或特定的群体。志愿服务起源于19世纪初西方国家宗教性的慈善服务。我国的志愿服务活动始于改革开放之后,特别是1993年年底,共青团中央开始组织实施中国青年志愿者行动后,中国志愿服务进入了有组织、有秩序的阶段,"奉献、友爱、互助、进步"的志愿服务精神已深入人心。

志愿服务是一个国家文明程度的象征,也是国家大力倡导的重要举措。中央明确指出,"要以城乡社区为重点,以相互关爱、服务社会为主题,围绕扶贫济困、应急救援、大型活动、环境保护等方面,围绕空巢老人、留守妇女儿童、困难职工、残疾人群体,组织开展各类形式的志愿服务活动,形成我为人人、人人为我的社会风气"②。由此可见,志愿服务是大学生培育和践行社会主义核心价值观的有效载体,是新形势下服务社会、提升高校思想政治工作质量的新探索。

大学生参与志愿服务的类型有很多,如大型活动志愿者、社区工作志愿者、朋辈互助志愿者、扶贫济困志愿者等。不同的志愿服务对大学生们有着相同或

---

① 吕云超.论大学生社会实践的育人功能 [J].科教文汇,2009(9).
② 中共中央办公厅.关于培育和践行社会主义核心价值观的意见:中办发〔2013〕24号 [A/OL].(2013-12-24)[2023-05-10].http://www.gov.cn/jrzg/2013-12/23/content _2553019.htm.

有差别的心灵激荡和思想激励，其教育效果对大学生一生有益。

（一）大型活动志愿者

大学生参与服务的大型活动有：奥运会等各级各类体育赛事、G20等政府大型会议、大型文艺演出等。大型活动涉及面广、专业性强，对志愿者的语言、形象及综合素质均有较高要求，因此，此类活动志愿者一般从高校进行选拔，这也是高校开展志愿服务的重要载体之一。大型活动的志愿服务对大学生的教育意义是全方位的。多岗位的服务要求、高强度的服务任务、高难度的服务内容对大学生的思想认识、能力素质既是一种考验，又是一种全面的提升，亦是一种经历困验历练后的蜕变。大学生只有参与了这种志愿服务，才能深刻感受到"奉献、友爱、互助、进步"的志愿精神。同时，不同类型活动所倡导的精神也是大学生志愿者们在服务过程中所收获的精神财富。如体育赛事所倡导的"更快、更高、更强"的奥林匹克精神，G20杭州峰会"创新、活力、联动、包容"的共同体理念，主题文艺演出所倡导的公益精神等，对大学生志愿者们是一种教育、一种要求和一种激励。

（二）社区工作志愿者

社区工作内容丰富、面广事杂，加之社区专职人员编制少，往往面临人手紧缺的局面。因此，大量引入志愿者是缓解人员紧张的有效途径。高校与社区普遍建立了友好合作关系，积极组织大学生赴社区开展志愿服务等第二课堂活动。社区工作志愿者的岗位有：社区行政助理、社区老人陪护、关爱留守儿童、社区课堂及文化服务等。社区志愿服务是爱心的集中体现，需要志愿者投入更多的耐心和时间。除此之外，社区工作也需要大量有专业技能的大学生投入其中，如社会学、社会工作、心理学、音乐学、美术学及各类师范专业等学生，这既有利于进一步提升社区工作的内涵与效果，也能弥补社区专职人员队伍的不足。社区志愿服务工作对大学生志愿者的教育意义也是非常显著的。社区志愿服务工作能激发大学生的爱心，爱心是需要在一定情境中才能被激发的。社区志愿服务打开了一扇通往大学生心灵深处的门。学生在了解社情、服务社区的过程中能了解到社会的弱势群体和基层的艰难困苦，这些体验会对习惯在优越环境中成长的大学生形成心理冲击，会让他们重新认识这个充满爱与艰辛的世界，重新思考人的价值和自己的理想，从而形成正确的人生观和价值观。

（三）朋辈互助志愿者

大学生朋辈互助志愿服务包括同学间的学业帮扶、生活帮扶、心理疏导等，要积极弘扬雷锋精神，多为他人提供便利与帮助。朋辈互助的特点是施助和受助的主客体是相互平等的关系，他们有可能是同学，也有可能是同龄人，由于一方有需求，而另一方愿意无偿提供帮助。在大学校园里，有些学生在学业方面存在不足，在第一课堂之外，高校第二课堂经常有组织地开展学业帮扶志愿服务活动；大学生中偶尔也会存在残疾学生，其他同学可以自发或由学校有组织地组成志愿服务小组，负责帮助这些存在障碍的同学；有些学生存在心理困惑等问题，同样可以通过互助活动来进行排解。朋辈互助志愿活动的最大意义在于爱心的传递。同学或同龄人之间是最容易沟通的群体，通过这种互助帮扶，可以让受助的学生感受到对方对自己无私的友情，这也容易激发他们内心的感恩之情，有朝一日，他们也会向其他人伸出友爱的援手，如此心手相连，连绵不绝，整个集体将会成为一个友爱的集体，整个社会将会成为一个和谐的社会。

（四）扶贫济困志愿者

扶贫济困志愿服务主要是由政府或高校策划组织，并配套相应的政策和经费所开展的专项经济扶贫、智力扶贫等助困活动。如由团中央、教育部、财政部及人力资源和社会保障部联合实施的"大学生志愿服务西部计划"，由团中央、教育部联合组织实施的"中国青年志愿者扶贫接力计划研究生支教团"，以及各地开展的支教扶贫项目等。此类志愿服务承担着国家战略和地方发展战略，对国家的经济发展、教育事业及安全稳定起着重要作用。此类志愿者的选拔一般比较严格，除了个人志愿外，还要对大学生的学习成绩、工作能力及专业性质进行筛选，因为他们一旦参加志愿服务，将要独立承担相关工作，这关系人才的培养和地方的发展。扶贫济困志愿服务意义深远，扶贫不是扶一时的贫，济困要解永远的困。从大学生个体来看，一个大学生有可能只参加一年或两年的志愿服务工作，但从整个计划设计来看，这种志愿服务是源远流长、永不止步的。这些专项志愿服务计划是国家培养合格建设者和可靠接班人的重要载体，只有沉得下心、弯得下腰、经得住考验的大学生才能担负国家赋予的重任。

四、科技创新类：以科技竞赛活动为例

科技的发展对一个国家或区域的发展至关重要。20 世纪 90 年代初，邓小平同志说过："科学技术是第一生产力。"这句话一点都不为过，科技发展对生产力的提升是全方位的。从大的方面看，它能提升一个国家的综合国力，从而提高国家的国际地位；从小的方面来看，它能改变人的思维方式、工作模式和生活质量。站在新的时代，我国经济总量已经稳居世界第二位，如何进一步推动经济的增长、如何使我国的经济增长不受他国的干扰和制约，自主发展高科技是唯一的途径。

科学研究是大学的四大功能之一，科学研究的队伍主要来自高校广大科研工作者，但其后续的梯队则离不开众多在校大学生，科学研究的动力来自不断地创新，因此，高校第二课堂的科技创新活动是大学生萌生科研兴趣、初步形成科研意识、了解科研规范、掌握基本技能的重要途径。

高校科技创新活动形式多样，如由共青团中央等部门共同主办的"挑战杯"全国大学生课外学术实践竞赛、由教育部主办的大学生创新创业训练计划，以及由地方教育部门和高校开展的各级各类科技创新活动等。

（一）"挑战杯"全国大学生课外学术实践竞赛

该竞赛分为大学生课外学术科技作品竞赛和大学生创业计划竞赛两部分。课外学术科技作品竞赛已经成为吸引广大高校学生共同参与的科技盛会、促进优秀青年人才脱颖而出的创新摇篮、引导高校学生推动现代化建设的重要渠道、深化高校素质教育的实践课堂。"挑战杯"竞赛的成绩从某种意义上体现了一所学校大学生科研水平的高低。创业计划竞赛又称商业计划竞赛，它借用风险投资的运作模式，要求参赛者组成竞赛小组，提出一项具有市场前景的技术、产品或者服务，并围绕这一技术、产品或服务，以获得风险投资为目的，完成一份完整的创业计划。这项活动旨在培养广大青年的创新创业意识，造就适应未来挑战的高素质人才。创业计划竞赛已经成为学生科技创新活动的重要载体，对培养复合型、创新型人才，促进高校产学研结合发挥着越来越积极的作用。

（二）大学生创新创业训练计划等科创活动

大学生创新创业训练计划的项目一般分为创新训练项目、创业训练项目和创业实践项目三类。其中,创新训练项目偏向科学研究项目,创业训练项目偏向正处在创意和验证阶段的创业项目,创业实践项目则鼓励能开展实际创业的项目。大学生创新创业训练计划与"挑战杯"有类似的方面,但不同的是,它其中的有些项目更接近现实的市场,创业实践项目需要在市场中进行实际的尝试。大学生创新创业训练计划为大学生创造了一个创新创业的舞台,它是大学生科研创新成果的最终展示和真实检验。此外,高校科技创新社团也是高校开展科技创新启蒙的重要载体之一。高校科技创新类社团包括理论研究社、电子设计社团、智能车社团、无人机爱好者协会、软件协会等,种类繁多,层出不穷。此类社团与大学生的兴趣爱好密切相关,相同爱好的学生相聚在一起激发出了思想的火花,为高校营造了浓厚的科技创新氛围,也为学校组队参加各级各类高级别的科技创新类比赛奠定了人才基础。

其实,高校第二课堂的组织形式还有很多,如文艺体育类活动等。不同类型的第二课堂载体各有侧重,有些第二课堂载体之间也有交叉,以上就部分第二课堂微观载体做典型分析,以此作为当前第二课堂建设成效的一个缩影,作为后续研究时的样本来进行进一步分析和解剖,它们的成功经验和典型做法可以为社会主义核心价值观融入高校第二课堂提供思路和方法上的参考。

第二节　助推社会主义核心价值观融入高校第二课堂的有利因素

近年来,随着大学生思想政治教育的不断深化,以及课程思政、"三全育人"、"大思政"等措施和理念的纷纷登台,为高校人才培养营造出良好的德育氛围,加之社会主义核心价值观自身的理论优势,为高校进一步推进思想政治教育增添了动力,也为社会主义核心价值观融入第二课堂的理论与实践创造了有利条件。

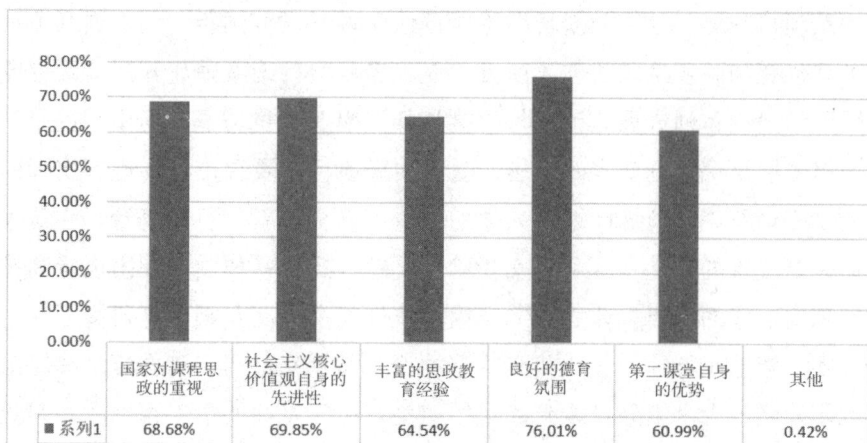

	国家对课程思政的重视	社会主义核心价值观自身的先进性	丰富的思政教育经验	良好的德育氛围	第二课堂自身的优势	其他
■系列1	68.68%	69.85%	64.54%	76.01%	60.99%	0.42%

图 3-3 有利于社会主义核心价值观融入高校第二课堂的因素（多选）

图 3-3 所列的各选项得到了广大学生的普遍认可，学生选择的结果也比较均衡。其中，有利因素中"良好的德育氛围"（占 76.01%）、"社会主义核心价值观自身的先进性"（占 69.85%）和"国家对课程思政的重视"（占 68.68%）排在前三位。由此可见，国家对德育工作的重视在全国上下营造了良好的氛围，这在高校的每个角落都能体现出来，让大学生也深有体会。数据显示，社会主义核心价值观的宣传教育也起到了良好的效果，其先进的思想、严密的体系已深入人心，也使大家产生了无比的自信。调查数据也显示，在党中央和教育部的高度重视下，课程思政已经在各高校深入地开展起来，学生已经认识到这项工作的存在，也意识到它重要的教育意义。这些有利因素是社会主义核心价值观融入第二课堂的重要保障，充分分析有利因素能为社会主义核心价值观融入第二课堂找到更为有力的抓手。

一、社会主义核心价值观自身的先进性

社会主义核心价值观是对社会主义制度优越性的全面阐释，体现了马克思主义社会意识形态理论的深刻内涵，它既是对社会主义核心价值体系的概括和提炼，又是中华优秀传统文化和民族精神的结晶，更是人民大众对社会主义美好生活的愿景。

（一）社会主义核心价值观是社会主义价值理想的表达

习近平总书记在党的二十大报告中指出："社会主义核心价值观是凝聚人心、汇聚民力的强大力量。"① 社会主义核心价值观是实现中华民族伟大复兴中国梦的精神支撑。社会主义核心价值观反映了国家、社会和个人层面的价值目标、价值取向和价值准则，只要全体人民努力践行社会主义核心价值观，中华民族伟大复兴的中国梦就一定能实现。"中国梦是'纲'，社会主义核心价值观是'目'，纲举目张，以中国梦引领社会主义核心价值观的培育和践行，以社会主义核心价值观的践行来推动中国梦的实现。"② 一个社会的核心价值观必定是社会全体成员共同的价值诉求，它决定了国家社会制度的安排和社会秩序的运行，是对国家、社会及个人的总体要求和价值指引。

（二）社会主义核心价值观凝聚着中华优秀传统文化的精髓

"培育和弘扬社会主义核心价值观必须立足中华优秀传统文化。牢固的核心价值观，都有其固有的根本。抛弃传统、丢掉根本，就等于割断了自己的精神命脉。"③ 中华民族拥有 5000 年的悠久文化，这个文化饱含着中华民族一代又一代人的精神追求，是中华民族区别于其他民族的精神标识，它是中华民族赖以生存和不断发展的精神沃土。社会主义核心价值观从历史走来，根植中华优秀传统文化，蕴含着丰富的思想道德资源，它不忘根本，善于继承，坚持古为今用，推陈出新，对传统文化坚持"扬弃"的原则，是我们每个中国人必须坚持的科学价值观，它必将引导我们实现伟大的中国梦。

（三）社会主义核心价值观符合人民群众的价值诉求

以人民为中心的发展思想是习近平总书记在新时代对马克思主义群众观的重大创新。我国是人民民主专政的社会主义国家，中国共产党是我国的执政党，它根植人民群众，从来没有自己的特殊利益，这就决定了党的全部工作都是为了广大人民群众，党的工作目标就是实现人民对美好生活的向往。社会主义核

---

① 习近平. 高举中国特色社会主义伟大旗帜为全面建设社会主义现代化国家而团结奋斗——在中国共产党第二十次全国代表大会上的报告［M］. 北京：人民出版社，2022：44.

② 王南湜. 中国梦：社会主义核心价值观之"纲""极"［J］. 江汉论坛，2018（8）.

③ 习近平. 把培育和弘扬社会主义核心价值观作为凝魂聚气强基固本的基础工程［J］. 党建，2014（3）.

心价值观的产生来源于中国共产党带领广大人民群众的伟大实践。中华民族源远流长，在中国的历史长河中，兴衰成败、朝代更替，其中不乏众多的悲欢离合，而中国的近代史几乎是一部抗争史、血泪史和屈辱史。当下，在中国共产党的领导下，以及社会主义核心价值观的指引下，我们比历史上任何一个时期都要接近实现中华民族伟大复兴的中国梦。中国综合国力不断增强，国际地位迅速攀升，人民群众的民族自豪感、自信心和幸福感也得到显著增强。社会主义核心价值观既表达了人民群众对未来美好社会的价值追求，又反映了人民群众的价值认同和价值诉求。

二、高校思想政治工作经验对第二课堂的渗透

自中华人民共和国成立以来，中国走过了不平凡的道路。70 余年来，党的思想政治教育同样经历了不平凡的发展历程，为中华人民共和国从站起来、富起来再到强起来汇聚了力量，积累了丰富的经验，促进了思想政治教育从实践到理论再到实践的螺旋上升的过程。价值观教育是思想政治教育的核心，借鉴思想政治教育的经验，可以为社会主义核心价值观融入第二课堂打下坚定的思想与实践基础。

（一）教学与思想政治教育有机融合的经验

改革开放初期，由于受到十年"文化大革命"的影响，学校的科学文化教育及思想政治教育遭到严重破坏，为了尽快恢复正常的教学秩序，学校确定了以教学为中心的教育思路。此时，有些人认为，学校恢复以教学为中心，就是不要政治，不要思想政治教育。对此，在 1978 年全国教育工作会议上，邓小平同志指出，培养具有高度科学文化水平的劳动者，造就又红又专的工人阶级知识分子队伍是无产阶级政治的要求，"学校应该把坚定的政治方向放在第一位。但这不是说要把大量的课时用于思想政治教育。学生把坚定正确的政治方向放在第一位，这并不排斥学习科学文化，相反，政治觉悟越是高，为革命学习科学文化就应该越自觉、越加刻苦"①。由此可见，思想政治教育要与教育教学相融合，才能真正发挥教育效果，同时带动教学的进步。教学与思想政治教育相

---

① 中共中央文献研究室．邓小平同志论教育［M］．北京：人民出版社，1990：60.

融合的经验在第二课堂也有所体现，如奉献精神的灌输与志愿服务活动相结合、爱国主义教育与社会实践活动相结合、诚信教育与日常管理相结合等，这些经验为社会主义核心价值观融入第二课堂创造了条件。

（二）制度化整体推进学校思想政治工作的经验

改革开放以后，经过几年的实践与探索，随着人们思维的转变、"文革"影响的淡去，国家层面开始出台相关制度，整体推进学校的思想政治工作。1984年4月，教育部颁发《关于在十二所院校设置思想政治教育专业的意见》，正式设立思想政治教育专业，同时开始招收本科生，并于后续开始招收硕士和博士研究生，实现了从经验发展到学科建设的重大跨越，成为思想政治教育科学发展史上的一个重要里程碑。1987年5月，《中共中央关于改进和加强高等学校思想政治工作的决定》印发，要求高等学校努力改进思想政治工作的内容、形式和方法；加强教职工队伍的思想建设，大力提倡教书育人、服务育人；建设一支坚强的马克思主义理论队伍和思想政治工作队伍；提高高等学校领导班子的思想政治水平，加强和改善对思想政治工作的领导。2004年，中共中央、国务院颁布了《关于进一步加强和改进大学生思想政治教育的意见》。该文件把大学生思想政治教育提高到战略高度，关系培养什么人、为谁培养人的问题，关系社会主义伟大事业的合格建设者和可靠接班人的问题。因此，文件对大学生思想政治教育进行了更为全面科学的指导，对加强和改进大学生思想政治教育的主要任务、有效途径、重要载体、队伍建设、环境营造及组织领导进行了详细布置。这也是思想政治教育发展到一定高度之后的科学研判。这个文件长期指导着高校的思想政治教育。2017年，中共中央、国务院颁布《关于加强和改进新形势下高校思想政治工作的意见》，该文件进一步研判了新形势下高校思想政治工作面临的新问题、新机遇，突出了中国共产党对高校的领导和全员全过程全方位育人的教育方式，同时提到了加强对各类思想文化阵地的建设管理，这对社会主义核心价值观融入第二课堂的研究具有较强的指导意义。国家颁布文件整体加强和改进高校思想政治工作，给高校的思想政治工作指明了方向，提供了方法和内容的指导。第二课堂也承载着高校育人的重任，特别是课堂中各微观教育载体对学校育人环境的优化与推动起着重要作用。通过开展主题思想教育、社会实践、文艺活动及志愿服务活动等，既推动了高校整体的思想政治教育，又加强了第二课堂的思想建设，为社会主义核心价值观融入第二课堂营造了良好的环境。

（三）社会主义核心价值观对国民教育全面融入的经验

2006年10月，党的十六届六中全会通过《中共中央关于构建社会主义和谐社会若干重大问题的决定》（以下简称《决定》），第一次明确提出了"建设社会主义核心价值体系"这一重大命题。《决定》要求把社会主义核心价值体系融入国民教育和精神文明建设全过程、贯穿现代化建设各方面。2007年10月，党的十七大召开，会议明确了社会主义核心价值体系是社会主义意识形态的本质体现，要巩固马克思主义指导地位，坚持不懈地用马克思主义中国化最新成果武装全党、教育人民，用中国特色社会主义共同理想凝聚力量，用以爱国主义为核心的民族精神和以改革创新为核心的时代精神鼓舞斗志，用社会主义荣辱观引领新风尚，巩固全党全国各族人民团结奋斗的共同思想基础；要切实把社会主义核心价值体系融入国民教育和精神文明建设全过程，转化为人民的自觉追求。2013年12月，中共中央办公厅印发《关于培育和践行社会主义核心价值观的意见》，要求把培育和践行社会主义核心价值观融入国民教育全过程贯穿基础教育、高等教育、职业技术教育、成人教育各领域，落实到教育教学和管理服务各环节，覆盖所有学校和受教育者，形成课堂教学、社会实践、校园文化多位一体的育人平台。①

中华人民共和国成立以来，我们党对高校思想政治教育工作高度重视，在理论与实践、制度与保障、组织与领导方面都给予了高等学校充分的支持。高等学校不负党和国家的期望，在思想政治教育的理论研究、队伍建设以及人才培养等方面取得了突出成效，形成了可贵经验，这些经验必将为第二课堂的思想教育和价值观教育提供借鉴与学习的养分，助推社会主义核心价值观全面融入高校第二课堂。

三、高校课程思政建设对第二课堂的辐射

随着国家对大学生思想政治教育工作的进一步重视，伴随着高校思想政治

---

① 冯建军. 改革开放40年中国德育事业的发展历程［J］. 中国德育，2018（20）.

教育理论与实践的不断深入，高校第二课堂只有进一步提高思想政治教育的科学性、时代性和可行性，才能使教育工作适应时代的发展要求，才能使思想政治教育在无声中产生有形的成果。2020年6月，教育部颁布《高等学校课程思政建设指导纲要》，代表着高校正式全面推行课程思政改革。课程思政是一种更高形式的思想政治教育模式。

（一）课程思政的本质有助于明确社会主义核心价值观融入高校第二课堂的方向

教育部制定课程思政建设纲要的最根本目的是落实立德树人，这是课程思政的本质，更是一个战略举措，有助于明确社会主义核心价值观融入第二课堂的方向。立德树人成效是检验高校一切工作的根本标准。中华人民共和国成立以后，特别是改革开放以来的40余年，国家对人才培养的目标是非常明确的，从国家、省市层面推出了许多举措，但在具体落地的时候，总是存在课程与思政"两张皮"现象。思政教育存在有点无面、形式重于内涵、效果不可持续等不足，无法真正实现立德树人的目标。课程思政的理念与办法可以将价值塑造、知识传授和能力培养三者融为一体，从顶层设计和路径层面破解以前思想政治教育中的难题。立德树人的伟大战略举措决定着高等学校的教育培养什么人、怎样培养人、为谁培养人的根本问题。从长远来看，这必将决定着国家的长治久安，决定着接班人的问题，甚至影响着中华民族伟大复兴中国梦的实现。所以，教师队伍、课程建设和课堂教学三个方面要紧抓不放，让教师从思想上转变观念，从自我建设方面做到为人师表，从课程建设方面主动融入思政元素，从课堂教学方面循循善诱、润物无声，不唱高调、不搞形式，让学生在知识学习的过程中，体会科学研究的精神和科学家人格的魅力，感受当代大学生肩负的责任，真正使各类课程与思政课程同向同行。教育部课程思政改革理念先进、措施有力，是新时代思政教育和高等教育改革的必经之路。课程思政为高校第二课堂的教育指明了方向，值得高校第二课堂进一步学习与实践，对社会主义核心价值观融入高校第二课堂的研究有着直接的指导意义和有力的推动作用。

（二）课程思政的理念有助于构建社会主义核心价值观融入高校第二课堂的长效机制

课程思政的理念是协同育人，即"使各类课程与思政课程同向同行，将显性教育和隐性教育相统一，形成协同效应，构建全员全程全方位育人大格局"①。在宏观层面，就是要落实价值塑造、知识传授和能力培养的协同。高等学校是培养人才的摇篮，育人与育才协同，才能培养国家需要的合格的建设者和可靠的接班人。育人的重点是培养大学生正确的价值观，即社会主义核心价值观；育才的重点是培养具备扎实的专业基础知识和掌握高科技的当代大学生。只有从宏观层面把握这三者的关系，才能把课程思政的理念落实到具体工作中去。在中观层面，就是要落实好全员、全程和全方位育人的协同。要实现课程思政的最终效果，全员参与、全程培养、全方位教育缺一不可。教学管理人员、辅导员和专业课教师都是教育的重要力量，只有这三支队伍同向同行，才能在这一方面起到积极的推动作用，任何一方处理不当，都会消解整体的教育效果。大学生在校期间的全过程是课程思政不断深入的过程，从入学的价值认知到价值认同，再到价值践行，是一个循序渐进的过程，中间不能脱节，更不能停滞。大学生的成长离不开多角度全方位的教育，在第一课堂和第二课堂中、在党团活动中、在实习见习中，学生能够得到多方面的教育，但任何一个环节，课程思政都不能缺席。课程思政要在"三全育人"过程中起到关键的协同作用。在微观层面，就是要落实思政理论课与专业课的协同。要落实课程思政的教育效果，这个环节是关键。教师在教学中要充分认识到课程思政的重要性，要认真领会文件精神，掌握各类课程开展课程思政教学的方式方法，努力提升课程思政的协同育人效果。对于高校第二课堂来说，由于其涉及面广、课堂项目分散，加之制度建设本身不够健全，要实现以上宏观、中观和微观层面的教育目标，就必须构建社会主义核心价值观融入高校第二课堂的长效机制，这样才能形成协同效应和育人效果。

（三）隐性教育为社会主义核心价值观融入高校第二课堂提供方法的指引

2019 年 3 月，习近平总书记在学校思想政治理论课教师座谈会上提出，要坚持显性教育与隐性教育相统一，这个提法在课程思政的文件中再次被强调。显性教育是高校思想政治教育的一贯传统。以思政理论课为例，从学科建设、

①　教育部. 高等学校课程思政建设指导纲要：教高〔2020〕3 号［A/OL］.（2020-06-01）［2021-11-27］. http://www.moe.gov.cn/srcsite/A08/s7056/202006/t20200603_462437.html.

课程设置、课堂讲授到学生作业、考试等各个环节已经形成了一个较为成熟的教育体系。① 以此为模式，思政理论课的数量不断增加，理论学习活动如火如荼地开展。这些课程与活动更多地侧重显性教育，具有能考核、可量化、有仪式等特点，虽然在大学生思想政治教育方面发挥了重要的教育作用，但随着时代的发展，以及信息的爆棚，显性教育已经不能完全实现大学生思想教育效果，有时候甚至会起到消极作用。当下，显性教育与隐性教育相统一，更应在隐性教育方面补短板、做功课。随着课程思政文件的提出，隐性教育已经受到教育界和理论界的关注。课程思政强调的是把思想政治教育元素融入各类课程中，这个"融"就是隐性教育的表现。当然，光有隐性教育是不够的，隐性教育也需要显性的载体。在第二课堂，隐性教育的显性载体就是各类课程项目，只有依托各类课程项目，才能把隐性的思想政治教育融入其中。同时，隐性教育也要与显性教育相结合，这里的显性教育主要指各门思想政治理论课，思政理论课是系统讲授马克思主义理论及中国化成果的课堂，只有有了理论灌输的基础，大学生们才有能力去理解中国特色社会主义理论体系，才能对国家战略和重大事件做出正确判断。以上分析对高校第二课堂隐性教育有着重要指导，要提升社会主义核心价值观融入高校第二课堂的成效，必须理解隐性教育的核心要义，处理好显性教育和隐性教育的关系，努力发挥隐性教育在社会主义核心价值观培育和践行中的作用，力争在无声中提升价值观教育的效果。

第三节 社会主义核心价值观融入高校第二课堂存在的问题

当今的大学是开放的大学，当代大学生面临着前所未有的信息冲击。高校第二课堂已经不仅仅是学校的一块阵地，它已经接入网络、联通社会、融入世界，社会主义核心价值观融入高校第二课堂也存在着诸多问题。

---

① 习近平主持召开学校思想政治理论课教师座谈会［EB/OL］. 中央政府门户网站，2019-03-18.

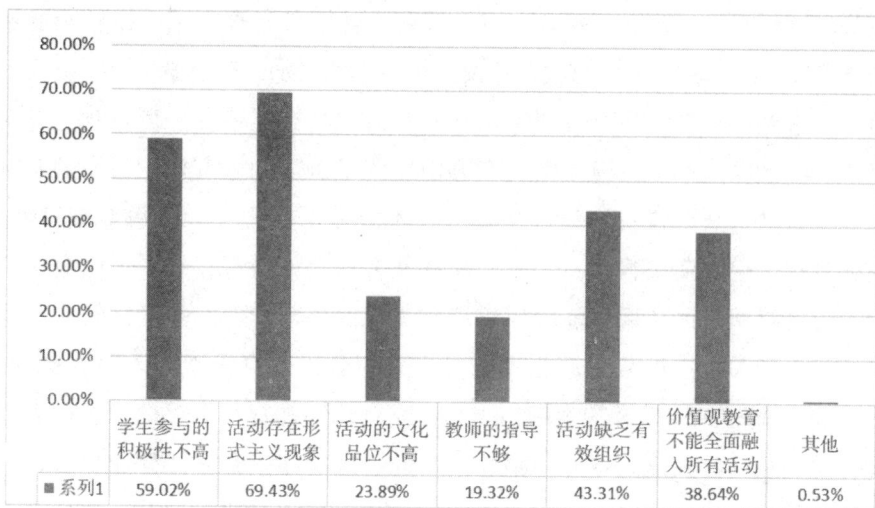

图 3-4　第二课堂在培育社会主义核心价值观方面存在的问题（多选）

图 3-4 反映了从学生视角反馈的社会主义核心价值观融入高校第二课堂活动过程中存在的问题，最为突出的是"活动存在形式主义现象"，在所有选项中位居第一，占 69.43%；位居第二的是"学生参与的积极性不高"，占 59.02%；紧随其后的是"活动缺乏有效组织"，占 43.31%，以及"价值观教育不能全面融入所有活动"，占 38.64% 等。下面我们将结合以上数据进行分析。

一、高校第二课堂活动存在形式主义现象

"形式主义是一种受错误政绩观影响，只看事物的表象而不分析其本质的思想方法和工作作风，主要表现为知行不一、不求实效，用高调的形式代替扎实的落实，用鲜亮的外表掩盖暗藏的问题。"[1] 在面向学生的问卷调查中，反映出第二课堂活动形式主义的现象比较普遍。第二课堂形式主义主要体现在以下几个方面：一是教师主观上存在懈怠的思想。第二课堂的活动方式较为开放，形式灵活，貌似缺乏组织性和纪律性，其实这是第二课堂固有的特点，也是其特

---

① 杨志超，张玉芳．主题教育中力戒形式主义的现实思考［J］．中共四川省委党校学报，2020（1）．

色所在。因此，只有提升活动的品质和吸引力，才能起到正确指引第二课堂活动的效果。然而，有些教师却把这些情况错误地理解为可以降低标准、简单应付的借口，加之自身主观上存在懈怠思想，导致活动形式单一和"走过场"的现象。二是客观上对活动的精神理解不透。第二课堂的特点决定了学生参与活动的自发性，学生凭个人的兴趣和主观意愿选择自己所参加的活动。这也对第二课堂活动的组织者和策划者提出了更高要求。策划社会主义核心价值观等具有较强思想性的活动具有一定难度，如果没有足够的吸引力或渗透力，则会导致活动空场或偏离预期的轨道。有些教师对此类活动重视不够，没有真正领会活动的目的与意义，仅凭以往的经验，因此，活动难免出现形式大于内容的情况。三是错误价值动机的影响。教师中难免存在一些功利现象。从事第二课堂指导工作的教师往往是高校的辅导员或专职政工干部，他们承担着繁重的日常管理事务，同时分管相关社团或临时承接部分活动的策划与指导。从工作的性质来看，第一课堂的管理工作带有一定刚性，如评奖评优、学生管理等。而第二课堂的活动弹性较大，成效好坏无法在短时期内体现出来，几乎没有考核机制。因此，部分教师也会出现"走捷径"的现象。

二、学生参与活动的积极性不高

学生参与第二课堂活动兴趣低下对社会主义核心价值观融入第二课堂有着致命打击。如果大学生不能主动参与第二课堂，那就等于失去了这个阵地，价值观的融入教育就会大打折扣。在学生调查中，另一项数据也印证了这个结论。当问及"你曾经参加第二课堂活动的频率"时，有52.65%的学生选择"经常参加"，有46.13%的学生选择"很少参加"，另有少量学生选择"不参加"。这两项数据的结论趋于一致，表示这个问题客观存在。问题存在的原因是错综复杂的，从表面分析，有可能与上文提到的活动存在形式主义、缺乏吸引力有关。由于第二课堂的活动是自愿参加，学生对活动不感兴趣，自然就不愿意选择参加第二课堂的活动。从另一个角度分析，第二课堂的活动不可能都是形式主义的活动，如实践活动、文艺体育活动、社团活动等，每个高校均有大量社团，而且社团一般是学生自发组建，活动丰富多彩，形式内容各异，原则上不应出现近一半的学生"很少参加"或"不参加"第二课堂活动。况且，接受调查的学生都是本科生，没有大量的科研工作，大四学生仅占 10.24%。问题的原因可能不是我们表面分析的仅仅是活动形式这么简单，我们应该从大学生的价值取向分析影响其价值观的相关因素，如国内外环境、社会的价值取向等。

三、高校第二课堂活动缺乏有效组织

第二课堂活动具有开放性、自发性等特点，但不等于第二课堂的活动不需要组织管理。反之，有效组织和严格管理显得更为重要。虽然第二课堂有一支专职的管理队伍，但专职不等于全职。高校辅导员的大量时间投入第一课堂的日常管理和学生的思想政治教育，投入第二课堂的时间和精力相对有限，更多要依靠专职队伍中校级共青团组织的专职人员，但每个学校这部分人员的数量很少，而且，他们也面临着一人多岗或一人多职的尴尬。因此，第二课堂的活动只能更多依靠学生干部或社团负责人来具体组织。学生受经验、能力和政治意识等方面的局限，在活动策划和现场组织中均存在着不成熟的方面。所以，学生反馈的第二课堂在社会主义核心价值观活动的开展过程中存在"活动缺乏有效组织"也是情理之中。既然问题已经找到，我们就要积极思考，努力寻求改变。我们只有在机制体制和相关制度上去寻求突破，争取校内外资源，整合现有的人力和物力，不断优化第二课堂载体，才能为社会主义核心价值观的融入铺平道路。

四、价值观教育不能全面融入高校第二课堂

这既是一个价值观教育不均衡的问题，又是当前较为客观的问题，是社会主义核心价值观融入第二课堂的难点和重点。在对大学生进行的另外一项调查中，当问及"您觉得社会主义核心价值观的培育和践行在第二课堂是否有体现?"时，有 52.49%的学生选择"在部分项目中有体现"，有 40.39%的学生选择"非常明显"，其余选择了"不明显"和"说不清楚"。这项调查也进一步印证了以上问题。通过定性分析，我们也可以初步解释这个问题。当前，高校第二课堂以多种形式开展各具特色的教育活动，如主题教育活动、社会实践、志愿服务、科技创新及文体活动等。这些形式都是社会主义核心价值观融入其中

的重要载体。在有些载体上，社会主义核心价值观的融入效果较好，如主题教育活动，因为此类活动本身具有较强的思想性、理论性和时代性，它弘扬的是社会主义核心价值观的思想，因此，无论是显性的效果还是隐性的效果，都比较理想。但也有些形式的第二课堂活动没有很好地把社会主义核心价值观融入其中，这些活动一般具有活动性强、思想性弱的特点。可以看出，不同第二课堂活动中融入社会主义核心价值观的方式是不同的，有的较为显性，有的较为隐性，有的较易融入，有的较难体现，这也造成了学生所反馈的"价值观教育不能全面融入所有活动"。究其根本，这些都是由第二课堂的自身特点所决定的。

第四节　社会主义核心价值观融入高校第二课堂的问题成因

为了更深入地分析高校第二课堂开展社会主义核心价值观培育和践行中存在问题的原因，我们又进一步对学生开展问卷调查，对教师进行一对一访谈，从不同角度寻找原因，为社会主义核心价值观融入高校第二课堂找寻更为客观科学的路径。

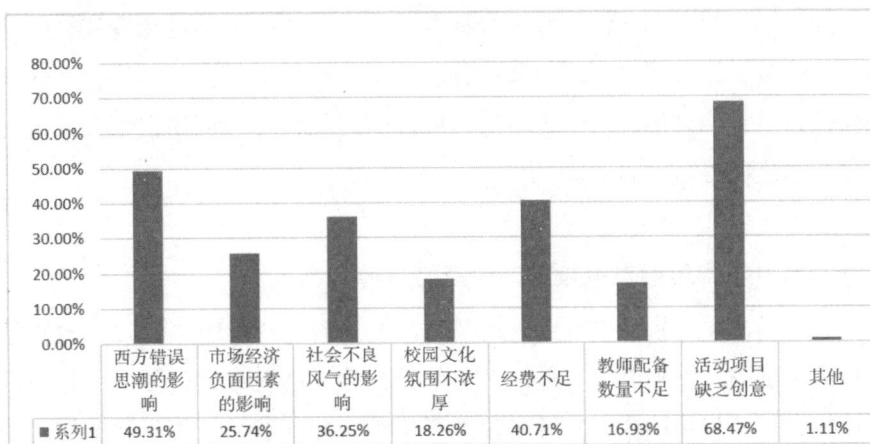

	西方错误思潮的影响	市场经济负面因素的影响	社会不良风气的影响	校园文化氛围不浓厚	经费不足	教师配备数量不足	活动项目缺乏创意	其他
■系列1	49.31%	25.74%	36.25%	18.26%	40.71%	16.93%	68.47%	1.11%

图 3-5　社会主义核心价值观融入高校第二课堂的问题成因（多选）

　　图 3-5 是对图 3-4 所列问题的追溯，从中可以看出，第二课堂存在问题的原因是多方面的，有来自国际大环境的影响，有来自国内环境的影响，有来自高校的保障，还有来自第二课堂自身的原因。从大学生的角度来看，他们认为是第二课堂活动项目缺乏创意带来他们积极性不高的结果。其中，深层次的原因是学生的价值取向与高校所要灌输的价值观之间的错位。当然，有部分大学生注意到，西方错误思潮、社会不良风气和市场经济负面因素所带来的深层次影响也是导致部分大学生对第二课堂活动不够热衷的情况，此三项共占80.25%。西方错误思潮对青年学生具有极大的诱惑力，社会不良风气和市场经济负面因素所带来的拜金主义和享乐主义倾向也会让大学生产生极大的功利主义思想，这些是从大学生角度分析的问题原因。

　　在教师访谈中，针对这个主题，师生对第二课堂存在的问题有着较为一致的看法。但对于问题的原因分析，教师显然看得更深入一些。他们认为，长期以来，西方错误思潮对我国青少年有着负面影响，随着互联网的全面覆盖，以及智能手机等个人终端的不断普及，大学生受到的影响更大。其实，我国改革开放和市场经济不断深化过程中，西方错误思潮对我国的社会风气也造成了一定负面影响，大学生受功利主义和拜金主义的影响很大，他们乐于参加一些娱乐性强的活动，有许多人对于第二课堂思想性、教育性及传统文化类的活动均不感兴趣。第二课堂举办的一些哗众取宠、有失品位的活动难免有迎合受众的嫌疑。由此可见，教师对问题表象的分析要更为全面和深入一些。要彻底改变这种错位，只有深刻揭露问题的本质，用社会主义核心价值观占领大学生的思想阵地，才能取得最终的一致。

一、西方错误思潮对高校第二课堂的冲击

　　社会思潮通常是指某一时期内在某一阶级或阶层中反映当时社会政治情况且有较大影响的思想潮流，它是以一定的社会存在为基础，以相应的意识形态为理论核心，并与某种社会心理发生相互影响、相互制约、相互渗透作用的思想潮流。[①] 全球的思潮有很多，有些产生于西方后流行于中国的错误思潮对大学

---

　　① 梅荣政 . 用马克思主义引领社会思潮 [M]. 武汉：武汉大学出版社，2008：53.

生思想和价值观的形成造成极大的负面影响，对高校开展社会主义核心价值观教育带来很大阻力。

（一）新自由主义思潮的影响

新自由主义是在我国传播较广的错误思潮之一，其在我国已流传将近一个世纪，成为西方国家的资产阶级意识形态，是西方国家对社会主义国家进行思想渗透的重要武器。新自由主义思潮起源于西方，流传到中国后变化为中国式的自由主义，自 20 世纪 90 年代以来，新自由主义成为干扰我国改革开放和社会主义现代化建设最主要的错误思潮之一。新自由主义在经济方面主张绝对自由化、完全私有化、全面市场化，在政治方面极力反对公有制、敌视社会主义、否定国家干预，在思想文化方面大肆兜售西方思想自由化观和普世价值观。[1] 当代中国自由主义是新自由主义在中国的传播与变种，它是作为马克思主义对立面而存在的，一直在谋求中国社会主导思想的地位，打着自由、民主、平等的旗号，具有很强的欺骗性。新自由主义的传播者常常以学术研究之名来否定马克思主义、否定社会主义制度，同时试图用自由主义取代马克思主义的指导地位。据调查显示，"大学生虽对新自由主义思潮理论体系认知度不高，但对于其个别观点却有一定的知晓度"[2]，对个人正确价值观尚未形成的大学生来说，其负面影响是非常大的。

（二）历史虚无主义思潮的影响

历史虚无主义在我国思想文化界、在现在较为发达的自媒体平台时常泛起。对于平时对历史和政治不太关注、遇到一些政治波动或政治事件时又表现过激的年轻一代来说，历史虚无主义思潮很容易乘虚而入，占领他们的思想阵地。有些人借口"重新评价"历史，歪曲近现代中国革命的历史、中国共产党的历史和中华人民共和国的历史，甚至抹杀我的民族文化，造成思想混乱，危害极大。归纳起来，历史虚无主义突出表现在以下四个方面：一是否定革命。否认 20 世纪中国发生革命的必然性，反对革命的一切成果。二是否定五四运动。认为中国应该坚持英美的道路，反对中国所选择的社会主义发展方向。三是否

① 徐岩. 新自由主义思潮对大学生的影响［J］. 当代青年研究，2015（11）.

② 王秀彦，等. 当代社会思潮对大学生价值观的影响与对策［J］. 中国高等教育，2016（8）.

定社会主义改造。历史虚无主义将改革开放 30 年的实践说成对社会主义的否定和对英美"近代文明主流"的回归，把改革开放 30 年的历史与中华人民共和国成立后近 30 年的历史割裂和对立起来。四是否定中国共产党的领导。这些观点散布在人文社会科学的多个领域，如史学界、文学界等。历史虚无主义不是全盘否定中国的历史和文化，而是否定某一阶段的历史或是具体的历史事件，如五四运动、辛亥革命等，这些会对青年大学生造成思想的混乱，甚至使其走入歧途。①

（三）极端个人主义思潮的影响

改革开放后，特别是 20 世纪 90 年代以来，随着社会主义市场经济体制的确立，民营经济、个体经济与公有经济同步发展，相互补充，营造出经济的大发展态势。在现实生活中，人们的思路被打开，个人的价值震荡和价值冲突日益明显。社会主义的集体主义价值观和道德观受到冲击，极端个人主义思潮开始泛滥。此时，有些人开始宣称取消集体主义的价值观和道德原则，公开推崇个人主义和本位主义价值观。反对个人主义不是反对个人正当的利益，只要是靠自己诚实的劳动获取的利益都是正当利益，邓小平同志曾经说过："我们提倡按劳分配，对有特别贡献的个人和单位给予精神奖励和物质奖励；也提倡一部分人和一部分地方由于多劳多得，先富起来。但是也要看到一种倾向，就是有的人、有的单位只顾多得，不但不照顾左邻右舍，甚至不顾及整个国家的利益和纪律。"② 这种不顾他人和集体，甚至违反纪律、损害国家利益的做法就是个人主义的表现。所以，反对个人主义主要是反对极端个人主义思潮。极端个人主义鼓吹个人本位、个人至上，与社会主义核心价值观形成尖锐的对立。极端个人主义思潮无视个人、集体和社会的统一，无视付出与索取的统一，无视权利和义务的统一，容易滋生腐败，扰乱市场秩序，破坏社会主义市场经济的正常运行，不利于社会主义和谐社会的建设。

西方错误思潮还有很多，如社会民主主义、人本主义、后现代主义思潮等，有些思潮含有某些合理因素，但其中的谬误对我国青年一代产生的影响是不可

① 参考梅荣政 . 用马克思主义引领社会思潮［M］. 武汉：武汉大学出版社，2008：211-213.

② 邓小平文选：第 2 卷［M］. 北京：人民出版社，1994：258.

低估的。实践证明，大学生是接受社会思潮最前沿、最敏感和最活跃的群体。虽然他们的生理年龄均已成年，但其心智比较稚嫩，个人的价值观还未最终形成，此时，他们最容易受到各种外来思想的影响，加之大学生群体受"羊群效应"的影响，容易随波逐流。第二课堂具有开放性特点，全球多元思潮凭借其传播性、群体性和现实性等特点对大学生的思想形成冲击，影响着大学生正确价值观的形成，对社会主义核心价值观融入第二课堂造成严重的负面影响。

二、社会消极因素对高校第二课堂的干扰

现代大学早已迈出了开放办学的步伐，大学的每一项功能都与社会接轨。在人才培养方面，大学要培养德才兼备、能适应社会竞争的有用人才，要培养国家需要合格建设者和可靠接班人。在科学研究方面，研究成果不只是封存在实验室，不只是用于课堂教学，而是要促进产学研一体化，最终服务社会。在服务社会与文化传承方面更是与社会与市场息息相关。由此可见，高校已经融入社会，成为整个社会发展不可缺少的一部分。高校对人才的培养也受到社会各种因素的影响，有积极的方面，也有消极方面。高校在推进社会主义核心价值观建设过程中，社会上的许多消极的因素依然会对在校大学生产生不小冲击。

（一）不当价值观的影响

随着人们的物质水平不断提高，社会上拜金主义的风气逐渐抬头，重物质、轻精神，攀比之风愈演愈烈。这种现象会对青年大学生价值观的形成产生较大冲击。大学生从校园走入校园，没有经历过社会的洗礼，对市场经济条件下各行各业的运行规律缺乏了解，他们只看到了创业成功者光鲜亮丽的一面，而不知其创业过程的艰辛，不知创业者所要具备的知识、能力及刻苦精神，片面地关注创业者的物质享受。当然，在我国社会主义市场经济推行之初，由于主管部门监管不力，创业者的规则意识、品牌意识及诚信意识等相对淡薄，有些领域或个人也存在着弄虚作假、一夜暴富的情况，这会对大学生社会主义核心价值观的养成造成巨大冲击，"立志要做大老板"的大学生大有人在。当然，随着市场的不断规范，这种情况有所改观。但是，新时期，我们也要警惕新的问题，时刻关注大学生的心理动态，用社会主义核心价值观来引领大学生的思想。

（二）社会不良风气的影响

改革开放以来，随着国门的开放，中外经济、文化及教育之间的交流不断增强，中国在市场大潮中收获"鱼虾"的同时，也带来了大量的"泥沙"。在以"金钱至上"为中心的理念驱使下，滋生了许多不良风气，如傍大款、炫富、假冒伪劣商品、贪污腐败现象等。在以"权力至上"为中心的理念驱使下，许多不良风气一度在许多领域蔓延，如跑官卖官、以权谋私等。有些官员利用手中的权力，在干部提拔、职务晋升、单位进人等重要环节徇私舞弊，严重违背了公平、公正的原则，导致在一定范围内长期造成不良影响，错误地引导了大批年轻人的价值取向。在诚信缺失的前提下，许多领域暴露出严重问题。如在食品领域，虽然国家相关部门出重拳打击制假售假行为，长期困扰国人的食品安全问题有所控制，但这些事件对大家的心理影响远远没有消除。在科研领域，学者教授学术不端，论文抄袭现象；学生考试舞弊现象等。在医疗行业，假药或分量不足药大行其道，医生医德沦丧，以销售药品和医疗器械为目的，过量用药或过度治疗，这些现象都是诚信缺失的表现。有许多社会事件表现出严重的道德缺失，如摔倒老人"扶不扶"现象、高铁霸座事件及袭医事件等，无不表现出当事人道德的严重缺失，也反映出社会不良现象的存在。事后，这些事件都得到了正义之声的谴责和妥善的处理，但有些事件所造成的后果是无法挽回的，这些都会对青年学生造成心理伤害和价值观的影响。

（三）消极网络文化的冲击

随着我国互联网基础设施的持续完善以及智能手机的逐步普及，网络几乎走进了每一个家庭的生活与学习，网民数量不断攀升。2019 年，我国已建成全球最大规模光纤和移动通信网络，"截至 2022 年 6 月，我国网民规模为 10.51亿，互联网普及率达 74.4%"①。网络的普及既带来了数字经济的发展，也带来了网络文化的繁荣。然而，随之而来的网络欺诈和消极文化现象也屡见报端。有些不法分子通过网络平台开展高收益借贷活动，如钱宝网、校园贷等，致使网民蒙受重大损失。此外，网络购物平台制假售假、以次充好的事件更是屡见

---

① 中国互联网络信息中心. 第 47 次中国互联网络发展状况统计报告［R/OL］.（2022-06）［2023-05-10］. http：//www.gov.cn/xinwen/2022-09/01/content_5707695.htm.

不鲜。这些不劳而获、一夜暴富的现象对大学生的价值观造成了强烈冲击，有些大学生从此不安心学习，一心想走捷径，最终荒废学业，一事无成，极端者还会危害社会。另外，网络谣言也是当前互联网中的顽疾之一。由于智能手机的普及，自媒体成为重要的新兴媒体之一，网民可以自由地在各种社交平台发表自己的观点和意见。但是，有些个人及团体有意制造各种谣言，错误引导社会舆论，许多网民虽然缺乏鉴别力却纷纷转发，最终导致是非颠倒，社会恐慌，对社会的稳定与发展造成负面影响。当前，各种直播平台中也存在错误价值观的传播导向，充斥着对物质、享乐的崇拜，在一些网红博主的错误引导下，大学生的价值观发生扭曲，高校思想政治教育遇到前所未有的困难。最后，我们可以看到，不管在什么时期，网络上总会时不时泛出一些消极言论，如丑化中国共产党和社会主义制度、传播西方自由民主理论。这些消极的网络言论对年轻人的思想冲击非常大，高校在开展社会主义核心价值观教育的时候，要有针对性地加以分析。只有把理论说透，才能真正抵制外来错误思潮的冲击；只有在实践中让大学生感受到社会主义制度的优越性，才能提高大学生对网络消极文化的抵御能力。

三、高校第二课堂的保障机制存在缺失

虽然第二课堂是和第一课堂相对独立的教育载体，但是第二课堂没有固定的教学大纲和教学场所，形式灵活开放，效果难以考核量化，这些客观现实使得第二课堂长期处于第一课堂的从属和补充地位。因此，在对教师的访谈中，许多高校在师资队伍、活动经费及激励措施等方面均存在制度缺失的现象，给社会主义核心价值观融入第二课堂带来巨大挑战。

（一）师资队伍不够稳定

中共中央、国务院《关于进一步加强和改进大学生思想政治教育的意见》指出："大学生思想政治教育工作队伍主体是学校党政干部和共青团干部，思想政治理论课和哲学社会科学课教师，辅导员和班主任。学校党政干部和共青团干部负责学生思想政治教育的组织、协调、实施；辅导员、班主任是大学生思想政治教育的骨干力量，辅导员按照党委的部署有针对性地开展思想政治教育

活动，班主任负有在思想、学习和生活等方面指导学生的职责。"① 由于思想政治理论课教师的主要任务是第一课堂思政课的教学，因此，从事高校第二课堂工作的教师主要集中在学校党政干部、共青团干部、辅导员和班主任这几部分人身上，其中只有共青团干部和辅导员是专职教师。首先，第二课堂的工作无法量化会带来师资队伍的不稳定。学校党政干部担任学校相关部门的负责人，他们兼职指导第二课堂的相关工作。由于日常工作较为繁忙，虽然具有指导第二课堂的能力与特长，但有时分身乏术，无法兼顾两头的工作。于是有些教师就会辞去第二课堂的兼职工作，投入自己的本职工作岗位，造成部分师资的流失。其次，第二课堂教师的本位思想会带来师资队伍的不稳定。教师的考核都在自己的定编岗位，除个别校级共青团干部之外，大部分教师的考核与第二课堂工作联系较小，第二课堂工作的优劣不在考核之列。大部分教师是因为有相关的特长和爱好，才会参与第二课堂的指导工作，随着自身工作、家庭等方面的事务增多，或者第二课堂占据自身时间过长，如果学校对教师在第二课堂的工作无考核要求或评优参考，也会造成师资流失。最后，专职教师面临的尴尬也是造成队伍不稳定的重要因素。按照文件规定，高校辅导员是第二课堂的专职教师，但辅导员事务繁杂，任务繁重。只要第一课堂学生管理、思想政治教育或突发事件处理与第二课堂工作发生冲突，辅导员必然会离开第二课堂的岗位，奔赴第一课堂的相关工作，虽然是暂时离开，但对第二课堂的师资也会造成重要影响。这就使第二课堂的师资队伍长期处于一种不稳定状态。

（二）激励机制不够完善

第二课堂的一部分课程项目由相关部门主导，由指导教师带领大学生来开展，如主题教育活动、科技创新活动、志愿服务活动等；另一部分由学生自发组织开展，如社团活动、部分志愿服务活动及文体活动等。由部门主导的活动一般由相关部门设置一定奖项，给予大学生一定的精神激励。但是，另一部分由学生自发组织开展的活动则缺乏相关的支持，开展过程中，激励机制不够完善，全凭学生一时的兴趣和激情，活动的可持续性和传承性较弱。激励机制的

---

① 关于进一步加强和改进大学生思想政治教育的意见：中办发〔2004〕16号［A/OL］. （2004-10-14）［2021-11-27］. http：//www. moe. gov. cn/jyb_ xwfb/gzdt_ gzdt/moe_ 1485/tnull_3939. html.

缺位会引起活动指导教师的热情下降。第二课堂活动需要有专业知识、技能或活动经验的教师进行指导，如科技创新活动、文体活动、语言表达类活动等，这些活动需要有一定的专业知识和技能的教师进行专门指导，否则他们无法把课堂学到的理论知识运用到实践中去。又如主题教育活动、志愿服务活动等，这些活动则需要有一定工作经验的教师进行指导，这是因为这些活动的流程性较强，需要以往的经验作为指导。如果第二课堂的活动指导不能作为课时量进行衡量，不能给予教师一定的物质激励和精神激励，久而久之，教师便会对这项工作失去热情，其投入的时间和精力都会发生转移。激励机制的缺位也会引起大学生第二课堂活动参与率的下降。大学生参与第二课堂的原因有很多，有些是因为自己的兴趣，有些是为了弥补知识的空白，提高自己相关的能力与技能，有些是为了争取相应的物质或精神奖励，当然有些是兼而有之。如果第二课堂缺乏相应的激励措施，那么部分学生可能会离开第二课堂，由此降低第二课堂的受众面，对社会主义核心价值观融入第二课堂带来负面影响。

（三）活动经费不够充分

问卷调查中，在分析第二课堂社会主义核心价值观教育中存在问题的原因时，40.71%的学生提到第二课堂经费不足的问题。第二课堂的活动经费一般由学校共青团、学生工作部门或二级学院学生活动经费来支出。由于这部分经费需要用于多种工作渠道，而非第二课堂的专项经费，更何况这类活动经费本身不够宽裕，因此，第二课堂的活动经费显然是不充分的。一般来说，校级层面或院级层面的主题教育活动、社会实践活动或科技竞赛活动会有一定的经费支持，而其他层面的活动及各类社团活动的活动经费较为有限。此外，用于指导教师劳务支出或物质奖励的经费受制度的影响和经费总量的限制就更不可及了。这种情况在较长时间内难以改变，由此带来教师工作积极性下降、第二课堂活动效果受到影响等问题。

四、高校第二课堂自身特点带来的挑战

第二课堂具有丰富性、开放性及自发性等特点，这些特点对大学生积极主动地加入第二课堂、发展自己的兴趣、提升自身的综合能力具有较强的吸引力，并且被证实是第二课堂相对于第一课堂的特色与补充。第二课堂为第一课堂提供了实践创新的场所，是第一课堂理论知识学习的有效延伸。同时，第二课堂对大学生社会主义核心价值观的培育和践行提供了良好的载体，是社会主义核心价值观大众化的理想途径。但是，第二课堂的特点也是一把双刃剑。课堂形式多样、内容丰富固然很好，但如果指导不利，便会带来负面效应。由于课堂的开放性，随时有各种突发情况发生，而课堂的自发性也会对组织者带来较大挑战。

（一）课堂的丰富性给教师带来指导的挑战

第二课堂的活动非常丰富，主题教育活动可以分为很多形式，如爱国主义教育、道德法治教育和诚信教育等。这类活动带有较强的政治导向，需要指导者具有较强的理论基础和政治敏锐性，既要把握活动的时效性，又要把握活动主题的鲜活性和思想性，让活动具有思想的感染力和视听的冲击力。又如社会实践活动，这也是一个包罗万象的第二课堂品牌活动。社会调研、挂职锻炼、暑期支教及文艺演出等都是社会实践中较为经典的活动形式。随着不同时代热点的切换，依托社会实践这个载体，也可以开展基层主题宣讲、政策宣传及法律课堂等活动。以上举例就足以说明第二课堂内容的丰富性，加之前文提到的多种类型的第二课堂形式，我们更能体会到第二课堂内涵丰富、外延广阔。这么多类型的活动，如何才能把社会主义核心价值观融入其中呢？首先，针对不同类型的活动，社会主义核心价值观的融入方式是不同的。社会主义核心价值观融入主题教育活动，主要是在构思主题的时候紧扣各价值观目标，同时，设计合理的方式，避免直白的说教，这样就能产生良好的效果。社会实践活动则更多的是通过考虑实践场景或活动内容来体现不同的教育效果，如社会调研，主要让参与者通过调查社会局部的现象，了解地方的历史和前后的变化，感知时代的发展、制度的优越和社会的进步，激发强烈的爱国情感；或者通过了解贫困地区的情况，激发自身的使命感和责任感。当然，也可以围绕不同的价值目标来设计不同的社会实践项目。由此可见，同一种融入方式不是放之四海而皆准的，必须有针对性地进行单独施策，这样才能达到良好的融入效果。其次，针对同一个活动项目，随着时间的推移，采取的融入方式也会有所变化。不同时期会有不同的热点和主题，针对主题教育中的爱国主义教育，如果能结合当下热点，就更能吸引大学生的关注，使其产生更大的心理共鸣。如在中国共产党成立一百周年之际，习近平总书记在党内党史学习教育动员会上提出"树立正确党史观"的重要论述，结合这样的重要热点开展爱国爱党教育，必将引发广大大学生入党的热情，增强爱国的激情。要"一事一策"地做好社会主义核心价值观融入第二课堂的建设，离不开各种政策的保障和广大师资的支持。然而，在与众多高校教师的访谈中可知，高校普遍存在政策保障不能完全到位、部门之间无法协同以及师资力量不足等问题。面对如此类型多样的活动载体，要把社会主义核心价值观全面融入高校第二课堂，高校的指导将面临巨大挑战。

（二）课堂的开放性带来学生行为失范的风险

第二课堂是一个相对开放的课堂，不同年级、不同专业甚至不同学校的大学生在一起开展活动，参加竞赛。同时，学生参与和退出都相对自由，不受组织的限制，完全出于学生的自愿。一方面，学生行为的失范体现在违反校纪校规和社会公德方面。这些情况出现的主要原因在于部分大学生没有从他律上升为自律，究其根本，是因为正确的价值观还未形成，自身道德修养有待修炼。在第一课堂等纪律约束和评价较为严格的地方，受相关评奖评优、纪律处分或师长舆论的约束，学生普遍规范自己的言行举止，力争取得好的评价和效果，既维护自身形象，又争得荣誉，但这只是他律的行为效果。要真正把这种规范转化为自律，达到慎独的境界，还需要不断加强社会主义核心价值观的培育和践行，让大学生在实践中锻炼和检验自己。另一方面，第二课堂的失范还体现在受外来错误思潮的渗透而产生的意识形态的偏差问题。大学生是社会中最富有生机和活力的群体，他们思想活跃，对新生事物有着强烈的猎奇心理，愿意主动尝试和体验。第二课堂给大学生提供了理想的空间，他们可以打破行政班级的限制，和一群兴趣相投的同学一起参加相关活动，或组成相关社团长期开展活动，如一度流行的 cosplay 社团、电子竞技社团以及小视频工作室等。这些社团或活动本身没有任何不妥，但是，由于大学生的社会经验较为缺乏，有些学生对政治和历史的关注和学习热情不高，很难区分活动内容中意识形态的偏差。如语言、文字和标识的使用是否准确无误，伦理道德、民族宗教和价值导向等方面是否存在错误和偏差等。虽然第二课堂中有些问题可能是学生自身学习不够深入的原因所致，但有些问题却是学生受到错误思潮的渗透所致。随着智能手机的高度开发和自媒体的不断发展，人们对手机的依赖呈不断上升趋势，年轻的大学生在学习之余有大量时间沉浸在网上，鱼龙混杂的消息、视频、宣传甚至假新闻会使年轻人迷失方向，错误思潮的传播者会利用年轻人热衷的方式，不择手段地占领他们的思想阵地。当然，这种错误的思想和导向也会渗入第二课堂的课程项目当中，从而影响更多学生，给第二课堂社会主义核心价值观的传播与融入造成负面效应。

（三）课堂参与的自发性带来组织的困难

第二课堂的组织者大多为学工部门、团委的工作人员以及各二级学院的辅导员，这支队伍肩负着"大学生的思想理论教育和价值引领、班团建设、心理健康教育与咨询工作、日常事务管理、校园危机事件处理等工作的重任"[1]，虽然第二课堂也是辅导员的工作任务之一，但是由于辅导员的工作面广量大，难免精力时间分散，导致对第二课堂的投入不能达到其发展的要求。与此同时，第二课堂的大部分活动是由学生主动发起、由学生自发组织开展的，辅导员往往只能在方案设计阶段进行宏观指导，没有更多的时间和精力进行过程的监控和全程指导。此外，第二课堂的活动不同于第一课堂，第一课堂的课程组织形式可复制，课程与课程之间可借鉴、可比较，有利于教育工作者进行有序组织和有效控制。而第二课堂完全不然，每个活动的组织形式、课堂内容和学生组成等都是全新的，即使是同一个活动，在不同的时间开展，其主题、形式和人员都会发生变化。课堂项目之间没有互相借鉴和复制的可能，这需要组织者投入大量的精力和时间，而这一点恰恰与当下各高校辅导员的配比与工作任务形成较大矛盾。同时，新时代赋予辅导员大量的任务与使命，使辅导员分身乏术。这让第二课堂的组织难度再度加码。如果第二课堂缺乏有效的组织，那么社会主义核心价值观融入高校第二课堂建设就会面临巨大挑战。

---

① 教育部. 普通高等学校辅导员队伍建设规定：中华人民共和国教育部令〔2017〕43 号〔A/OL〕.（2017-09-29）〔2023-05-10〕. http：//www. moe. gov. cn/srcsite/A02/s5911/moe_621/201709/t20170929_315781. html.

第四章

社会主义核心价值观融入高校第二课堂的目标与原则

社会主义核心价值观内容广泛，积淀深厚。社会主义核心价值观融入高校第二课堂是一项系统工程，这需要我们对社会主义核心价值观进行深入研究。高校不能盲目开展教育，要奉行正确的理念，围绕长远的目标，遵循一定的原则，特别要针对当前乃至较长时间内社会主义核心价值观融入第二课堂存在的问题以及出现问题的原因，有针对性地确定工作标准和方向，坚决抵制西方错误思潮和国内不良风气等因素的影响，为大学生提供正确的价值指引，使整个教育有章可循。

第一节　社会主义核心价值观融入高校第二课堂的目标

目标的确立能对社会主义核心价值观融入高校第二课堂提供方向的指引和行动的动力，社会主义核心价值观融入高校第二课堂的最终目标是让大学生从认同社会主义核心价值观到形成个人正确的价值观，并主动践行社会主义核心价值观。

一、实现大学生对社会主义核心价值观的内心认同

培育和践行社会主义核心价值观的首要目标是人们对社会主义核心价值观的内心认同，这是培育的重点，更是践行的基础。社会主义核心价值观要转化为改造世界的力量，认同是其被广大人民群众理解、掌握和运用的关键环节。认同不是理论的简单传输，认同的意义在于将价值观理论的精髓内化为人们的

精神世界和自觉行为。从心理角度来说，就是社会主义核心价值观与人们产生共鸣和共识，最终实现从思想到行为的转变。要实现这样的认同与转变，我们要从两个层面来认识：第一层面是人们对社会主义核心价值观理论体系本身的认同，第二层面是人们对中国共产党和中国特色社会主义制度的认同，从而坚定对社会主义核心价值观的内心认同。

（一）坚定大学生对社会主义核心价值观理论体系的认同

思想政治理论课承担着传播价值观理论知识及引导正确的政治信仰的任务。对大学生进行社会主义核心价值观理论体系的灌输离不开第一课堂思想政治理论课这条主渠道。但是，在对大学生的调查中，大学生对通过思想政治理论课接受社会主义核心价值观教育这种方式认同度不高，仅有 33.24% 的学生选择。所以，要坚定大学生对价值观理论体系的认同，单一的传播途径是不够的，第二课堂是大学生不可或缺的理论研究和实践体验环节。另外，第二课堂也是一个产生理论火花的地方，通过一些理论研究社团，部分志同道合的学生在教师的指导下，加强对社会主义核心价值观体系的剖析和研究，形成有利于核心价值观传播的形式、平台和活动方案，让大学生用自己的方式学习理论、解释理论和宣传理论。当然，不是仅靠理论传授就能达到认同的目标。社会主义核心价值观入脑入心不是一蹴而就的，它是在人们认识世界、改造世界的过程中，逐渐对理论有更为感性的体察，从而增进理性的认识，达到对理论的情感归属和内心认同。社会主义核心价值观的每一个词都是经过历史的积淀和反复的论证才最终被提炼和确定的，每一个词的背后都有着上千年的故事和传承。所以，我们要利用第二课堂这个平台去追溯历史，体验现实，在活动中解释理论、印证理论和传播理论，加深大学生对社会主义核心价值观理论体系的理解与认同。

（二）坚定大学生对中国共产党和中国特色社会主义制度的认同

要让大学生认同社会主义核心价值观并自觉践行，其中一条重要路径是先让大学生对中国共产党和中国特色社会主义制度产生认同。社会主义核心价值观是我国的主导价值观，也是我国主流意识形态的反映，如果大学生信仰马克思主义，认同中国共产党和中国特色社会主义制度，那么他们必然认同社会主义核心价值观。按照这个逻辑，我们必须向大学生阐述清楚中国特色社会主义制度的优越性。同时，要向大学生揭示西方反华言论的真实意图以及资本主义制度存在的致命弊端，这样才能有力地回击西方敌对势力的舆论攻击及错误思潮的不断渗透。同样，理论的学习是相对枯燥的，如果讲授形式不当，反而会事与愿违，起不到任何教育效果，甚至会使教育走向反面。这也是社会主义核心价值观教育的痛点和难点。高校第二课堂的特点给理论灌输提供了有效的补充，能够让大学生接触社会，体察民情，真切感受事物的发展轨迹，在做中学、在学中做，体现的是陶行知"生活即教育，社会即学校，教学做合一"的教育思想。第二课堂的内容非常丰富，生活中的案例也有很多，只要注意搜集，及时采取合理的方式，就能达到良好的教育效果，让中国共产党和中国特色社会主义制度对大学生产生强大的吸引力和震撼力。如：在党的领导下，"经过接续奋斗，实现了小康这个中华民族的千年梦想"，"坚持精准扶贫、尽锐出战，打赢了人类历史上规模最大的脱贫攻坚战，全国八百三十二个贫困县全部摘帽，近一亿农村贫困人口实现脱贫，九百六十多万贫困人口实现易地搬迁，历史性地解决了绝对贫困问题，为全球减贫事业作出了重大贡献"；"我国经济实力实现历史性跃升，经济总量稳居世界第二位，……建成了世界最大的高速铁路网、高速公路网"；"一些关键核心技术实现突破，载人航天、探月探火、深海深地探测、超级计算机……生物医药等取得重大成果，进入创新型国家行列"。① 实践证明，中国共产党的领导、社会主义制度和我国的国家治理体系具有强大生命力和显著优越性，能够战胜任何艰难险阻，能够为人类文明进步做出重大贡献。第二课堂要善于利用各种事例，采用多种方式，让大学生参与志愿服务活动，开展优秀事迹宣传等，通过这种实践活动，让大学生真正感受到中国共产党领导和中国特色社会主义的优势。只有这样，大学生们才能真正认同社会主义核心价值观。

二、实现大学生对社会主义核心价值观的自觉践行

社会主义核心价值观融入高校第二课堂的最终落脚点在于践行，实现大学

---

① 习近平. 高举中国特色社会主义伟大旗帜 为全面建设社会主义现代化国家而团结奋斗——在中国共产党第二十次全国代表大会上的报告［M］. 北京：人民出版社，2022：7-8.

生对社会主义核心价值观的自觉践行，还要经历从理性的认同上升到情感的认同，情感上的自然接受才能形成日常的习惯，最终实现对社会主义核心价值观的自觉践行。理性的驱使离自觉的习惯还是有一段距离的，这就需要通过体验真实的场景，感受社会主义核心价值观诸要素带来的情感冲击，从而达到自觉践行的境界。

（一）从理性认同上升到情感的接纳

我们可以"从中华民族的优秀传统文化中寻找精神激励。传统文化是一个民族的精神基因，是一个民族得以延续的内在动力。中华民族五千多年的灿烂文化源远流长、博大精深，是每一个中国人引以为豪的精神力量。中华优秀传统文化连接着过去，传承着现在和未来，社会主义核心价值观的许多方面都能在中华优秀传统文化中得到最本真的体现。又如，中华民族爱国主义传统在我国几千年的发展历程中有着旺盛的生命力，有些人为了国家的存亡献出生命，有些人为了国家的建设鞠躬尽瘁，有些人坚守普通的岗位任劳任怨。我们也可以从社会文明的快速发展中寻找正向引导。我国是世界四大文明古国之一，中国从古代文明脱胎以来，已经快速赶上世界现代文明的脚步，中国从原来的封闭状态进入了开放状态，中国的文明已经与世界文明融合，融入人类共同追求的社会文明。两千多年前以孔子为代表的儒家文化所体现出的人文精神就是核心价值观的重要表现，继而衍生出中华民族的和谐文化。我们更可以从近现代榜样和模范人物事迹中感受价值目标。榜样的力量是无穷的，也是最直观最能激发人们内心感受的力量源泉。社会主义核心价值观体现的是国家、社会和个人的价值目标，在维护国家主权、社会利益及坚守个人德性方面，英雄人物、社会榜样及道德模范不断涌现，这些榜样是最能拨动大学生思想琴弦的感情元素。通过这些途径，可以让大学生从情感上真切地接纳社会主义核心价值观，把社会主义核心价值观融入自己的价值观中"①。

（二）强化大学生践行社会主义核心价值观的主体意识

在高等学校，社会主义核心价值观的实践主体无疑是广大师生。要实现大学生对社会主义核心价值观的自觉践行，一定要强化大学生的主体意识，充分

① 吕云超．大学生培育和践行社会主义核心价值观的着力点［J］．江苏高教，2015（2）．

98

发挥其自主性、能动性、创造性。第二课堂是培养大学生主体意识的理想之所，在大学生对社会主义核心价值观有较高认同度的基础上，要充分利用第二课堂的优势和特点，让大学生自主策划课程内容，自觉开展实践活动，充分激发他们的创造性。如果大学生在实践过程中具有获得感和成就感，主体性得到体现，就更有利于他们自觉践行社会主义核心价值观。在此基础上，还需要大学生"从自身习惯的养成入手，加强对社会主义核心价值观的实践自觉。社会主义核心价值观三个层面的价值标准是大学生一辈子做人、从业、交往及生活的准则。这些价值观的形成必须从大学生的日常行为习惯入手，通过第二课堂的体验和引导，加之生活学习和日常交往，才能形成自身相对固定的气质品质，也即社会主义核心价值观内化为个人的价值准则，从而形成固化在大学生内心深处的思维习惯和人格品质"①。

三、实现社会主义核心价值观对高校第二课堂的理论指导

第二课堂具有形式的开放性、参与的主动性和内容的丰富性等特点，这些特点也决定了第二课堂存在重实践、轻理论的不足，稍有不慎，容易受西方错误思潮的影响，甚至偏离社会主义办学的方向。据问卷调查，有41.63%的学生认为参加第二课堂活动对自己价值观的影响"非常大"，有48.65%的学生认为参加第二课堂活动对自己价值观的影响"一般"。作为前者，需要有正确价值观的指导，否则容易受错误思潮的影响；作为后者，需要用社会主义核心价值观的正确思想和第二课堂的丰富形式来吸引他们。因此，社会主义核心价值观融入高校第二课堂的重要目标之一就是实现社会主义核心价值观对高校第二课堂的理论指导，从而培育大学生正确的个人价值观。

（一）利用高校第二课堂平台深入学习社会主义核心价值观

第二课堂的理论学习有别于第一课堂，第二课堂的理论学习是在第一课堂理论灌输基础上的感性学习，是一种体验式、沉浸式的学习，其培育过程既基于第一课堂，又优于第一课堂。要利用第二课堂理论研究社、辩论社等学习型社团，开展重点知识学习、重要论点研讨以及前沿问题的辩论等活动。通过这

---

①　吕云超. 大学生培育和践行社会主义核心价值观的着力点［J］. 江苏高教，2015（2）.

些方式，第一课堂的理论知识可以在第二课堂得到贯通与运用，既可以加深大学生对前期理论学习的理解，又能进一步获知新的知识。高校第二课堂要创设不同的项目和载体，让理论学习活起来、新起来，让大学生乐于参与其中，让学习有兴趣、有热情、有收获。社会主义核心价值观不是孤立的理论，它是中华优秀传统文化的传承，是中国特色社会主义制度和中国共产党领导下的国家综合治理的集中反映。因此，除了认真学习社会主义核心价值观本身之外，还要学习中华优秀传统文化、习近平新时代中国特色社会主义思想及中国共产党党史。习近平总书记在多种场合提到要多学历史，并倡导加强"四史"（党史、新中国史、改革开放史和社会主义发展史）学习，全国上下掀起了学习的热潮，大学生是国家未来的建设者和接班人，高校第二课堂要顺势而为，创新形式，在组织大学生认真学习"四史"中增强"四个自信"，从而推进社会主义核心价值观入脑入心。

（二）把社会主义核心价值观各要素融入第二课堂活动的全过程

社会主义核心价值观是一个科学的体系，各价值范畴之间有着清晰的层次和紧密的联系，同时各自代表着自身的价值目标、理论体系或行为准则。要实现社会主义核心价值观对第二课堂的理论指导，必须把社会主义核心价值观的各要素融入相关的课程项目中去，有效发挥核心价值观各要素自身的理论内涵。第二课堂的组织者要有意识地用社会主义核心价值观的相关要素来策划活动。社会主义核心价值观诸要素的提炼经过了众多专家学者的深入研究和反复推敲，每个词的背后或是有着几千年中国传统文化的积淀，或是饱含着广大人民群众的理想与期望，或是蕴含着一套完善的理论体系，这些元素共同构建成社会主义核心价值体系，形成了以社会主义核心价值观为圆心的同心圆。因此，高校在策划部分第二课堂课程内容或组织相关活动时，可以直接围绕社会主义核心价值观的价值元素来展开。这些元素的背后有着深厚的历史积淀、严谨缜密的理论逻辑以及全民族的共同期盼，这些都是第二课堂的优秀素材，以此组织课堂内容不易偏离主题，更能引起大学生的关注，引发共鸣。要有意识地把社会主义核心价值观的相关要素融入活动。在活动的开展过程中，组织者要在某些环节强化社会主义核心价值观的引领，突出价值观的某些元素，让大学生在参与活动过程中，既体验活动的乐趣，又受到社会主义核心价值观的感染。当然，我们更要有意识地用社会主义核心价值观的价值目标来衡量活动效果。培育社会主义核心价值观最重要的目的是大学生的自觉践行，这是培育的归宿，参照社会主义核心价值观的价值目标来衡量第二课堂的活动效果也是检验社会主义核心价值观培育效果的最佳途径。

四、实现高校第二课堂对第一课堂的有效促进

高校第二课堂是第一课堂的延伸与补充。同时，第二课堂又自成体系，其特点有别于第一课堂，但与第一课堂共同构成了培养社会主义合格建设者和可靠接班人的育人体系。第一课堂凭借严密的组织架构、完备的管理制度和完善的学科体系，无可争议地成为学生培养的主阵地。第二课堂除了完成自身育人职责之外，其重要目标之一就是对第一课堂形成有效的补充和促进，使第一课堂的育人成效更为显著，同时提升自身的课堂效果，双方良性互动，共同提高社会主义核心价值观的培育效果和两个课堂的育人成效。

（一）高校第二课堂要立足实践，巩固第一课堂的教学成果

第一课堂的理论学习需要在实践中进行验证，第二课堂的实践活动需要社会主义核心价值观理论的指导，两个课堂相互促进，从而提高理论和实践的教学效果。第二课堂的最大特色是以实践为中心的教学和活动。第二课堂中部分教学与活动是第一课堂的延伸，第一课堂受到课时、空间和时间的限制，只能把重点放在理论学习上，虽然部分知识可以通过电脑的模拟或视频的播放让学生了解实际效果，但远远不能达到学生亲身实践体会的效果，由此带来学生对知识消化不透、学习兴趣不高、教学成果无法固化的弊端。所以，学生在学习理论知识的同时，利用第二课堂这个开放自主的平台来进行实践体验，既能锻炼自己的实践能力，又能提升自己对理论的理解，巩固第一课堂学习的理论知识。大学生在第二课堂实践的体会与收获能反哺第一课堂的理论教学。理论在不同的时代和领域是发展变化的，理论所产生的结论在不同的场合和环境中也有所差异，这些变化和差异只有通过实践与自身体会才能获得。因此，第二课堂要立足实践，坚持社会主义核心价值观的价值导向，多为第一课堂设计实践场景，让大学生在参加第二课堂学习和活动的同时，为第一课堂的教学提供新的动能。

（二）高校第二课堂要贡献智慧，促进第一课堂课程思政成效

2020 年 5 月，教育部印发《高等学校课程思政建设指导纲要》，明确指出："课程思政建设要在所有高校、所有学科专业全面推进，围绕全面提高人才培养能力这一核心点，围绕政治认同、家国情怀、文化素养、宪法法治意识、道德修养等重点优化课程思政内容供给，系统进行中国特色社会主义和中国梦教育、社会主义核心价值观教育、法治教育、劳动教育、心理健康教育、中华优秀传统文化教育，坚定学生理想信念，切实提升立德树人的成效。"① 课程思政是将思想政治教育的各种元素融入第一课堂教学的方方面面，在潜移默化中对大学生的思想、价值观和行为产生影响。第一课堂课程思政的核心与第二课堂是一致的，社会主义核心价值观融入第二课堂的实践是以价值观为主要内容的第二课堂课程思政，这无疑为第一课堂开展课程思政提供了先行先试的经验。社会主义核心价值观内容丰富，包罗万象，其实践成果可以供第一课堂课程思政借鉴，当然，实践过程中的不足和教训也可以引起第一课堂课程思政的重视。

第二节　社会主义核心价值观融入高校第二课堂的原则

为了实现社会主义核心价值观融入高校第二课堂的目标，必须建立相应的原则以确保目标的实现。社会主义核心价值观的培育和践行必须坚持马克思主义的方向性原则、主导性与多样性相结合原则、理论性与实践性相结合原则以及普遍性与特殊性相统一原则。

一、坚持马克思主义的方向性原则

党的十六届六中全会通过的《中共中央关于构建社会主义和谐社会若干重大问题的决定》明确提出了党对新形势下思想道德建设的一项重大战略任务，

---

① 教育部. 高等学校课程思政建设指导纲要：教高〔2020〕3 号 ［A/OL］. （2020-06-01）［2021-11-27］. http：//www.moe.gov.cn/jyb_xxgk/moe_1777/moe_1778/202003/t20200326_435127.html.

即建设社会主义核心价值体系。社会主义核心价值观与社会主义核心价值体系一脉相承，社会主义核心价值观是社会主义核心价值体系的提炼与浓缩，其遵循的指导思想和核心内容是完全一致的。社会主义核心价值体系以马克思主义为指导，这也诠释了社会主义核心价值观的指导思想也是马克思主义。因此，社会主义核心价值观融入高校第二课堂要坚持马克思主义的方向性原则。

（一）马克思主义是社会主义核心价值观的灵魂

俄国十月革命一声炮响给中国送来了马克思主义，其后，在李大钊、陈独秀、陈望道等进步知识分子的带动下，越来越多的爱国志士加入研究和宣传《共产党宣言》的行列之中，对马克思主义的研究和言论不断见于报端，随着《共产党宣言》中译本的面世，中国的马克思主义浪潮不断高涨，这也直接催生了中国共产党的诞生。虽然自《共产党宣言》的诞生已经过去了170余年，但《共产党宣言》中的许多主张至今仍在发挥重要作用，中国社会正在按照《共产党宣言》中所描述的社会形态，结合中国的发展实际，全面推进社会主义社会的建设，也形成了毛泽东思想、邓小平理论、"三个代表"重要思想、科学发展观和习近平新时代中国特色社会主义思想等中国化的马克思主义成果。社会主义核心价值观正是在马克思主义思想的指导下，带领国家、社会和个人朝着共同的目标前进。在这个过程中，马克思主义为我们提供了科学的世界观，提供了认识和改造客观世界与主观世界的立场、观点和方法，提供了建设社会主义的理论基础和行动指南，提供了激励全国各族人民为实现中华民族伟大复兴中国梦的思想基础和精神动力。由此可见，马克思主义统领着社会主义核心价值观的各个方面，它的灵魂地位是综合意识形态的本质、中国社会的性质、国内外历史经验及中国现实的体现，这是对我国意识形态的首要问题做出的科学定位。这一定位对于当下国际形势急剧变化、社会动荡不断加剧、思想观念深刻变化的新形势具有极强的现实针对性和重大的实践指导性。

（二）马克思主义理论具有充分的科学性

马克思主义被确立为我们党和国家指导思想的原因之一就是马克思主义思想的科学性。理论是行动的指南，它能指导方向，影响人们的思想。理论至关重要，一种理论一旦形成，会对人们的思想观念、认知标准及行为方式产生直接的导向作用，威力巨大。五四运动前后，许多国外思潮纷纷涌入中国，中国的进步知识分子也在寻找一种适合中国的理论来拯救在黑暗中摸索的中国人民。马克思主义就像一盏指路明灯，令中国的进步青年洞见光明。在马克思主义的指导下，中国共产党取得了新民主主义革命的胜利，建立了中华人民共和国。随后，中国的改革开放取得了巨大成功，经济飞速发展，人民实现小康。进入21世纪，中国的经济、政治、文化等方面再上新台阶，综合实力位居世界前列，国际地位迅速攀升，这些成就的取得离不开马克思主义理论的正确指导。事实上，马克思主义是在深刻总结历史运动规律的基础上形成的严密而完整的科学思想体系，它揭示了世界发展的普遍规律，以及社会主义必然代替资本主义，最终实现共产主义的普遍规律，是无产阶级和劳动人民认识世界和改造世界的强大思想武器。一百多年来，没有哪一种理论和学说能像马克思主义这样保持如此旺盛的生命力，对推动社会进步发挥如此之大的作用，造成如此深远的影响。马克思主义对世界发展轨迹和趋势的认识和把握与当今世界的发展是高度一致的，其揭示的事物发展的基本规律已经成为科学，指导着人们的思维与行动。马克思主义的世界观、人生观、价值观对人们工作的预见性、创造性和系统性起到非常关键的作用。由此可见，马克思主义理论具有充分的科学性，它是对整个世界和人类社会发展一般规律的揭示。

（三）马克思主义的指导地位是一种历史结论

中国革命、建设和改革的历史证明，正是中国共产党坚持用马克思主义指导中国的实践，才取得了今天举世瞩目的成就。理论正不正确，关键是要在实践中检验。马克思主义的指导地位不是个别人或一个党派凭主观意志决定的，而是历史选择的结果。鸦片战争以后，无数仁人志士都在寻找救国救民的道路，各种思潮、主义充斥着当时的中国，最终只有马克思主义在中国大地扎根结果。马克思主义在中国革命及社会主义建设的各个时期都显示出勃勃生机，推动中国的改革不断向前，这是马克思主义理论正确性的体现，更是中国共产党坚持马克思主义指导地位的一种历史结论。邓小平同志曾说过："如果我们不是马克思主义者，没有对马克思主义的充分信仰，或者不是把马克思主义同中国的实际相结合，中国的革命就搞不成功，中国现在还会是四分五裂，没有独立，也没有统一。对马克思主义的信仰，是中国革命胜利的一种精神动力。新中国成立以后……我们解决吃饭问题，就业问题，稳定物价和财经统一问题，国民经济很快得到恢复，在这个基础上进行了大规模经济建设。靠的是什么？靠的是马克思主义，是社会主义。"① 马克思主义不是僵化的理论，它始终与中国的国情相结合，形成了许多中国化的理论成果，如毛泽东思想、邓小平理论、"三个代表"重要思想、科学发展观和习近平新时代中国特色社会主义思想等一系列重大战略思想，这些思想同马克思列宁主义一起指导着中国不同时代的改革与建设，推动中国全面实现小康，实现社会主义现代化，向着中华民族伟大复兴不断迈进。正是因为我们党始终如一坚持马克思主义的指导地位不动摇，坚持用发展着的马克思主义指导实践，我们国家才能取得如此令世人瞩目的成就。事实表明，中国共产党确立马克思主义的政治信仰是历史选择的结果。中国已经进入新时代，新时代的马克思主义在理论上又形成了重要的战略思想，它必将带领全国各族人民克服艰难险阻，实现中华民族伟大复兴。

二、主导性与多样性相结合原则

社会主义核心价值观融入第二课堂要坚持主导性和多样性相结合的原则。主导性是指指导思想的一元性及意识形态的主导性，多样性是指社会意识的多样性和融入方式的多样性。无论社会主义核心价值观融入第二课堂的呈现方式如何变化，党的指导思想是始终不能变的，而且其他思想不能取代或同时成为指导思想，也即指导思想的一元性。只有这样，才能创建多种融入方式，凝聚多样化的社会意识，共同促进思想的进步和文化的繁荣。

（一）健康稳定的社会必须有一个占支配地位的指导思想

我国是走社会主义道路的国家，在国家分裂、列强入侵的时代，许多仁人志士都曾努力寻找救国存亡的道路和主义。马克思主义进入中国之前，他们的各种努力都没有达成既定的目标，中国仍然无法摆脱半殖民地半封建的社会现状。直到马克思主义传入中国，才给中国带来了思想的曙光，中国共产党也应运而生。在中国共产党的坚强领导下，一大批马克思主义者建立了中华人民共和国，取得了改革开放以及一系列建设的胜利。这一切都有赖于马克思主义指导思想的正确性，同时有赖于中国共产党人坚持马克思主义思想的坚定性。因

---

① 邓小平文选：第 3 卷 ［M］. 北京：人民出版社，1993：63.

为事物的性质是"由取得支配地位的矛盾的主要方面所规定的"①。只有坚持马克思主义的指导地位，才能保持社会主义核心价值观乃至整个社会的根本性质。所以，无论社会如何变迁，社会思想多么复杂多变，我们都要坚持马克思主义指导思想不动摇。

（二）指导思想的一元性是应对西方政治图谋的有力武器

多年来，西方敌对势力凭借本国经济和科技实力，借助文化的外衣，不断向广大青年实施西化。他们最主要的图谋是让中国的青年接受西方的价值观，膜拜西方文化，从而抵制中国的核心价值观和传统文化，达到和平演变的目的。然而，近年来，在中国共产党的领导下，在以马克思主义为核心的指导思想的指引下，中国人民取得了社会主义建设的重大胜利，经济水平大幅度提高，全国人民已经告别贫困迈入小康生活的行列，东南沿海地区的经济实力已逼近中等发达国家水平。中国的对外开放水平和能力不断增强，大量国人走出国门，放眼世界，用客观的眼光和自我的体会来评价中国和世界，收获的是心中的自豪感和自信心。这种自豪与自信就来自中国共产党及中国社会指导思想的一以贯之。同时，在马克思主义思想的指导下，结合中国不同时期的社会矛盾，产生了一系列中国化的马克思主义，中国化的马克思主义是马克思主义在中国大地生根发芽而结成的硕果，助推中国社会不断向前发展。因此，西方敌对势力对我国的渗透也出现了一些新特点，西方敌对势力把现在日益发达的自媒体平台作为争夺中西方意识形态和文化热点的场所，直接威胁我国意识形态安全和文化安全。西方敌对势力把个别问题扩大化、把单一问题复杂化、把一般问题政治化，最终把所有问题指向我国制度的弊端，把矛头对准社会主义道路和党的领导。因此，必须坚持指导思想的一元化，这样才能从逻辑上找到强有力的依靠，才能用党和国家的建设成果和中华民族的灿烂文化进行价值较量和有力回击。

（三）社会意识的多样性有利于文化的交融

"我国社会意识的多样性是我们党倡导的结果，也是进入新世纪新阶段，我

---

① 毛泽东选集：第 1 卷［M］. 北京：人民出版社，1991：322.

国发展呈现一系列新的阶段性特征的反映和社会进步的体现。"① 社会意识的多样性表明人们思想活动的独立性、差异性和能动性不断增强，这有利于观念的碰撞和文化的交融，有利于激发人们的民主法治意识，营造浓厚的学术氛围，激发创造力，推动社会进步。当然，多样性的社会意识肯定存在差异和矛盾，矛盾是推动事物发展的动力，这是社会存在的客观事实和普遍规律。马克思主义主导作用的发挥在一定程度上就是尊重差异，包容和整合社会群体中多样化的社会意识，"减少思想冲突，增进社会认同，有效避免因认识差异引发的社会动荡；有利于形成百花齐放、百家争鸣的局面，使先进文化、健康文化得到支持，使民族文化与外来文化、传统文化与现代文化、高雅文化与通俗文化在交流中相互促进，共同发展"②。这种局面正是马克思主义指导思想的主导性与社会意识多样性的完美融合。

（四）融入方式的多样性有利于社会主义核心价值观的培育与践行

第二课堂形式多样、内容丰富，社会主义核心价值观的融入方式也应该因势利导，借助不同的课堂形式，采取多样化的融入方式。融入的最高境界就是润物无声，不留痕迹，但又能收到预期的效果。因此，不同类型的第二课堂活动要采取不同的形式，有的要借助教师和同学的榜样作用，有的要用日常的规范来传达法治意识，有的要在实践中激发内心深处的善与爱，等等。虽然融入方式多种多样，但始终围绕我国意识形态的主旋律，始终以社会主义核心价值观为内容，在第二课堂的多种形式中，不断培育和践行社会主义核心价值观。

三、理论性与实践性相结合原则

高校第二课堂要保持正确的方向，离不开社会主义核心价值观的理论指导。社会主义核心价值观融入高校第二课堂要坚持理论与实践相结合原则，在注重理论灌输的同时，不忘在实践中进一步提高认识；在努力践行社会主义核心价值观的同时，加深对社会主义核心价值观的理解。只有理论和实践相结合、共

---

① 梅荣政. 用马克思主义引领社会思潮 [M]. 武汉：武汉大学出版社，2008：29.
② 刘云山. 建设和谐文化 巩固社会和谐的思想道德基础 [M]. 北京：人民出版社，2006：42.

成长，才能真正把社会主义核心价值观融入高校第二课堂，真正提升社会主义核心价值观培育和践行的效果。

（一）社会主义核心价值观是高校第二课堂的指路明灯

理论是人们关于事物知识的理解和论述，是前人在实践中探索后总结出来的真知灼见，是指导未来实践的指路明灯。社会主义核心价值观凝聚着中华民族几千年的灿烂文化，凝聚着人们对富强、民主、文明、和谐国家的期盼，对自由、平等、公正、法治社会的期待，对爱国、敬业、诚信、友善的公民素养的期许。这三个层面的布局也是中国共产党总结中国几千年来的成败得失所进行的概括凝练，它将指引人们朝着社会主义核心价值观中所描述的方向去努力、去前进，汇聚多方力量，凝聚多方共识，为实现中华民族伟大复兴而不懈奋斗。大学生按照自己的兴趣选择第二课堂的相关活动和课程，对高校来说，监管难度较大，无法用统一的标准来要求所有活动，加之第二课堂活动推陈出新，更替较快，也无法制定过细的要求。然而，无论活动如何变化，其指导思想是不变的，那就是坚持社会主义核心价值观的理论指导，按照三个层面的价值范畴来设计课程内容、活动方式和宣传标准，确保课程既能达到既定目标，又能体现新时代的价值方向。

（二）实践是社会主义核心价值观融入高校第二课堂的必经之路

实践是检验真理的唯一标准，这句至理名言曾经引发社会的广泛关注和热烈讨论，它是中国两个时代的分水岭。这场讨论直接推动了全国性的马克思主义思想解放运动，为中国共产党重新确立马克思主义思想路线、政治路线和组织路线做了重要的理论准备。由此可见，实践是马克思主义思想的精髓，也是我们开展社会主义核心价值观教育的必经之路。社会主义核心价值观要融入第二课堂，首先，要侧重思考课程与社会主义核心价值观诸要素之间的契合度，找出与相关课程契合度较高的价值观要素，围绕这些要素进行课程的再次设计，这种由实践到理论，再到实践的过程既符合马克思主义的思想内涵，又能在实践中真正发挥良好的效果。其次，第二课堂的优势与特点决定了其侧重实践的属性。第一课堂注重理论灌输，缺乏充足的实践机会，而这些不足则可以在第二课堂得到弥补。在实践过程中，把社会主义核心价值观的观点和内容融入第二课堂，这是第二课堂价值观培育与践行的有效路径。最后，实践是检验社会主义核心价值观融入第二课堂效果的最佳途径，通过实践，把社会主义核心价值观融入第二课堂，同样，只有通过实践，才能检验通过高校第二课堂学习的大学生所具备的社会主义核心价值观特征。

（三）理论与实践是社会主义核心价值观融入第二课堂不可分割的两个方面

实践是理论的基础，理论来源于实践。我们党把国家、社会和个人三个方面建设和修炼的目标进行总结，把获得的认识和经验加以概括，总结形成了社会主义核心价值观理论。这个理论是从客观实践中抽象出来，又是在客观实践中得到反复证明的，是能正确反映客观现实及其本质规律的理论。由此可见，科学的理论来源于实践，只有对实践中反复证明正确的现象进行提炼和总结，去粗取精，去伪存真，留下现象背后的规律，才能形成指导下一步实践的理论。实践是理论的基础，中国几千年的悠久历史积淀形成了中国灿烂而独具特色的传统文化，这是前人通过实践留给我们的宝贵财富，在中国共产党的带领下，中华民族和中国人民对前人的实践进行总结，形成了价值观理论。理论对实践具有反作用，社会主义核心价值观作为一种正确的、积极的理论，对实践具有积极的指导作用。人的一生是短暂的，人们只有站在巨人的肩膀上，才能进一步推动社会的发展与进步。社会主义核心价值观融入第二课堂，必然会对第二课堂的价值取向、行动方向和最终效果产生积极影响。理论和实践是相辅相成的，两者互为因果，不可割裂。实践只有在正确理论的指导下，才能积极地改造客观世界。社会主义核心价值观抓住了社会发展的规律与本质，抓住了国家、社会和个人三者的内在必然联系，既纵观历史的发展规律，又预见国家和社会的发展趋势，从而有效地指导人们的价值取向，积极地推动社会的发展。同时，理论只有结合实践，才能得到检验和发展。理论不是一成不变的，它也是随着世界的发展变化而发生变化的，一个阶段的理论能指导相应阶段的实践，但随着生产力的不断发展，生产关系随之变化，社会理论的内涵或外延也将提档升级。社会主义核心价值观是亘古不变的价值理论，但它融入第二课堂或不同的教育载体后，其内涵将进一步丰富，培育和践行的外延将进一步扩大，这对社会主义核心价值观的发展有着积极的推动作用。

四、普遍性与特殊性相统一原则

普遍性与特殊性是一对对立统一的关系，普遍性寓于特殊性之中，特殊性是普遍性的体现，没有特殊性，就没有普遍性。同样，特殊性离不开普遍性，世界万物总是和同类事物有着共同之处，没有不包含普遍性的事物。我们要具体分析矛盾的特殊性，不断实现矛盾的普遍性与特殊性的历史统一。

（一）社会主义核心价值观的培育与践行有其普遍规律

2013 年 12 月，中共中央办公厅印发的《关于培育和践行社会主义核心价值观的意见》中，明确提出了培育和践行社会主义核心价值观的重要意义和指导思想，从六个方面提出了指导意见，即明确了培育和践行社会主义核心价值观的普遍规律。如把培育和践行社会主义核心价值观融入国民教育全过程、落实到经济发展实践和社会治理中、加强社会主义核心价值观宣传教育、开展涵养社会主义核心价值观的实践活动、加强对培育和践行社会主义核心价值观的组织领导等方面。同时，社会主义核心价值观的教育是大学生思想政治工作的核心内容，其教育的理念、原则和方法都应遵循思想政治教育的规律。如在教育原则方面，坚持以人为本的原则，凸显人的主体地位，促进人的全面发展；坚持以理想信念教育为核心的原则，紧扣世界观、人生观和价值观三个方面；坚持理论联系实际原则，推进社会主义核心价值观教育大众化；坚持创新原则，运用新的方式，搭建新的平台，采取新的工作手段，推进社会主义核心价值观入脑入心。在教育方法方面，有理论教育法、实践教育法、比较教育法、典型教育法、自我教育法和综合教育法等思想政治教育方法，这些方法是大而全的方法总汇，是社会主义核心价值观培育和践行的普遍规律，具有一定普遍性。

（二）高校第二课堂是社会主义核心价值观传播的特殊载体

社会主义核心价值观要融入高校第二课堂，必须加强对高校第二课堂特殊性的研究，这样才能做到接地气，有针对性，我们可以从三个方面对第二课堂的特殊性进行认识：首先，高校第二课堂具有特殊地位。第二课堂是大学生学习和做人做事的重要环节，这里没有行政班级的概念，没有强行的要求，大学生在实践中学习做人的原则和做事的方法，主动思考自己的理想与未来，形成自己的价值观。其次，高校第二课堂拥有特殊群体。大学生是社会中思维最活跃、知识最富有、最富有朝气与活力的群体，这个群体昭示着祖国的希望和民族的未来。因此，对这个群体进行社会主义核心价值观的培育显得尤为重要。身处第二课堂中的大学生拥有相对自由的思想和自主的活动空间，社会主义核心价值观的融入必须紧密结合大学生的心理和生理特点，充分考虑大学生群体的特殊性，这样才能取得预期的效果。最后，高校第二课堂具有鲜明个性。第二课堂与第一课堂有较大区别，呈现出鲜明个性。如高校第二课堂形式开放，可广泛吸收不同年级和专业的学生参与，只要兴趣相投，即可参加相应活动。同时，第二课堂活动的场地不局限于教室和学校，只要利于活动的开展，地点的选择相对广泛。高校第二课堂更侧重实践，社会主义核心价值观的融入更侧重在实践中融入大学生的头脑。高校第二课堂的鲜明个性还体现在学生的自主参与。大学生根据自己的兴趣自主组成不同的课堂单位，采取不同的活动方式，开展第二课堂活动。大学生在活动中收获知识与能力，提升自己的思想认识，形成自己的价值观。

（三）社会主义核心价值观融入高校第二课堂是普遍性与特殊性的统一

培育和践行社会主义核心价值观的规律具有普遍性，而在第二课堂这个具象的领域中培育和践行社会主义核心价值观又具有一定特殊性。特殊性是普遍性的体现，即培育和践行社会主义核心价值观的普遍规律通过第二课堂等众多具体的载体或领域体现出来。社会主义核心价值观融入高校第二课堂要取得良好的教育效果，必须对第二课堂精准施策，找出适合第二课堂的教育内容、教育方法和践行形式。第二课堂在开展相关活动时，也要考虑社会主义核心价值观的内容，在不同的活动中融入社会主义核心价值观的相关教育要素，这样双向用力，才能形成合力，达到最佳的培育和践行效果，这也是社会主义核心价值观培育和践行的普遍性与特殊性的统一。

第五章

社会主义核心价值观融入高校第二课堂的格局与内容

当前，大学生思想政治教育已经形成"大思政"格局。在这种格局下，要做到社会主义核心价值观全面融入高校第二课堂，就要构建社会主义核心价值观的"大融入"格局，整合一切可以整合的力量来推进大学生的价值观教育。同时，要细化有利于第二课堂教育和实践的内容，把社会主义核心价值观三个层面的十二个价值范畴解析为可对接第二课堂的具体指向，把每一个价值目标分解为大学生能理解、易接受的内容，这样才能把社会主义核心价值观融入第二课堂的教育与活动中去。

第一节　创建社会主义核心价值观的"大融入"格局

习近平总书记在全国高校思想政治工作会议上指出："要坚持把立德树人作为中心环节，把思想政治工作贯穿教育教学全过程，实现全程育人、全方位育人，努力开创我国高等教育事业发展新局面。"① 习近平总书记的重要讲话为高校思想政治工作指明了方向，除了思想政治理论课主渠道外，要积极发挥其他课程、各种教育载体和教育因素的思想政治教育功能，形成"大思政"格局。"大思政"是指以立德树人为目标，整合社会、高校、家庭等多方力量，让思想政治理论课和各类课程、各种教育载体同向同行。我们要在"大思政"的背景下，找寻社会主义核心价值观融入第二课堂的路径，即创建"大融入"格局。

---

① 习近平谈治国理政：第 2 卷［M］. 北京：外文出版社，2017：376.

"大融入"与"大思政"是一脉相承的，社会主义核心价值观教育是大学生思想政治教育的核心内容，其培育和践行离不开政策的支持、部门的协同和载体的选择，只有把社会主义核心价值观融入管理理念和制度、师资队伍、课堂文化及各类载体，构建"大融入"格局，才能真正把社会主义核心价值观融入高校第二课堂。

一、社会主义核心价值观融入管理制度

"制度是指在一定历史条件下形成的政治、经济、文化等方面的体系，也指要求大家共同遵守的办事规程或行动准则。"① 前者多指国家、社会等组织的政治、经济或文化制度。第二课堂的管理制度多指后者，是由学校或分管第二课堂的相关部门制定的，涉及第二课堂部门的成立、人员的准入与退出、活动的建立、办事流程、日常管理准则及各成员的行为规范等方面的规程。制度的存在会带有价值取向，从而引导和规范组织内人们的思想和行为。当然，制度的确立分为宏观、中观和微观层面，社会主义核心价值观融入管理制度，就要在三个层面全面融入，这样才能产生同向同行的效果。

（一）在理念层面融入社会主义核心价值观

理念是客观事实的本质性反映，是事物内在特性的外在表征。对于管理制度来说，理念是一项制度的宏观层面，把握着制度的正确方向，引导着制度的价值取向。理念具有政策"指挥棒"的地位，指向不同的方向就会相应制定不同的政策、采取不同的措施，从而产生不同的效果。在制度的理念层面融入社会主义核心价值观，就是把制度所要实现的目标与社会主义核心价值观的价值目标有机统一起来，共同实现第二课堂的最佳育人效果。当然，在理念中融入社会主义核心价值观一定要加强对第二课堂教育理念的思考，加强对价值观的理解与剖析，一定要在"融"字上下功夫。首先，要把立德树人作为第二课堂的培养目标。2018 年 5 月，习近平总书记在北京大学师生座谈会上指出："人无

---

① 中国社科院语言研究所词典编辑室 . 现代汉语词典［M］. 北京：商务印书馆，2007：1756.

德不立，育人的根本在于立德。"① 立德不是一句空洞的口号，而是高校思想政治教育的总目标，第二课堂的培养目标之一就是培养大学生高尚的人格和优秀的品质，养成良好的行为习惯。同时，要注重"树人"目标的实现。培养什么人、怎样培养人、为谁培养人是教育的根本问题，第二课堂同样肩负着培养社会主义合格建设者和可靠接班人的重要使命。其次，要用社会主义核心价值观引领第二课堂意识形态的正确方向。理念是管理制度的方向，它包含着意识形态的内容。不同的意识形态对同一个事物会产生不同的看法，从而产生不同的处事效果。用社会主义核心价值观引领第二课堂意识形态可以确保第二课堂正确的方向，把社会主义核心价值观与第二课堂的管理理念融为一体。

（二）在政策中融入社会主义核心价值观

政策上承管理理念，是管理制度的中观层面。政策的制定者在理念的指引下，针对第二课堂这一特定对象，提出相应规定，引导第二课堂的不同群体朝着理念所指引的方向不断前行，以实现制度目标为最高追求。从表面上看，政策是一些具体规定的合集，但政策要起到良好的效果，其具体规定一定是具有严密逻辑性的整体。首先，政策要在引导民意中融入社会主义核心价值观。第二课堂的政策要考虑大部分学生的心理取向，政策要针对大学生的普遍心理而进行有效引导，这样才能发挥作用。要把社会主义核心价值观融入政策中，就要发挥各价值要素的作用，让政策在法治的前提下，做到民主、平等、公正。要通过具体的规定或激励引导大学生追求正确的价值目标，形成社会主义核心价值观。其次，政策要在解决实际问题中体现社会主义核心价值观。政策的制定出台也是为了解决大学生所面临的问题或满足大学生的发展需要。第二课堂能为大学生提供实践、合作和学习的机会，能够帮助大学生解决第一课堂理论知识无法消化的问题、理论与实践无法接轨的问题，满足大学生专业互补的需要、合作提高的需要等。在解决实际问题的过程中，社会主义核心价值观的相关价值目标可以得到充分体现，对大学生正确价值观的形成具有重要作用。最后，政策要紧扣理念的导向。前文已经提及，政策与理念紧密联系，具有承上

---

① 习近平.习近平在北京大学师生座谈会上的讲话［EB/OL］.中央政府门户网站，2018-05-05.

启下的作用。政策的出台应该紧紧围绕理念的核心思想，紧密结合理念的价值导向，这样才能真正发挥制度的力量，真正体现社会主义核心价值观的教育引导作用。

（三）在措施中融入社会主义核心价值观

措施是制度的微观层面，承接着政策的安排。政策的设计者一般会引导政策面对的群体往制度理念的方向去靠近，不然这项政策必将以失败告终。如何来实现政策的走向？这就需要有一项一项的具体措施来支撑政策的实施。大学生参与第二课堂的学习与活动，大多是通过具体的活动形式与内容进行选择，也就是制度落地的措施。如何在措施中融入社会主义核心价值观，并且提升大学生参与活动的主动性？首先，要从第二课堂的源头上融入社会主义核心价值观。高校要围绕社会主义核心价值观的各价值元素策划适合第二课堂开展的活动。第二课堂的相关制度是为了保障第二课堂的顺利运行，同时努力实现第二课堂的培养目标。社会主义核心价值观融入第二课堂将有利于第二课堂培养目标的高效实现。高校可以深入分析社会主义核心价值观各价值元素所对应的价值目标，通过第二课堂这个特定载体，策划适合第二课堂开展的活动，从源头上把社会主义核心价值观融入第二课堂。其次，要强化第二课堂现有活动的价值观教育定位。第二课堂的所有活动都蕴含着价值观教育的元素，体现着社会主义核心价值观中各个层面的价值目标。如爱国主义主题教育活动、诚信主题教育活动、志愿服务活动等体现着个人层面的价值目标，第二课堂公正的评价和自由向上的氛围体现着社会层面的价值目标等。通过进一步强化第二课堂价值观教育的角色定位，可以提升第二课堂社会主义核心价值观培育和践行的效果。最后，第二课堂的活动形式和内容要兼顾当代大学生的心理趋势。第二课堂的大部分活动以学生自愿参与为前提，如果活动形式与内容不能得到大学生的认可，大学生就不会主动进入第二课堂，那第二课堂的活动与教育就会失去受众，其教育效果也就无从谈起。所以，我们要深入分析社会主义核心价值观的融入形式，研究大学生的心理趋势与兴趣点，在价值观科学融入第二课堂的基础上，以恰当的形式和载体吸引大学生主动参与到第二课堂的学习与实践中来。

二、社会主义核心价值观融入教师队伍

教师队伍是课堂教学的核心环节，好的教育理念和方针政策需要教师来贯彻实施，教师队伍的优劣决定着立德树人目标能否顺利实现。教师队伍既包括一个团队，也依赖每个个体。社会主义核心价值观要融入教师队伍，既要培育每个个体的社会主义核心价值观，又要注重团队的社会主义核心价值观建设。

（一）在团队建设中融入社会主义核心价值观

团队建设包含团队的文化氛围、凝聚力及共同目标等方面的建设。一支优秀的团队需要有一个共同的目标，如果团队中的每个成员都朝着共同的目标而努力，则会产生合力，形成凝聚力。团队建设不可忽视文化建设，这就像人呼吸的空气，看不见，摸不着，但对人体的健康起着至关重要的作用。因此，确立共同目标、营造特色文化氛围、提升团队凝聚力将有力地促进一支团队朝着预定的方向发展。社会主义核心价值观所倡导的三个层面内容对第二课堂教师队伍的团队建设有着重要的指导意义。在团队建设中融入社会主义核心价值观可以让团队建设事半功倍。首先，要用社会主义核心价值观推进团队的文化建设。在第二课堂教师队伍中融入社会主义核心价值观有助于营造风清气正、和谐向上、团结友善的文化氛围。社会主义核心价值观凝聚着中华优秀传统文化和现代文明的成果，这些传统文化与文明成果是团队文化的基石与灵魂，必将有力地促进团队文化朝着正确的方向发展。其次，要用社会主义核心价值观提升团队的凝聚力和向心力，促进共同目标的实现。社会主义核心价值观是亿万人民大众的共识，是中华民族伟大复兴中国梦的精神支柱，其本身有着强大的号召力和向心力。在团队建设中融入社会主义核心价值观，将会引导团队健康的价值取向，形成强大的凝聚力和向心力，对团队建设目标的实现有着正向的推动作用。

（二）在师德师风中融入社会主义核心价值观

师德师风建设是教师队伍建设的灵魂。师德是教师的职业道德，师风是教师队伍的道德风尚，即教师队伍的师德状况。学高为师，身正为范，做人是做事的前提，立德是树人的基础。要提升教师队伍的师德师风，一定要注重团队与个人的社会主义核心价值观的培育与践行。首先，要注重政治大德的修炼。

"教师的道德修养包含多个方面，如政治大德、社会公德、职业道德、个人品德等，其中起决定性作用的是政治大德。"① 政治大德代表了个人的政治立场与政治素质，既决定着教学的方向与归宿，也决定着"培养什么人、为谁培养人"的人才培养导向。社会主义核心价值观融入师德建设有利于教师坚持社会主义的办学方向，从国家、社会和个人三个层面提高自己的价值认识，锤炼自己的道德品质，提升政治大德。其次，要加强优良师风的营造。优良师风的营造离不开每个个体自我精神的塑造，更离不开团队成员之间的相互感化。社会主义核心价值观中的个人层面已经明确指出了"爱国、敬业、诚信、友善"的价值目标，这对教师队伍优良师风的营造有着直接的指导意义。如果教师队伍具备爱党爱国的政治氛围、敬业爱业的职业道德、诚信友善的个人准则，那么优良的师风一定会蔚然成风。

（三）在考核评价中融入社会主义核心价值观

对教师队伍的考核评价是队伍建设不可或缺的一个环节，也是高校对教师年终绩效评价的有效办法。在考核评价中融入社会主义核心价值观，就是要在考核原则、考核办法、考核内容及结果评价中坚持社会主义核心价值观的指导思想与价值导向。首先，考核体系要坚持法治原则。法治是人类文明进步的表现，是依照法律来进行治理的科学手段。法治是与人治相对应的概念，它以法律为依据、以客观标准为基础，发挥人的主观能动性来开展科学治理。人治与法治相反，把人的意志和权力置于法律之上，则会产生标准不一、处事不公及有失正义的现象。所以，在考核评价中，要坚持法治原则，只有这样，才能获得所有人的认同，才能激发队伍的积极性与主动性，从而提升管理绩效。当然，法治原则也是社会主义核心价值观的重要价值取向之一。其次，考核办法要坚持民主、公正的原则。民主、公正是现代管理制度的基本原则，也是社会主义核心价值观的价值取向。坚持民主，能够集中全体教师的智慧，听取全体教师的意见，形成最大公约数，发挥制度的最大效能；坚持公正，就是领导人或负责人能坚持法律法规的要求并秉公办事，确保每个制度的执行人都能在制度的范围内得到制度所规定的结果。坚持民主公正原则可以使每个教师认可自己的

---

① 郑金洲. 新时代教师思想政治素质的新要求［J］. 人民教育，2018（2）.

考核结果，从而以制度来引导自身行为，在最大程度上发挥制度的导向作用。最后，在考核内容中融入社会主义核心价值观的价值内容。要把是否拥护党的领导和社会主义的办学方向、是否具有高尚的道德情操、是否具有正确的世界观和价值观等作为教师考核的第一关，从而引导教师树立正确的价值观。

三、社会主义核心价值观融入课堂教学

课堂教学是师生在课堂活动中的互动过程，是教师传授知识与技能的过程，更是学生第二课堂学习的主要渠道。课堂教学带有一定情境性，受教学内容、教学方式、价值导向和其他文化的影响，不同类型的课堂会展现出不同的教学现象，体现出不同的教学效果，相同类型的课堂也会受不同因素的影响而产生不同的氛围。所以，社会主义核心价值观融入高校第二课堂，将对课堂教学的方向和效果产生重要影响。

（一）把中华优秀传统文化融入课堂教学

习近平总书记曾经指出："中华优秀传统文化是中华民族的精神命脉，是涵养社会主义核心价值观的重要源泉，也是我们在世界文化激荡中站稳脚跟的坚实根基，要结合新的时代条件传承和弘扬中华优秀传统文化。"[1] 中华优秀传统文化是社会主义核心价值观的内核，培育和践行社会主义核心价值观就是对中华优秀传统文化的传承与发扬。要把中华优秀传统文化融入课堂教学，需要从大处着眼，小处着手，努力营造有利于社会主义核心价值观培育和践行的氛围。首先，要把中华优秀传统文化的精髓融入课堂目标的设计中。中华优秀传统文化内容博大精深，其精髓已经渗透社会主义核心价值观各层面的价值目标中，从其表述已经可见一斑。在第二课堂的目标设计中，我们可以把文明、和谐、爱国、诚信等价值目标作为第二课堂活动所要实现的教育效果，结合相应的载体和课堂形式，最终向目标靠近。其次，要把中华优秀传统文化体现在具体课堂内容的安排中。中华优秀传统文化的形成是经过历史积淀和生产实践而形成的个人品质、行为规范和图文标识，每一个符号的形成都有着丰富的内涵，都

---

① 习近平. 坚持以人民为中心的创作导向 创作更多无愧于时代的优秀作品［N］. 人民日报，2014-10-16（01）.

值得我们后人来学习和传承。第二课堂可以发挥其课堂内容丰富性和课堂形式多样性的特点，以传承中华优秀传统文化为内容，创新课堂形式，把中华优秀传统文化更好地在新时代青年中进行传播。最后，要把中华优秀传统文化体现在第二课堂氛围的营造中。第二课堂的氛围营造包括硬件的布置、课堂语言和课堂情境等软环境的选取。在第二课堂开设的楼宇、场地或教室等物理空间，学校可结合中华优秀传统文化的具体内容或重要典故制作宣传图文，布置含有中华优秀传统文化元素的景观，传递中华民族积极向上、灿烂辉煌的传统文化。同时，在第二课堂活动中，也可以借助传统文化的相关载体、语言体系和历史背景来设计活动环节，既达到课堂预期的效果，又达到传播中华优秀传统文化的目的。

（二）把"四史"教育融入课堂教学

"四史"是指中国共产党党史、新中国史、改革开放史和社会主义发展史。党的十八大以来，习近平总书记在多种场合强调要重视历史的学习，特别是要加强党史、新中国史的学习。2019年，党的十九届四中全会将"改革开放史"作为理想信念教育常态化、制度化的学习内容。2020年，习近平总书记在"不忘初心、牢记使命"主题教育总结大会上提出，把"社会主义发展史"同"党史、新中国史、改革开放史"并列作为广大党员学习马克思主义的重要内容，在学思践悟中坚定理想信念。"四史"是近现代中华优秀文化的重要体现，是对中华优秀传统文化的继承与发扬，是社会主义核心价值观的重要土壤。"四史"学习是坚定理想信念、提升文化自信的重要途径，是社会主义核心价值观培育和践行的重要载体。"四史"教育与中华优秀传统文化的传播是异曲同工的，其精髓已经渗透社会主义核心价值观的方方面面。它为我们描述了中国共产党为了争取民主自由，带领广大人民群众抵制外来侵略，推翻帝国主义、封建主义和官僚资本主义在中国的统治，取得了国家的统一和人民的解放。在马克思主义的指引下，中国坚持走社会主义道路，从新民主主义革命到新中国建设初期，从改革开放到新时代的中国改革与建设，马克思主义与中国国情相结合形成的中国化的马克思主义思想指导中国从站起来、富起来到强起来。"四史"的文化精髓是社会主义核心价值观的重要理论来源，把"四史"教育融入第二课堂可以增强大学生的道路自信、理论自信、制度自信和文化自信，是大学生理想信念教育和价值观教育的重要途径。

（三）把人类文明的优秀成果融入课堂教学

社会主义核心价值观形成的源头是多方面的，其中离不开马克思主义思想的指导，离不开中华优秀传统文化的历史传承。当然，人类文明的优秀成果也是源头之一。当代中国是一个开放的中国，是一个兼容并包、博采众长的中国，它以博大的胸怀吸纳古今中外之文明与精华，助推中华人民共和国思想文化的进步和经济社会的发展。国家的发展与思想的进步是息息相关的，社会主义核心价值观是中国特色社会主义思想的浓缩与精华，是在马克思主义指导下，汇聚人类文明的优秀成果与中华优秀传统文化而形成的科学表述。要把社会主义核心价值观融入第二课堂，不能忽略人类文明的优秀成果对第二课堂的滋养。西方国家多年形成的法律意识、科学精神和艺术涵养等文明成果是值得我们学习和借鉴的，只有虚心接受他人的长处，才能激发自身成长的动力，才能以更短的时间缩小差距，迎头赶上，形成超越。在第二课堂教学中注入人类文明的优秀成果，有利于青年大学生在继承传统的基础上开阔眼界，提高自身的综合素养。第二课堂可以引入外国优秀文化作品，进一步丰富课堂文化，如外国经典影片鉴赏、世界经典文学品读、外国经典话剧展演等，学生通过参加活动、品读经典可以知晓世界历史，了解人类文明发展的客观规律，提升对世界文明的鉴别能力，感知人类文明优秀成果的魅力，从而进一步加深对社会主义核心价值观的理解，激发培育和践行的动力。

四、社会主义核心价值观融入活动项目

活动项目是第二课堂更为微观和具体的部分，但它在第二课堂中的地位是非常显著的，它是第二课堂教育落地生根的重要载体。活动项目相对于第二课堂来说是部分和整体的关系。从部分和整体的辩证关系来看，部分与整体是既有区别又紧密联系的一对范畴。整体由部分组成，部分是整体中的局部，离开了整体的部分和离开了部分的整体都是不存在的。同时，整体居于主导地位，它支配着其中的各个部分，部分服从整体并为整体服务。当每个部分都得到优化，发挥出较大的作用并有序组合时，整体作用大于部分作用之和；当部分功能欠佳、结构无序并组成整体时，整体作用小于部分作用之和。因此，在优化

第二课堂整体环境的同时，要在其部分——活动项目上下功夫，把社会主义核心价值观融入其中，以期达到部分之和大于整体，推动整体优化的效果。

（一）把社会主义核心价值观的价值导向转化为活动目标

社会主义核心价值观是中国特色社会主义的本质规定，其三个层面的价值表述是国家、社会和公民的价值追求。其中，国家层面的价值目标体现了中国特色社会主义现代化的前进方向，激励着广大人民群众为实现中华民族伟大复兴的中国梦而不懈奋斗；社会层面的价值取向体现了以人为本、公平正义、平等法治、依法治国的社会发展导向；公民层面的价值准则体现了中华民族几千年优秀传统美德与社会主义公民道德的高度统一，也是对每个公民提出的基本道德准则。第二课堂中有许多活动项目，如社会调研、政策宣传、支教、辩论赛、主题教育活动等。在设计这些活动时，要先确定活动目标，以活动内容为载体，达到预期的活动目标。活动目标对活动的设计与组织具有统领作用，活动内容与组织形式必须服从活动目标。活动成功与否主要是由目标的达成与否来检验。所以，随着活动目标的实现，也就实现了社会主义核心价值观价值导向的成功转化，大学生在活动项目中接受了社会主义核心价值观的教育，对个人思想的提升与正确价值观的形成具有正向的推动作用。

（二）把社会主义核心价值观的价值蕴含转化为活动内核

活动形式与内容都是活动的外部表现，不能称之为内核。活动内核是活动所传递的文化、精神及价值导向。高校第二课堂是校园文化的重要传播渠道，第二课堂的活动项目是具体落实落细第二课堂培养目标的主要载体。我们要深入挖掘社会主义核心价值观的文化内涵，把它融入第二课堂的活动中，成为其活动的内核。习近平总书记曾在不同场合强调以文化人、以文育人的重要性。他指出，要有鉴别地对待先人传承下来的历史文化，对其价值理念和道德规范要扬弃地继承，坚持古为今用，推陈出新，要用中华民族创造的一切精神财富来以文化人、以文育人。"核心价值观是文化软实力的灵魂、文化软实力建设的重点。它是决定文化性质和方向的最深层次要素。一个国家的文化软实力，从根本上说，取决于其核心价值观的生命力、凝聚力、感召力。"① 历史文化中的精华即中华优秀传统文化，它与社会主义核心价值观是同根同源的。培育大学生的社会主义核心价值观是提升国家文化软实力的重要举措，作为高校第二课堂，也要坚持以文化人、以文育人，把中华民族的先进文化融入活动中去，形成活动的内核与灵魂，从而通过活动项目的设计与开展来倡导中华民族的先进文化、爱国主义精神和改革创新精神。

（三）把社会主义核心价值观的价值内容转化为活动素材

社会主义核心价值观蕴含着丰富的内容，汇聚着中华民族优秀的传统文化、近现代国家治理和社会治理的成功经验、现代文明的普遍需求和世界文明的优秀成果，这些文化与成果的背后凝聚着一代又一代人的实践与智慧，其中有些故事与典故被后人广为传颂。在设计第二课堂活动项目时，我们要善于寻找价值内容背后的故事，挖掘价值内容本身的丰富内涵，把这些故事与内容的价值蕴含作为活动项目的主题。如爱国主义教育项目，我们可以选取历史典故、爱国英雄故事作为活动项目的素材，再加以合理设计，我们也可以把各地的红色场馆和红色基地作为活动素材，精心组织爱国主义教育活动，这对于提升第二课堂活动项目的内涵与水平有着极大的促进作用。再如法治教育、诚信教育等第二课堂的活动项目，我们同样可以找到丰富的历史资料和鲜活的典型案例，为活动项目的设计提供素材。法治和诚信是社会主义核心价值观中社会层面与个人层面重要的价值内容，两者是一脉相承的价值准则，是大学生做人做事的基本底线和素质要求，以法治与诚信为主题的第二课堂活动项目必将对大学生思想政治教育，特别是价值观教育起到重要的推动作用。

第二节　社会主义核心价值观融入高校第二课堂的教育内容

社会主义核心价值观融入高校第二课堂除了宏观设计之外，还需要对社会

---

① 习近平. 把培育和弘扬社会主义核心价值观作为凝魂聚气强基固本的基础工程 [J]. 党建，2014（3）.

主义核心价值观的各价值目标进行细化设计，形成可供高校第二课堂开展价值观教育的具体内容。只有把社会主义核心价值观进一步落实落细，才能真正把社会主义核心价值观理论与高校第二课堂对接，形成良性互动的教育效果。

一、国家层面的教育内容

社会主义核心价值观国家层面的教育内容要紧紧围绕富强、民主、文明、和谐四个方面，结合大学生的自身特点以及高等学校第二课堂的特色，有针对性地确定社会主义核心价值观国家层面的教育内容。

（一）围绕"富强"，融入理想与使命教育

富强包括国防的稳固、经济的发展、文化的繁荣和人民的幸福，实现中华民族伟大复兴的中国梦是实现国家富强的主要标志，也是全体中华儿女近现代以来为之奋斗的伟大目标。要实现国家的富强，实现伟大的梦想，离不开广大人民群众为之不懈奋斗。其中，青年大学生是实现民族复兴、国家富强的主力军，他们年轻有朝气、有知识、敢创新，越来越多的年轻人走上了国家重要的建设岗位。因此，在第二课堂中融入理想与使命教育非常重要。要把国家的理想与个人的理想相统一，个人的理想服从国家的理想。国家的理想是一个非常宏大和长远的规划，有短期理想和长期理想之分。要教育大学生把自己有限的青春融入国家的理想之中，在实现个人理想的同时，助力国家理想的实现。同时，要通过主题教育活动、社会实践等活动激发大学生的使命感。要让大学生知道个人定位，个人是集体中的个人，是国家的一员、民族的一员，每个大学生都承担着时代赋予的使命。理想与使命教育是大学生价值观教育的重中之重，两者都是决定大学生价值观方向的重要因素，"天下兴亡，匹夫有责""为中华崛起而读书"，一代又一代年轻人肩负国家的使命，为了中华民族的远大理想而忘我工作，这就是要传达给新时代青年大学生的一种使命感。

（二）围绕"民主"，融入民主与权利教育

民主是人类社会的美好诉求。我们追求的民主是人民民主，其实质和核心是人民当家做主。它是社会主义的生命，也是创造人民美好幸福生活的政治保障。① 从国家层面，民主表现为一切权利属于人民的国家民主制度；从社会层面，民主表现为民主观念的培育，以及开展协商民主和参与式治理等实践；从个人层面，民主主要表现为自己的民主权利和民主素养，以及有序参与民主实践。民主与权利是相辅相成的，从国家层面，有了人民民主，才有人民当家做主的权利；从个人层面，遵循民主原则，才会体现个人权利，个人权利也只有在民主中，才能健康运行。在第二课堂实践中，围绕社会主义核心价值观中的"民主"，应该融入民主和权利的教育。高校就是一个小社会，它相对开放，许多工作与事务与社会融为一体，如地方两会代表选举等。当然，高校也有相应的政治会议，如党员代表大会和团员代表大会等。这些会议是培育大学生民主观念的重要途径，也是开展民主实践，体现个人权利的重要平台。在第二课堂中，我们除了把民主和权利融入显性教育之外，还要在社团选举、重要决策及日常事务中充分表现出民主原则，充分尊重大学生的个人权利，从而让他们在不知不觉中接受民主与权利的教育，培养民主素养。

（三）围绕"文明"，融入文明与修养教育

文明是社会进步的重要标志，也是现代化国家的重要特征。马克思主义认为，文明的产生与生产力发展密切相关，"文明时代是学会对天然产物进一步加工的时期，是真正的工业和艺术的时期"②。因此，文明与野蛮相对，是人类在改造世界过程中创造的物质财富和精神财富之和。我们党一直把建设高度文明的国家作为长期不变的追求，坚持物质文明和精神文明一起抓，这是国家层面的文明建设。在大学生个人层面，我们更要强调精神文明建设和个人文明素养的培养。大学生是高素质的人群，知识水平高是他们的显著标志。但是从精神文明建设的高度来衡量的话，部分大学生是否具备文化品位高、精神境界高和个人修养高等特点不能一概论之。因此，围绕社会主义核心价值观中的"文明"，在第二课堂中融入文明与修养教育是当务之急。物质文明的发展应该催生精神文明的发展，精神文明的发展又能促进物质文明在更广阔的领域拓展舞台，

---

① 教育部中国特色社会主义理论体系研究中心. 深刻理解社会主义核心价值观的内涵和意义 [N]. 人民日报，2013-5-22（01）.
② 马克思恩格斯文集：第4卷 [M]. 北京：人民出版社，2009：38.

两者相辅相成。但是，在物质文明高度发展的今天，我们依然可以看到国人有许多不文明的举动、不文明的现象，如现实中不守公德、破坏文物、以丑为美、不尊老不爱幼以及无制度无规矩意识等，网络空间"漫骂式"的言论、发布不雅图片等现象与高度发达的物质文明形成鲜明对比，使两者的天平发生了巨大倾斜。这些现象中不乏大学生的身影，青年一代的文明教育已经刻不容缓。第二课堂可以发挥丰富性和开放性的特点，理论结合实际，开展主题教育、社会实践，从正反两个方面让大学生感受到祖国的发展，同时体会到精神文明建设的重要性，对自身、对校园、对社会上的不文明现象引起思考，从而达到提倡文明、提升自身修养的目的。

（四）围绕"和谐"，融入共同体思想教育

"和"思想是中国历史上传承最为久远的思想之一，它是社会主义核心价值观中和谐思想的核心。儒家创始人孔子在春秋战国时期提出"和为贵"的理念，墨子提出"兼相爱"的理想社会方案。古代社会治理方面，和谐的理念贯穿政治、文化、外交、法治和道德的各个方面，如提倡"和而不同"的价值观和文化观、"天人合一"的宇宙观、"天下为公、讲信修睦"的社会观和外交观、"礼之用，和为贵"的人际交往原则等。古人提出的社会建设理念是构建现代和谐社会的重要思想支撑，是现代和谐社会建设的历史实践。社会主义核心价值观中的和谐思想与习近平总书记人类命运共同体思想一脉相通。人与自然的和谐、人与人的和谐、各民族的和谐构成了人类命运共同体的具体组成部分。人类命运共同体思想着眼政治、安全、经济、文化、生态五个方面。在政治上互相尊重、平等协商；在安全上坚持对话解决争端、以协商化解分歧；在经济上同舟共济，促进贸易和投资自由化、便利化，推动经济全球化；在文化上尊重世界文明多样性，以文明交流超越文明隔阂、文明互鉴超越文明冲突、文明共存超越文明优越；在生态上坚持环境友好，合作应对气候变化，保护好人类共同的家园。在第二课堂中，要努力向学生传达共同体思想，融入各种活动平台，让合作、共赢、包容、平衡及和谐等思想融入大学生的价值观体系中。

二、社会层面的教育内容

社会主义核心价值观社会层面的教育内容紧紧围绕自由、平等、公正、法制四个方面，结合大学生的自身特点以及高等学校第二课堂的特色，有针对性地确定社会主义核心价值观社会层面的教育内容。

（一）围绕"自由"，融入创新与发展教育

自由是社会文明程度的一种表现，马克思和恩格斯所设想的未来社会是"自由人的联合体"，"在那里每个人的自由发展是一切人的自由发展的条件"①。马克思主义创始人对自由的追求始终是他们理论体系的重要基石。马克思主义的核心是人的解放。何谓解放？陈独秀说："解放云者，脱离夫奴隶之羁绊，以完成其自主自由人格之谓也。"② 人的解放就意味着获得自由。所以，自由是马克思主义最核心的价值观。事实上，实现现代化就是由不自由到自由的转化。中国的改革开放是一次重大的思想转变，由完全被禁锢的思想转变为自由开放的思想，这种转变带来了思想的革命，更带来了经济的发展，由此推动了社会文明的进步。当前，我国建立了社会主义市场经济体制，确立了社会主义民主政治，完善了社会主义法律体系，有效保障了人民群众在政治、经济、文化方面的自由。由此可见，自由与创新、自由与发展有着密切关系。在第二课堂的活动与教育中，围绕"自由"的价值目标，要融入创新和发展的理念，鼓励思想自由，勇于创新，秉持"发展是硬道理"的理念，大胆尝试，在学生时代养成自由的精神、创新的习惯。当然，价值观中的自由不是漫无边际的自由，它是在一定法律框架和基本规范约束前提下的自由，没有这些规范，将使人们失去更多自由。

（二）围绕"平等"，融入人格与人权教育

人与人的平等是文明社会的特征之一，平等不是人与人平均分配社会资源，平均拥有物质财富，而是人格的平等、权利的平等。《宪法》规定，我国公民享有的权利有：法律面前人人平等、政治权利和自由、宗教信仰自由、人身与人格权、监督权、社会经济权利等。社会主义核心价值观中的平等主要是从以上权利来着眼的。公民不论身份，在法律面前一律平等，官员没有任何特权，中国共产党党员更没有任何的私利和特权，这是我们人民民主专政国家的重要特

---

① 马克思恩格斯文集：第2卷［M］.北京：人民出版社，2009：53.
② 陈独秀.敬告青年［J］.青年杂志，1915（1）.

征，也是人权平等的体现。公民的人身自由、人格尊严不受侵犯，通信自由和通信秘密受法律保护等，这是人格平等的体现。在第二课堂中，要主动融入人格和人权方面的教育。对大学生的人格教育也是一种尊严教育，是对大学生精神世界的再提升。

（三）围绕"公正"，融入公平与正义教育

公正，即公平、正义。自古以来，人们一直在追求公正的社会氛围、公正的道德规范、公正的行为准则，把公平正义看作理想社会的目标之一。《管子·形势解》中写道："天公平而无私，故美恶莫不覆；地公平而无私，故大小莫不载。"《荀子·正论》中写道："故上者下之本也……上公正则下易直矣。"柏拉图的《理想国》的主要思想就是强调国家的建立是为了追求公平正义，从讨论"个人正义"到提出"国家正义"，同时指出，正义是一个人最大的善。马克思主义认为，社会公正是同一定的国家制度、社会制度相联系的。在不同社会的不同阶级都是主张公正的，但是大家主张的公正的标准不同。在奴隶社会，公正就是事实上的不平等、不公正；在封建社会，上下尊卑的等级制度就是公正；在资本主义社会，生产资料私人占有，资本家对劳动者的剥削和压迫也是所谓的公正。因此，马克思主义认为，只有社会主义社会才能消灭剥削阶级，才能消除人剥削人的现象，才能真正成为一个公正的社会，这也是社会主义必然代替资本主义的原因所在。在经济领域，社会主义社会所遵循的"按劳分配"就是社会分配的公正原则，这是贡献与满足之间的相称；在政治领域，社会主义社会遵循的是权利与义务间的相称，具体表现为作用与地位之间的匹配，这是一种"政治公正"；在法律领域，社会主义社会遵循的是"法律面前人人平等"的原则，这是一种"法律公正"①。在第二课堂中，要融入公正的价值观，就要在日常的课堂活动中坚持贡献和收获之间的平衡、权利与义务之间的对等，倡导公平和正义的价值准则。

（四）围绕"法治"，融入知法与守法教育

法治是现代政治文明历史进程中的产物。法治是指依照法律来治理的意思，

---

① 袁贵仁. 价值观的理论与实践——价值观若干问题的思考［M］. 北京：北京师范大学出版社，2013：262-265.

它是相对人治而言的,"综观世界近现代史,凡是顺利实现现代化的国家,没有一个不是较好解决了法治和人治问题的"①。由此可见,法治是实现现代化的前提。自中国共产党第十五次全国代表大会提出"依法治国"以来,法治就成为党领导人民治理国家的基本方略。法治是一个体系,它包含多种要素。首先,法治是一种思想意识和价值观念。它崇尚法律的至高无上,维护人民的主权神圣不可侵犯,反对人治观念。其次,法治包含一套制度。这些制度主要是各级各类的法律,以这些法律来规范权力的运行、保障人民的权益、维持各种社会秩序。最后,法治是一种治理活动。"法治是超越人治的一种科学的国家治理方式,它是在法律许可的范围内进行的一种活动,任何行为都不可以凌驾于法律之上。"② 在第二课堂中,我们要让大学生"树立宪法和法律神圣不可侵犯的意识,培育中国特色社会主义法治信仰,懂得依法治国与以德治国相结合的重要性和必然性"③。高校可以成立以法律知识或《宪法》学习为内容的社团,开展日常普法活动。同时,结合校园贷、网络刷单等与学生相关的违法行为,提升大学生知法和守法的意识。

三、个人层面的教育内容

社会主义核心价值观个人层面的教育内容紧紧围绕爱国、敬业、诚信、友善四个方面,结合大学生的自身特点以及高校第二课堂的特色,有针对性地确定社会主义核心价值观个人层面的教育内容。

(一)围绕"爱国",融入民族与革命教育

爱国是社会主义核心价值观中个人层面最基础、最重要的要求。爱国就要爱国家的山川大地,确保每一寸领土神圣不可侵犯;要爱同根同源的中华儿女,让56个民族紧紧团结在一起,相亲相爱,同仇敌忾;要爱源远流长的历史文化,坚定文化自信,珍惜来之不易的革命成果,共同为中华民族伟大复兴而不懈奋斗。在中华民族几千年的历史长河中,始终贯穿着中华儿女的爱国情、民

① 习近平关于全面依法治国论述摘编 [M]. 北京:中央文献出版社,2015:78.
② 左亚文. 社会主义核心价值观的深层解读 [J]. 湖北行政学院学报,2013 (5).
③ 易又群,等. 论法治的本质逻辑 [J]. 学校党建与思想教育,2018 (12).

族情。特别是自 1840 年第一次鸦片战争以后，由于外国列强的侵略和封建统治的腐朽，中国饱经沧桑磨难，中国人民遭受深重苦难。在纪念中国人民抗日战争暨世界反法西斯战争胜利 75 周年座谈会上，习近平总书记深刻指出，中国人民抗日战争的胜利是以爱国主义为核心的民族精神的伟大胜利。爱国主义是我们民族精神的核心，是中国人民和中华民族同心同德、自强不息的精神纽带，是激励中国人民维护民族独立和民族尊严、在历史洪流中奋勇向前的强大精神动力，是驱动中华民族这艘航船乘风破浪、奋勇前行的强劲引擎，是引领中国人民和中华民族迸发排山倒海的历史伟力、战胜前进道路上一切艰难险阻的壮丽旗帜。① 因此，高校第二课堂要以爱国主义为统领，融入革命传统教育、民族文化和民族精神教育，提升大学生的爱国情感，丰富大学生的爱国内涵。

（二）围绕"敬业"，融入乐业与创业教育

敬业是针对公民职业道德方面的要求。敬业是对待工作、职业、事业及使命的一种负责的态度和敬畏的精神。人要从这个世界上获得自己想要的东西，就必须付出劳动，并且付出与收获是成正比的。当前，我国还处于社会主义初级阶段，而且将长期处于这一阶段。虽然现阶段我国的物质财富已经有了很大发展，但发展还不够均衡，贫富差距较大，科技含量还不够，需要广大人民群众进一步发挥主观能动性，弘扬创新创业的精神，热爱自己的工作，热心投入祖国急需的行业，提高创新动能，大胆创业，为社会主义事业贡献自己的青春与力量。只有当科技充分发达，物质财富极度丰富，人们的文明程度不断提高，我们才能跨越社会主义初级阶段，进入人类社会更高级的阶段。马克思主义认为，当人类社会进入共产主义阶段，劳动将是人的第一需要。到那时，敬业不再是提倡的目标，而是每个人应有之状态，是人们满足"自我实现"的必由之路。对于大学生来说，第二课堂是形成"敬业"精神的理想场所。第二课堂是没有外在压力和强制要求前提下的相对自由的学习活动场所，参与其中的大学生都有一种责任感与主动性，这就是未来职场敬业精神的雏形。除此之外，大学生敬业精神的培养还要与"珍惜韶华、刻苦学习"的学风培养相结合，还要

---

① 习近平. 在纪念中国人民抗日战争暨世界反法西斯战争胜利 75 周年座谈会上的讲话
　　[J]. 共产党员，2020（10）.

与"为中华民族伟大复兴而建功立业"的事业心培养相结合，这样才能培养出爱学乐业、创新创业的新时代大学生。

（三）围绕"诚信"，融入诚实与守信教育

诚信是规范个人与个人、个人与社会之间相互关系的道德品质和行为准则。诚信能够反映出个人的品德，折射出单位的信用程度，展现出国家的良好形象。在中华民族的历史长河中，诚信一直是被广为传颂的传统美德，很早就是"仁、义、礼、智、信"五常之一。中华人民共和国成立之后，我们党历来重视诚信建设，毛泽东同志把说实话、办实事、做老实人作为"实事求是"思想路线的主要内容，邓小平同志把诚信作为党和国家经济政治生活的重要准则，多次强调中国是信守诺言的国家。进入21世纪以来，随着经济全球化的发展，以及社会主义市场经济的建立，诚信建设被摆到了更加突出的位置。在党的执政能力建设、精神文明建设、公民道德建设、市场经济体制建设以及大学生思想政治教育中，诚信都被提到非常突出的地位。由此可见，诚信是做人、做事，乃至党和国家建设与发展的基石。把诚信融入第二课堂的教育，最重要的是在实践上下功夫。大学生自接受教育以来，诚信教育便是不同阶段思想政治教育的重点，教师在课堂上引古论今，对诚信的重要性已经阐述得非常透彻，对学生的行为规范细致入微。但是，教育略显欠缺的就是实践机会不够，切身体会不深刻。所以，这些不足需要在第二课堂的实践中进行补充。第二课堂可以组织多种形式的实践活动，让大学生在实践中学习人民群众的诚信品质，深刻认识到诚信在经济社会生活中的重要性，体会诚信在人际交往、个人成长、择业就业、事业发展中的重要地位，自觉把诚信转化为自己的自觉意识、人生信条和实践准则。

（四）围绕"友善"，融入友爱与互助教育

友善是处理公民关系的基本道德规范。在宗族社会中，血缘关系是社会成员相互联系的重要纽带。而在现代社会中，特别是"90后""00后"的大学生，社会角色间的相互关系则成为他们相互联系的主要依据，如同学关系、师生关系、同事关系、客户关系等。友善是社会生活及人际交往中的润滑剂，是人性中最美好的特质之一。首先，友善以人与人之间的平等为前提。友善是建立在主体平等的地位上的真诚的表达，有时表现为一种友好的情绪、一个友好的问候或一次真诚的帮助。无论表达方式如何，其最核心的原则是主体间的平等地位。其次，友善是一种稳定的道德品质。友善不是人与生俱来所固有的特质，但是它一旦形成，将会对人们的价值观和行为准则产生固有的影响，成为人们的一种美德。而且，这种美德将会影响和感染他人，有助于和谐社会的建设。由此可见，友善在实际生活中往往表现为人与人之间的友爱与互助，这是友善最必然的表达方式。在第二课堂的教育与活动中，围绕价值观中的"友善"目标，要融入友爱与互助的教育，最典型的活动就是志愿服务。"团结、友爱、互助、进步"的志愿服务精神正好阐释着社会主义核心价值观中"友善"的本质。

第六章

社会主义核心价值观融入高校第二课堂的长效机制

"机制原指有机体各部分的构造、功能、特性及其相互联系、相互作用等。人们把'机制'引入社会生活，主要是指社会机体中某些部门、领域通过建立富有生活活力的制度、体制、程序、规则、督导等，使该系统健康、有序地发展。"① 由此可见，机制是维持复杂系统高效运转的一种规则，多种机制共同作用，使整个系统结构之间进一步紧密联系，相互作用，共同实现系统整体功能的发挥和预期的目标。邓小平曾在多种场合谈及制度的重要性，他认为："制度问题更带有根本性、全局性、稳定性和长期性。"② 社会主义核心价值观的培育与传播是中华民族伟大复兴路上的思想保障，社会主义核心价值观融入高校第二课堂必然是一项长期而系统的工程，要使社会主义核心价值观通过高校第二课堂这个载体深入影响大学生的个人价值观，高校必须构建权责分明、相互协同、功能完备、运行高效的机制，为社会主义核心价值观融入高校第二课堂建立长效的保障，把高校第二课堂建成社会主义核心价值观培育和践行的重要阵地。

在调查中，大学生指出了第二课堂存在的诸多问题，其中多个问题与高校第二课堂机制的缺失有关，如教师指导不力、经费不足、校园文化氛围不浓等。当问及"是否有必要构建社会主义核心价值观融入第二课堂的长效机制"时，有 46.49% 的大学生选择"非常有必要"，有 44.22% 的大学生选择"有必要"，两项合计达 90.71%。由此可见，建立长效机制势在必行。随后，为了了解构建机制的问题指向，我们又进一步进行了调查分析。

---

① 张耀灿. 思想政治教育学前沿 [M]. 北京：人民出版社，2006：287.
② 邓小平文选：第2卷 [M]. 北京：人民出版社，1994：56.

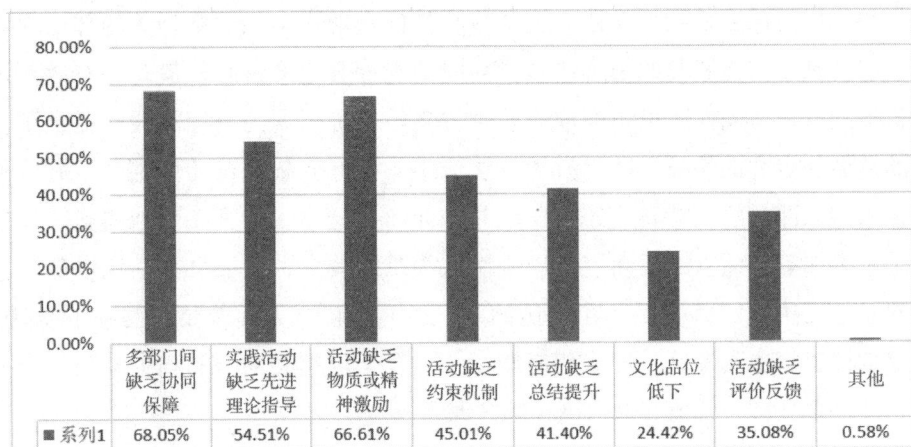

	多部门间缺乏协同保障	实践活动缺乏先进理论指导	活动缺乏物质或精神激励	活动缺乏约束机制	活动缺乏总结提升	文化品位低下	活动缺乏评价反馈	其他
■ 系列1	68.05%	54.51%	66.61%	45.01%	41.40%	24.42%	35.08%	0.58%

图 6-1 保障机制有助于解决融入过程中的相关问题统计（多选）

图 6-1 中所列问题均为第二课堂建设中因机制缺失而有可能出现的问题，或者在部分高校中已经出现的问题，这都是阻碍第二课堂健康发展的重要因素。载体不健康，何来健康的教育？因此，只有建立社会主义核心价值观融入第二课堂的长效机制，才能解决载体健康的问题，同时提升社会主义核心价值观教育的有效性。"多部门间缺乏协同保障"是最为突出的问题，有 68.05% 的学生选择，位居所有选项的第一位；"活动缺乏物质和精神激励"有 66.61% 的学生选择，"实践活动缺乏先进理论指导"有 54.51% 的学生选择；紧随其后的是"活动缺乏约束机制""活动缺乏总结提升"和"活动缺乏评价反馈"等问题。这些问题的解决离不开社会主义核心价值观的融入，社会主义核心价值观既可以解决思想激励的问题，又可以解决理论指导的问题，亦可以解决表中所列的诸多问题。高校第二课堂要对应相应的问题，构建相应的机制，只有这样才能解决问题，确保高校第二课堂长期健康的发展。

第一节 协同保障机制

协同保障机制是所有机制的统领，决定着其他机制能否形成合力，全面发挥作用。协同保障机制把与社会主义核心价值观融入第二课堂相关的部门联系在一起，制定与此相关的制度体系，共同实现社会主义核心价值观的有效传播和积极践行。协同保障机制为推进社会主义核心价值观的培育和践行提供了基本的遵循和有力的保障。在对教师的访谈中，大部分教师对社会主义核心价值观融入第二课堂建设持肯定态度。但是，如何把这项工作真正落地落实，让学生乐于参加第二课堂的活动，他们普遍认为难度较大，如果没有学校多部门的协同，是无法真正落实的。在受访的 27 人中，有 19 人提及要加强协同保障，建议学校建立顶层设计，形成相应制度，整合全校相关部门和相关资源，全力保障社会主义核心价值观融入高校第二课堂。

一、构建以高校第二课堂为中心的制度体系

制度体系是指与社会主义核心价值观融入高校第二课堂相关的各项制度的总和，它们按照协同规则，相对独立又相互联系，共同保障任务的完成。制度体系的构建对于推进社会主义核心价值观融入第二课堂具有重要的现实意义。首先，稳定的制度是确保社会主义核心价值观持续融入第二课堂的基本保证。社会主义核心价值观在第二课堂的实践探索还处于初级阶段，现阶段要做好这项工作，实现社会主义核心价值观与第二课堂的有机结合，需要相应的制度保证，同时，随着形势的变化，也要随之进行新的制度安排。其次，制度最重要的部分就是引导价值取向，把社会主义核心价值观与制度导向相结合，这无疑为社会主义核心价值观融入第二课堂创造了新的路径。最后，制度带有刚性，价值观融入第二课堂光靠引导还是不够的，必须在课堂形式、内容和基本规范上落实、落细，这样才能从他律走向自律、从被动转为主动、从有形融为无形。

因此，我们要认真分析与此项工作相关的制度，从顶层设计到部门协调机制，从各部门相关的制度到具体操作层面的规定，每个方面都要考虑到位，确保制度合理、运行顺畅、体现效果。高校要成立以社会主义核心价值观培育和践行为主体的领导小组，把社会主义核心价值观融入第二课堂作为其中的一个重要部分，建立组织领导制度，由校领导和相关部门领导组织领导小组，把与此相关的部门负责人组成工作组，负责日常工作的协调和运行，把学校团委设为秘书单位，具体负责相关课程的设计和实施，建立定期的会议制度，对一定时期内的工作进行汇报和评估，对相关的问题进行研讨，对未来的工作进行微调，进一步深入实施社会主义核心价值观教育。这项制度是一项关系顶层设计的重要制度，是对其他相关制度的统领，也是其他制度进一步制定和实施的基石，在此基础上，可以由相关部门进一步思考制定其他制度，如后勤保障制度、第二课堂课程内容安排制度、课程督导制度、课程效果评估反馈制度及其他与此相关的制度。这些制度不是孤立存在的，它们都是围绕一个共同的目标而相互支撑、前后联动，形成一个有机的整体，这就是保障社会主义核心价值观融入高校第二课堂的制度体系。

二、构建以社会主义核心价值观为核心的协同体系

协同体系是维持各项制度有序运行的制度或规则的集合，它是各项制度之间联系的纽带。高效的协同机制在政策实施过程中显得尤为重要，我们经常能看到涉及多部门共同完成的工作最终不能像设想中的那样顺利。如果好的政策不能得到相关部门的共同认可，工作过程中各自为政，不能同向同行，或者在实施过程中要经过过多烦琐的沟通协调环节，那最终带来的后果就会使相关政策流于形式，导致组织者失去工作的积极性，相关工作无法推行或陷入瘫痪。因此，构建内部联网、内外贯通的协同机制势必对工作的推进起到事半功倍的作用。社会主义核心价值观融入第二课堂是一项长期而系统的工程，构建高效的协同机制是必然的选择。

（一）学校内部要形成协同网络

学校内部的协同网络是实现社会主义核心价值观融入第二课堂最关键的制度体系，其重要意义是显而易见的。学校内部的协同也是多方面的，这是一个横纵相间的网络，需要横向和纵向的相互配合。如部门与部门之间要协同。在协同推进社会主义核心价值观融入第二课堂方面，每个参与部门都是一个子系统，其内部就是一个运行的整体，参与此项培育工作的部门就某个方面有其自身职责，同时要与相关部门协同推进社会主义核心价值观的培育和践行。如教务处可针对大学生参与第二课堂相关课程设计一定学分，针对此部分学分制定相应的考核体系，明确考核执行的主体，如学校团委。此时，除了教务处自身系统的运行以外，还涉及和团委的协同问题，只有团委深刻领会考核体系，对

第二课堂的大学生进行科学考核，才能成功引导大学生在第二课堂这个平台接纳社会主义核心价值观，体现教务处制定该考核体系的意图，真正培育和践行社会主义核心价值观。

（二）第二课堂各类课程之间要相互协同

高校第二课堂内容丰富、形式多样。但是，高校第二课堂的课程内容大部分由学生兴趣主导，课程之间缺乏必要的信息互通和整体设计。在进行社会主义核心价值观的引导方面，第二课堂的教育内容不能覆盖社会主义核心价值观的大部分价值导向。因此，要做到第二课堂的课程协同，首先要对第二课堂的课程进行整体设计，科学兴趣小组与科研竞赛要形成梯队、志愿服务与社会实践要相互渗透、校园文化活动与"文化下乡"实践活动要相互结合，从而形成社会主义核心价值观教育的内容布局，在价值导向的大框架内进行课程安排。不同的课程或课程群对应相应的价值要素，课程与课程之间相互协同，共同推进社会主义核心价值观融入第二课堂，进而培养大学生正确的个人价值观。

（三）学校内外要实现相互贯通

大学不是一座孤岛，它时刻都在和外界发生着交互。互联网上的各种信息每天都在影响着大学生的认知，学校周边的各种社会现象以及学生参与的社会实践也在对大学生的社会认知和价值观产生影响。因此，第二课堂也要走出校园，实现教育载体和教育内容的内外贯通，培育大学生的社会主义核心价值观，并努力践行之。首先，校内媒体要与校外媒体形成有效的呼应。社会层面的主流媒体由相关主管部门负责监管，以传递正能量和客观报道事实真相为己任，为社会主义核心价值观的培育创造了良好氛围。校内媒体可以在此基础上，针对大学生的具体情况进行进一步宣传教育，充分发挥高校的文化优势和学科优势，用大学生喜闻乐见的形式占领思想高地。但是，在自媒体高度发达的今天，许多言论与社会主导价值观有一定偏差，特别是针对一些焦点问题或校园突发事件，许多自媒体平台为了提高流量、博得点击率，从而错误引导公众的关注点，极易引发错误的网络舆情。此时，校内媒体要坚持正确的舆论导向，用社会主义核心价值观来引导大学生的言论与认知。第二课堂要设计有效的活动形式，让更多大学生发挥朋辈教育的优势，在网络上引导正确的方向，在校园内传递正确的声音。其次，高校要与所在街道、社区和其他高校实现互通。高校所在街道和社区是高校第二课堂开展各类实践活动的理想场所，社会主义核心价值观教育也不例外。把社会主义核心价值观融入第二课堂，借助高校周边的资源开展志愿服务、社会实践，感受社会的发展和时代的变迁，了解典型人物的生动故事，这些内容是象牙塔中的大学生平时所感受不到的，也只有通过这种方式，才能进一步增强大学生对社会主义核心价值观的认同感。高校可以在地方建立实践基地，设立实践岗位；地方政府也可以走进校园寻求智力资源，带动地方经济、文化和教育的发展。

三、构建以课堂育人为特色的高校第二课堂保障体系

后勤保障在第二课堂的建设中具有举足轻重的地位。后勤保障工作也是第二课堂育人的一部分，对社会主义核心价值观的培育有着重要影响。首先，发挥后勤工作环境育人的作用。第二课堂室内室外的景观建设是大学生价值观教育的重要阵地。在对大学生的调查中，当问及"更喜欢接受哪些有关社会主义核心价值观的教育或活动"时，有44.43%的学生选择"校园主题景观"，在11个选项中排第四。由此可见，校园景观设计或第二课堂室内外环境设计不可忽视。大学生生活与受教育的氛围就像人类身边的空气一样，虽然平时没有主动关注，但它时刻都在对人的思想和健康造成影响。所以，重视第二课堂环境布局并形成一定的标准或导向是后勤保障的一个重要方面。其次，发挥后勤工作服务育人的优势。后勤工作更多的是服务工作，高质量的服务体现的是后勤人员爱岗敬业、热情友善的优秀品质，传递的是社会主义核心价值观的价值目标。大学生在这种氛围下会潜移默化地受到影响和感化。最后，发挥后勤工作管理育人的作用。后勤部门掌握着资源的调配权和使用权，稍有私心或不慎，便会踩线或越位，给组织和个人造成负面的影响或不可挽回的损失。因此，后勤部门要体现管理育人的作用，在工作中要遵章守纪、公平公正，既维护组织利益，又保障学生权益，在日常管理中对大学生传递社会主义核心价值观的核心要义，体现教育的力量。

此外，后勤保障工作也是校园文化的一部分，对社会主义核心价值观的培育具有重要影响。一般来说，后勤保障主要包括经费、场地、物资和服务等方面，经费问题永远是后勤保障的核心。在对学生的调查中，有40.71%的学生认

为，第二课堂投入的经费不足。在对教师的访谈中，教师们也认为第二课堂的经费相对短缺，不能全面覆盖所有第二课堂项目，只能有重点地开展部分项目的建设；有些活动由于经费的影响而处于较低的层次和水平。当然，经费问题似乎是大多数工作的瓶颈，有了足够的经费，一切问题似乎迎刃而解，其实不然。有力的后勤保障除了增加一定的经费支持外，最重要的是如何合理规划经费的使用，分清工作的轻重缓急，合理调配。所以，在经费方面的有力保障就是要合理使用经费，善于调配经费，并且要把这种思路形成制度，每年都有重点项目、培育项目和立项项目，形成经费支持的梯队。场地和物资的使用问题同样是第二课堂开展工作的重要保障。只有做好物资的储备和调配，才能未雨绸缪，节约资源。场地对第二课堂开展各类活动至关重要，保证足够的空间有利于多种课堂项目的开展，这也是确保第二课堂实践特色的底线。当然，每个学校的情况是不一样的。只有内部挖潜，外部开拓，才能满足学生对场地空间的使用。后勤部门要积极联络学校相关部门和二级学院，掌握更多的活动场地、会议室、舞蹈房和可供使用的教室和多功能厅，为第二课堂开展活动提供保障。同时，可与学校附近的街道、社区、企事业单位及兄弟院校建立共建关系，进一步扩展物理空间，可通过内外运作，为第二课堂各类教育的开展铺平道路。

第二节　实践融入机制

实践融入机制是以实践为核心的价值观培育和践行机制，强调实践在社会主义核心价值观培育中的主导地位和培育方式。第二课堂的特点也决定了在价值观培育中，实践是主要途径，必须把实践融入第二课堂价值观培育和践行的方方面面，这样才能把社会主义核心价值观真正融入第二课堂，才能真正使大学生通过第二课堂培育和践行社会主义核心价值观。

一、建立以实践为主体的高校第二课堂课程体系

第二课堂相对于第一课堂最大的优势就是以实践为主体的课堂特色，第二课堂可以弥补第一课堂理论为主、实践不足的缺憾。但是如何有效对接第一课

堂的理论体系，形成第二课堂自身相对独立的实践课程体系，这是高校在设计第二课堂课程时要深入思考的问题。长期以来，高校第二课堂自成体系，各项课程有自己的运行规则，课堂之间协同度低，与第一课堂在价值观培育方面、理论与实践对接方面没有形成有效的衔接。为了使社会主义核心价值观有效融入第二课堂，必须建立以实践为载体的课程体系，让大学生在实践中亲身体会祖国的发展与成就，增强自信，提高爱国热情，培养诚信敬业的品格，从而坚定社会主义核心价值观。

（一）打通两个课堂间理论与实践对接的通道

高校要全面梳理第一课堂理论课程所需补充的实践环节，分学科、分专业进行科学论证。第二课堂要针对第一课堂实践类课程的需求进行合理设计，创造性地推出有针对性的实践类课程。当然，高校第二课堂已经具备了一定的课程基础，形成了一些传统的、有特色的实践类课程，如暑期社会实践、日常志愿服务以及各类社团等。如果能打通两个课堂间理论与实践的通道，势必会进一步丰富第二课堂的内容。社会实践可进一步围绕第一课堂的理论知识开展实地调研，可以成立新的社团或在原社团的基础上进一步围绕第一课堂的相关研究方向进行深入研究，可以"四史"为内容开展各类艺术创作，开展课程思政的实践，把社会主义核心价值观融入第二课堂的各个环节，推动大学生正确价值观的形成。

（二）提升高校第二课堂各实践平台的培养质量

第二课堂的实践平台经历了一个继承与发展的过程，第二课堂传统的方式以能力锻炼为主，针对大学生综合素质培养中的语言表达、动手操作、文艺体育等方面来展开，具体活动有辩论赛或辩论社团、制作类兴趣小组、体育文艺类社团或比赛等。随着时代的发展，第二课堂的内容也在发生着较大变化，有些活动随着时代的发展慢慢被弱化，随后又衍化出许多新的内容。当前，新时代对高校人才培养提出了更高要求，在立德树人目标的指引下，高校进一步强调课程思政的重要性，把社会主义核心价值观和相关思政内容融入课程中去。当然，第二课堂也不例外。第二课堂要在传统课程模式的基础上整体设计，融入思想性强、大学生乐于参与的实践类课程，让此类课程进一步提升文化品位，引领时代航向。要提升社会实践和志愿服务类活动的思想性，不能简单地把此类活动当作课程加分和能力提升的平台，而是要进一步领会实践的意义，紧密结合社会主义核心价值观的内容，加强价值观教育。要在实践中加强思想引领，进一步提高实践的主动性、能动性和创造性，以实践作为载体加强价值观教育也能避免理论说教的抽象与空洞，两者结合能有效提升第二课堂各实践平台的培养质量。

（三）做好重点项目的设计与实施

高校第二课堂的重点项目对整个第二课堂具有价值引领和典型示范的作用。把社会主义核心价值观融入重点项目中，将对第二课堂的价值观教育起到事半功倍的作用。第二课堂内容丰富、形式多样、时代性强，其更新的速度远远超过第一课堂。所以，要有相对固化的重点项目作为教育基础，无论时代如何变化，但核心教育理念相对固定，主导价值观保持稳定，其教育形式可以随着时代的发展而不断提档升级。此外，第二课堂普遍存在人力和物力资源不够充裕的问题，这也决定了在进行第二课堂课程设计时，不能平均用力，必须结合学校的特色和学生的特点做好重点项目的设计与实施，部分项目可以重点项目为核心进行设计，为重点项目提供铺垫和支撑，最终实现重点项目所预期的效果。

二、建立以价值观为核心的高校第二课堂实践导向

社会主义核心价值观要融入第二课堂，必须使第二课堂的实践坚持正确的价值观方向，即要以社会主义核心价值观为导向。在某一时间节点上，第二课堂的内容也有存量与增量之分，存量即现有的第二课堂内容，增量即新增的第二课堂内容。对于存量部分，我们要加强社会主义核心价值观的渗透和培育，让散乱无序的活动内容转变为以社会主义核心价值观为导向的活动；对于增量部分，我们要以社会主义核心价值观为标准，加强审核，建立准入标准，从两个方面着眼，共同建立以价值观为核心的实践导向。

（一）用社会主义核心价值观引领现有第二课堂的实践

现有第二课堂的各种课程、社团或相关项目是经过长时间的积淀而形成的。有的是大学生趣味相投而成，如各类社团；有的是高校多年的传承而成，如暑期社会实践；还有的是大学第一课堂的延伸而成，如科技活动类。诸如此类的第二课堂在成立之初以及在长期的运行过程中，往往存在忽视或弱化价值观教

育和引导的现象，更多的是把第二课堂本身的任务和目标作为终极目标，没有从更深层次去提炼教育的真谛。随着社会主义核心价值观的提炼、培育和践行，提升第二课堂社会主义核心价值观的融入与践行效果成为高校开展意识形态教育的重要任务。对于现有第二课堂的活动，要从质和量两个方面来加以审核与调整。从质的角度，就是要进一步提升第二课堂的质量。第二课堂活动的开展以学生的自愿参与为前提，兴趣往往是学生参与的动力源泉。如果高校对第二课堂缺乏有力指导的话，容易使第二课堂的课程质量出现严重下滑，轻则导致第二课堂对大学生失去吸引力，重则出现方向性的错误引导。所以，对现有的第二课堂内容，高校要制定以社会主义核心价值观为导向的管理机制，内含退出机制，既要提升第二课堂的吸引力，又要体现第二课堂的正确方向。从量的角度，就是要建立以质为前提的数量标准。保证一定的数量是确保第二课堂对大学生进行思想引领的前提之一。没有一定数量的第二课堂活动和课程项目就无法对大学生进行有效覆盖，其影响力就会大大下降。质与量是辩证统一的，第二课堂质的提升会提高第二课堂的吸引力，有利于进一步增加第二课堂的活动项目。但随着项目数量的增加，又会降低第二课堂项目对物质资源和人力资源的占有率，导致质的下降。所以，质与量是一对矛盾又统一的关系。我们在把握两者关系的基础上，要以质为前提，加强审核，分类对待，留下优秀的，整改合格的，对有方向性问题的社团、项目和活动要坚决予以退出，并且要对相关的大学生进行思想教育，以社会主义核心价值观来教育引导大学生树立正确的个人价值观。

（二）建立以社会主义核心价值观为重点的高校第二课堂课程准入机制

第二课堂课程种类繁多，不同时期会产生不同的形式与内容。由第一课堂延伸而来的第二课堂课程一般得到相应的审核，其形式与内容一般是健康向上且符合主导价值观的价值取向。除此之外，对第二课堂课程审核的重点是学生社团、阶段性开展的活动和社会实践项目等。校园中的学生社团大部分是学生自发组建的，主要是大学生们为了共同的兴趣而聚集在一起，建立社团之后，可以更为广泛地聚集志同道合的同学，并把共同的兴趣固化为一定的成果并传承下去。"一个高校的学生社团少则几十，多则上百，大部分学生都是社团组织的会员。"①

社团数量众多，加之高校共青团普遍存在人员紧缺、专业不够全面的特点，高校对社团的管理难以做到精细到位。同时，党团组织对学生社团的覆盖不够全面、社团管理相对松散等现状也容易让一些错误社会思潮占据学生的思想高地，导致价值观的偏差及意识形态事件的发生。此外，随着互联网时代的进一步发展，网络语言和新词层出不穷，部分社团为了吸引大众的关注，会在社团名称、活动口号等方面迎合流行元素，往往会导致社团陷于品位低下的境地。因此，高校要对申请成立的社团及相关活动项目建立相应的准入机制，加强对第二课堂课程的审核，特别要把社会主义核心价值观作为评价标准，通过考察新项目的理念、目标和具体举措来判定项目是否与社会主义核心价值观同向同行、互融互通，在加强审核的同时，能有力地引导第二课堂各类课程项目的方向，促进社会主义核心价值观不断融入第二课堂。

三、建立以品牌为目标的高校第二课堂实践项目

品牌意识较早出现在商界并长期活跃于商界，企业通过创立品牌，可以提升企业或商品的信用度，从而赢得顾客和市场。近年来，人们的品牌意识越来越强，不同领域和界别都开始注重品牌的创建。如果高校第二课堂建立了社会主义核心价值观培育的实践品牌，则可以增强大学生对高校第二课堂社会主义核心价值观品牌实践项目的辨识度，从而提升大学生对第二课堂的信赖度，增强第二课堂对大学生的吸引力和感染力，逐步改善大学生对第二课堂活动项目的负面评价。在调查中，当问及"第二课堂在培育大学生社会主义核心价值观存在哪些问题"时，有69.47%的大学生选择了"活动存在形式主义"，排在所有选项的第一位。形式主义绝对不是品牌活动的标签，由此可见，加强第二课堂项目品牌化建设是何等重要。当然，品牌的形成不是一蹴而就的，各种品牌都是大浪淘沙，最后才得以光芒四射。但是，我们不能坐等品牌的出现，而是要研究品牌形成的规律，把随机变成可控，尽一切可能形成更多的第二课堂价

---

① 张雨婷. 社会主义核心价值观引领高校校园文化建设常态化机制研究［J］. 学校党建与思想教育，2020（2）.

值观教育实践的品牌。

（一）要以学生的需求为旨归

无论是什么品牌，都要走进顾客的心里。高校第二课堂的实践品牌同样要把握住学生的内心需求。在内容的选择上，实践项目要紧密结合社会主义核心价值观的价值范畴，但切忌机械说教。同时，要结合大学生的真实想法和学习生活所需。只有两方面形成交点，才有可能形成真正的实践品牌项目。在活动形式上，要确保较大比例的学生能主动参与，并能长年确保一定的受众面。一个项目不以覆盖全体学生为目标，毕竟每个学生的发展需求、个性特点、知识和能力储备、兴趣和特长均有较大差异。但我们可以按照不同特点的学生创建多个品牌项目来覆盖大部分学生，既做到了教育实践的全面性，又坚持了学生自愿的原则。

（二）要注重品牌的教育意蕴

中华优秀传统文化与社会主义核心价值观是一脉相承的，中华优秀传统文化丰富了社会主义核心价值观教育的形式与内容，对第二课堂教育品牌的创建具有较大的支撑作用。但是，一谈到教育，就容易让人产生说教的误解。所以，第二课堂在设计项目时要充分考虑到这一点，既要注意内容和价值指向，又要照顾到教育的形式。思想品德教育从小学开展到大学是不间断的，有些主题也是永恒的主题，如爱国、诚信、团结、友善等；有些形式也被重复采纳，如敬老爱老活动、环保活动、社区实践活动等。大学阶段，除了常规的活动之外，还需要关注"政治启蒙、信仰萌芽、理想信念和朴素情感等维度的品牌活动建设"①。

（三）要关注品牌的持久活力

品牌活动除了以上两个因素之外，还要做到两点：一是要与时俱进。社会主义核心价值观之所以有强大的生命力，核心是它代表了中华民族几千年的优秀传统文化，同时融入了马克思主义先进的指导思想和人类文明优秀成果的精髓。它的形成就是一个与时俱进和博采众长的结果。虽然社会主义核心价值观的表述是不变的，但它的内涵将会随着时代的发展而不断丰满。作为第二课堂

---

① 谢金土. 学校德育品牌建设的应然路径 [J]. 教学与管理，2020（6）.

的实践项目，要充分考虑时代的变化和大学生群体的变化。同一个品牌项目要采取不同的表现形式或赋予不同的内容，不变的是活动的价值指向。二是要结合社会的需求。要进一步拓展品牌项目的外延，虽然目标群体是大学生，但活动范围和依托的载体不能局限于校园。大学是开放的，它具有服务社会的功能，这意味着大学与社会有着"请进来，走出去"的双向互动形式。实践项目只有与社会需求相结合，才会更真实、更丰富、更具有持久的生命力。

第三节　激励约束机制

激励约束机制是组织为了实现既定目标而制定的激励和约束的双向制度。该机制通过各种方式来激发人的内生动力，提高人的积极性、主动性和创造性；同时，通过规范人的行为，避免个体在实现既定目标中可能出现的问题和错误，使事物的发展朝着组织所期望的目标前进。社会主义核心价值观具有较强的引领功能，但个人在树立社会主义核心价值观之前，需要激励和约束两种方式来双向推动社会主义核心价值观入脑入心。在第二课堂教育中，面对个人价值观尚未形成的青年大学生，我们可以通过榜样的示范和激励措施让他们积极投入第二课堂的相关活动中去，在潜移默化中培育大学生正确的价值观。同时，对大学生适当的约束是必要的，这也是由大学生的自身特点所决定的。

一、以榜样引领高校第二课堂的价值方向

榜样在任何领域都能发挥积极向上的引领作用，是社会正能量和社会主义新风尚的指向标。榜样的力量是巨大的，每年"感动中国年度人物"的评选和展示都能给我们留下深刻的印象和久久的感动，从每一位获奖人物身上，我们都能感受到他们舍己为人、无私奉献的精神，社会主义核心价值观中"爱国、敬业、诚信、友善"的个人价值目标在他们身上得到了充分的诠释。他们的一段故事甚至一句话有可能影响大学生的一个抉择、一种学习生活方式乃至价值取向，从而产生巨大的精神动力，最终朝着国家和社会所期望的方向去努力，这就是社会主义核心价值观所指引的方向。大学生中不乏各种典型人物和事件，

关键在于挖掘和正面示范。高校要紧紧抓住这种资源和契机，形成常规性的宣传教育活动，把它打造成第二课堂的精品，如优秀学子宣讲团、道德模范精神研究会及不定期的优秀事迹宣讲会等，不断增强社会主义核心价值观的吸引力、说服力和感染力。除了挖掘身边的典型，第二课堂还可以积极引入社会先进典型和模范先锋人物的宣传，如抗疫英雄、共和国勋章获得者、全国教书育人楷模等在全国重大表彰中的典型人物。由于社会典型所生活的环境和经历的事件与高校大学生的生活反差较大，他们的事迹更会在精神层面对当代大学生形成巨大冲击，更能引发大学生对世界观、人生观和价值观的思考。当然，各类先进典型都是社会主义核心价值观的践行者和守护者，他们在展示自己事迹的同时，也是对大学生社会主义核心价值观的培育和引导。高校第二课堂应充分认识到榜样的作用，在第二课堂活动设计中，要把榜样的示范引领作为社会主义核心价值观培育的重要组成部分。

二、以激励提升高校第二课堂的参与热情

社会主义核心价值观是中华优秀传统文化的集中体现，具有汇聚人心、指引方向的作用。高校大学生正处于价值观形成的阶段，思想活跃，但极易受到各种思潮的影响，特别是一些错误思潮"裹着民主、自由的外衣，不断弱化中华优秀传统文化的影响，歪曲大学生对革命精神的认知，动摇大学生对社会主义核心价值观的认同"①。大学生是一群有着强烈求知欲望和积极上进心的优秀群体，他们经过高考的选拔进入大学，普遍希望自己能通过大学的学习锻炼来成就一番事业，达到自己预期的目标。他们乐于参加各种活动，期待在学习和活动中得到肯定，获得表扬或表彰。因此，在大学生社会主义核心价值观没有完全形成之前，高校第二课堂要针对大学生的心理特点，主动设计相关活动，把社会主义核心价值观融入其中，建立激励机制，激发大学生参与第二课堂活动的兴趣和热情。其实，在高校第二课堂中，有些项目已经建立了相关的激励措施，如暑期社会实践、志愿服务活动及科技月活动等都已设立了团队或个人

---

① 郑萌萌，等.西方社会思潮对大学生文化自信的影响及对策探究［J］.学校党建与思想教育，2020（2）.

的奖项，大大提高了大学生参与活动的积极性。但是，我们也能看到，大部分活动奖项是以量化结果作为评奖依据，缺乏一些精神文明或道德风尚类的奖项。这些奖项是对大学生培育社会主义核心价值观不可或缺的环节，要让大学生从更高层面去理解活动的真正意义，从而达到培育正确价值观的目的。

三、以纪律保障高校第二课堂的培育质量

高校第二课堂的学习活动环境相对宽松，学生凭兴趣组建社团，参与活动，退出方式也相对简单。但这并不意味着第二课堂没有任何纪律，没有任何约束机制。要使社会主义核心价值观融入第二课堂，健全的制度和约束机制是必须建立的，这也是社会主义核心价值观的题中之义。约束机制可以从以下几个方面来入手：一是对第二课堂形式的约束。培育社会主义核心价值观的课堂形式本身就是一种教育。是否有严格的规章制度、是否有规律性的活动内容、是否具备完整的教学或活动方案等都是对第二课堂的评价标准，也是教育手段。因此，高校应该对新成立的第二课堂活动项目进行规范性的审核，对运行满一定时间（如一年）的活动项目进行审核评估。对于定期不能开展活动的社团、活动形式欠妥的部分项目进行限时整改，必要时及时退出，确保第二课堂的规范有序。二是对第二课堂内容的约束。第二课堂内容的约束机制事关第二课堂的健康发展，是整个第二课堂的生命线，也关系到社会主义核心价值观是否能真正融入其中，从而影响每一个大学生社会主义核心价值观的培育和践行。对第二课堂内容的约束一定要责任到人，要建立自上而下的责任体系。高校分管校领导、共青团负责人、第二课堂项目的指导教师及负责人都位列其中。第二课堂内容要遵守相关的法律法规，坚持社会主义的正确方向，以社会主义核心价值观作为思想导向，本着知识学习、能力提升和综合素质培养的原则来开展活动，确保第二课堂的健康发展。三是对大学生个人行为的约束。对于大学生来说，个人的行为和表现更多是在第一课堂被记载和评价，第二课堂的表现往往不能在个人的履历上全面反映出来，这也导致大学生在第二课堂一些不良行为的出现，如纪律观念低下、集体观念缺失等。高校第二课堂应建立大学生个人档案，并与第一课堂开展双向互动。个人档案的建立有利于约束大学生的不良行为，将有利于引导大学生的优秀表现，对大学生来说也是一种激励。与此同

时，高校第二课堂要定期向大学生所在的二级学院反馈情况。大学生的最终评价是在所在学院，因此，必须把大学生在第二课堂的表现向所在学院反馈，这有利于约束第二课堂大学生的言行举止，避免不良行为的出现。学院也可以不定期了解学生在第二课堂的表现，这也有利于学院对大学生的全面考察。特别是在一些重要节点上，学院通过第二课堂全面了解大学生的思想行为是非常有必要的。如每年的推优入党，如果能建立第二课堂向所在学院的反馈机制，学院党组织将更为全面地了解入党积极分子在第一课堂以外的表现，将有利于组织的全面考察，将有利于保障第二课堂的培育质量。

第四节　科学研究机制

科学研究机制是大学生对社会主义核心价值观进行科学认知、有效践行和总结提高的重要保障。社会主义核心价值观是一个庞大的科学体系，内涵丰富、外延广阔，总结凝练了国家、社会和个人三个层面所追求的价值目标。社会主义核心价值观以马克思主义唯物史观为哲学基础，集中体现了唯物史观的当代价值，是新时期中国共产党理论创新的成果。但是，如何深刻理解社会主义核心价值观的内涵、如何提升社会主义核心价值观的宣传教育效果、如何利用高校不同载体培育大学生的社会主义核心价值观等都需要高校加强科学研究，高校要建立"研究—实践—反馈"的日常研究机制和根据反馈情况制定的"再研究—再实践—再反馈"的科学研究长效机制，为社会主义核心价值观的培育和践行提供源源不断的智力资源，让社会主义核心价值观的培育和践行不断适应新情况，产生新的培育成果。首先，培育大学生社会主义核心价值观的首要任务是加强大学生对社会主义核心价值观的理性认知与思想共鸣。其次，要把重心落实到对社会主义核心价值观的践行上面，在现有载体的基础上，不断创设新的载体，让社会主义核心价值观与不同载体紧密结合，从而产生最佳的教育效果。最后，要关注社会主义核心价值观的培育效果，对好的经验要不断推广，对不理想的方面要加强反思和研究，不断提升整体的教育效果，共同推进社会主义核心价值观入脑入心。因此，对于社会主义核心价值观融入第二课堂这个特殊命题，科学研究要结合以下几个研究领域来展开：

一、深化社会主义核心价值观理论的研究

中华人民共和国成立以来，毛泽东、邓小平等领导人不断深化对社会主义核心价值观的认识。党的十八大以来，以习近平同志为核心的党中央紧紧围绕新时代要坚持和发展什么样的社会主义、如何发展中国特色社会主义这个伟大命题，以中华民族伟大复兴中国梦的实现为目标，提出了社会主义核心价值观的重要论述，指出了一系列重大理论和实践问题。高校要依托马克思主义学院，建立相对固定的队伍或成立长期的研究课题组，对社会主义核心价值观进行深入研究。科学阐释马克思主义的经典价值理论以及马克思主义的价值观点；全面梳理中华优秀传统文化的精髓，对中华民族从古到今一以贯之的核心价值观念进行总结，研究出合理的传播方式；深刻领会习近平新时代中国特色社会主义思想，这是对我国传统文化的创造性继承，不断丰富着社会主义核心价值观的价值哲学、文化基因和时代内涵。习近平曾经指出："一个民族、一个国家的核心价值观必须同这个民族、这个国家的历史文化相契合，同这个民族、这个国家的人民正在进行的奋斗相结合，同这个民族、这个国家需要解决的时代问题相适应。"[1] 由此可见，社会主义核心价值观是中华优秀传统文化从古到今持续沉淀后的结晶，具有相对稳定性。但是，随着时代的变化，国家、社会和人民面临的问题发生着深刻变化，人民的奋斗目标也发生着变化。所以，我们要持续深化对社会主义核心价值观的研究，从我国几千年的优秀传统文化中找寻养分和解决问题的方法，让社会主义核心价值观指导我们不断前行。

二、深化社会主义核心价值观融入高校第二课堂的实践研究

对社会主义核心价值观融入高校第二课堂实践的研究是科学研究机制中的重要一环，也是科学研究的落脚点。理论研究和实践研究都有其重要性，但最终的目标是让理论真正运用于实践，在实践中起到应有的作用。对社会主义核心价值观融入高校第二课堂的实践研究主要从以下几个方面入手：一是对实践

---

① 习近平谈治国理政：第 1 卷［M］．北京：外文出版社，2014：143.

载体的研究。载体是开展实践的土壤，没有载体，实践将无从谈起。社会主义核心价值观融入高校第二课堂的载体很多，研究可以从宏观规划和微观设计两个方面进行。如何规划第二课堂的各类载体将是宏观研究的侧重点，第二课堂的课程项目不是多多益善，而是要做到各有侧重。要针对社会主义核心价值观的各价值目标进行课程项目的合理归类，形成同类项目群。对过于集中的项目群要注意提档升级，对出现空白或项目过少的项目群要通过科学评判和研究，主动扶持大学生来进行创建，最终形成相对合理的课程项目分布，有效开展社会主义核心价值观的培育和实践。同时，要注重典型项目的科学研究，把部分课程项目打造成精品，既可以扩大第二课堂的对外影响力，也可以为其他项目的开展提供借鉴。二是对社会主义核心价值观融入高校第二课堂运行机制的研究。运行机制是高校第二课堂高效运行的润滑剂，要对同一机制进行长期跟踪研究，找出成功的方面和存在的不足。要研究成功背后的原理，更要研究存在不足的原因，最终找到最佳方案。通过科学研究，要把成功的方案固化，让良好的运行机制惠及高校第二课堂，从而推动第二课堂高效运转。三是要持续开展社会主义核心价值观融入高校第二课堂效果的研究。效果的考察是一个综合的体系，这也是科学研究的重点之一。可通过设计各类问卷，对大学生群体开展问卷调查，对教师开展个别访谈，对项目参与人数进行理性统计，并对现场情况进行宏观描述，综合各种数据对课堂效果进行考察研究，以期为社会主义核心价值观融入高校第二课堂提供智力支持。

三、深化社会主义核心价值观融入高校第二课堂路径的研究

第二课堂是区别于第一课堂的一个相对独立的阵地，这个课堂有许多特点与第一课堂截然不同，这在前文已经分析过。其中，最重要的一点就是兴趣主导和自愿参与。第二课堂不是每个大学生必须参与的活动，对大学生的约束性较弱，准入和退出较为灵活。因此，在这个阵地，大学生的行为举止更能表现出他们真实的一面。能够参与其中的大学生必然是对第二课堂的相关活动感兴趣的群体，所以，第二课堂更能展现大学生感性的一面。在这种环境中，如果能把社会主义核心价值观融入第二课堂，大学生必然会在潜移默化中受到社会主义核心价值观的熏陶和感染，从而慢慢地形成个人正确的价值观，使个人的

价值观服从社会主义核心价值观。这种路径和方法是高校教育管理部门所期待的结果，也是最符合价值观教育规律的路径。同时，这也是规避第一课堂价值观教育不足的最优路径。反之，如果不能把社会主义核心价值观有效融入第二课堂，价值观教育和第二课堂活动就会出现"两张皮"现象，教育就会起反作用，既会失去第二课堂对大学生的吸引力，又会使社会主义核心价值观的培育和践行流于形式，不能起到任何正向的作用。所以，要使社会主义核心价值观真正融入第二课堂，既不能简单地拼凑，更不能是管理部门的一纸命令。引入科学的研究机制是社会主义核心价值观真正有机融入第二课堂的重要保障。科学研究要优化第二课堂的内容，让更多有利于价值观传播的载体进入第二课堂；要调整第二课堂相关活动的形式，让第二课堂对大学生有先入为主的吸引力；要研究不同时期大学生的特点，各种方法和措施、形式与内容都要与时俱进。只有持续研究社会主义核心价值观融入高校第二课堂的路径，才能适应不同时代社会主义核心价值观培育和践行的要求。

第五节　文化陶冶机制

文化陶冶机制是指高校形成的对学校校园文化建设方向的共同理念和制度集合。高校通过建设积极向上的校园文化，营造社会主义核心价值观培育和践行的氛围，从而达到对大学生精神世界的改造和价值观的塑造。文化陶冶是隐性教育的良好途径，社会主义核心价值观要融入高校第二课堂并对大学生产生影响，需要营造以社会主义核心价值观为主导的高校校园文化大环境，同时要打造有利于大学生成长发展的第二课堂小环境，通过内外环境的共同作用来引导大学生形成正确的价值取向，培育大学生的社会主义核心价值观。校园文化是学校形成和发展的物质文化和精神文化的总和。它包括"校园绿化美化、建筑设计、校园景观等物化形态的内容，也包括学校的历史传承、校风学风、规章制度、人际关系及价值观念等精神层面的内容"[①]。建立文化陶冶机制主要从

---

① 阳海音，等. 大学生核心价值观培育的五大机制建设［J］. 人民论坛，2019（3）.

以下几个方面入手：

一、加强以校园景观为代表的校园物质文化建设

在调查中，当问及"喜欢参加或乐于接受的社会主义核心价值观教育或活动"时，选择"校园主题景观"的数量在十一项候选项中排第四，位列志愿服务、社会实践和文体活动之后，远超第一课堂或其他多项传统教育形式。从中我们可以看出大学生的思想倾向，作为高校教育工作者，我们可以紧紧抓住这样的契机，顺势而为，加强以校园景观为代表的物质文化建设，融入积极向上的校园文化以及社会主义核心价值观，既提升了校园的文化品位，又加强了大学生社会主义核心价值观的培育。

校园景观是校园文化的载体，是校园物质文化的核心。它承载着学校的办学理念和校友的精神寄托，在无声中主导着学校的校园文化，对大学生的人生观、价值观有着重要影响。每个大学都有自己独特的文化，其"校园景观是学校文化的载体，集合美学个性与文化内涵于一体"[①]，如北京大学的未名湖、校友门和图书馆，清华大学的水木清华、清华学堂和自清亭等。来到这些校园景观前，大学生们或被浓厚的学术氛围所感染，或被学校的百年文化所折服，或被学校静谧而优美的自然环境所陶醉，自己的思想和灵魂都将追随大学之精神而去，这就是一个以物传情、以情化人的过程。由此可见校园景观设计和建设的重要性。

要加强校园物质文化建设，一定要以校园景观为载体。一是要在校园景观中融入社会主义核心价值观的价值范畴。学校的建筑楼宇、道路以及绿化布置等都属于校园物质文化的范畴，高校在设计建造前，除了实现相应的功能之外，要以校园景观为落脚点，传达社会主义核心价值观的价值目标。二是要体现学校的治学精神。可以雕塑、画像等形式在校园内展示学术科研领域的大师形象，这将为大学生树立更为具象的标杆，体现大学的精神，形成学校独具一格的校园文化。三是高校第二课堂要赓续高校校园文化的精髓，在课堂场景布置、办公场所设计美化等环节传播社会主义核心价值观，体现学校的办学思想和大学精神。

---

① 唐湘晖. 校园文化在高校校园景观设计中的表达［J］. 建筑经济，2020（11）.

二、加强以校史校风为核心的校园精神文化建设

校史校风是校园文化的灵魂，是校园精神文化的核心。校风体现在教师的教风、干部的作风和学生的学风上，是学校全体人员精神面貌的一种展示。建设优良的校风是高校精神文化建设的一项重要任务，是历史的传承和教育管理共同作用的结果。高校以立德树人为目标，努力培养有理想、有道德、有文化、有纪律的社会合格建设者和可靠接班人，这就要求必须以社会主义核心价值观为指导，优化校风学风，提升校园文化品位，为大学生的培养营造良好的氛围。

加强校园精神文化建设，就是要以校史校风为载体，从历史和未来两个视角推进校园精神文化建设。一是从校史中提炼校园精神文化的精髓。经过多年的办学，每个学校都形成了符合学校专业特点和学科精神的办学理念与治学文化，这种文化与社会主义核心价值观三个层面的价值目标是一致的。高校要重视校史的梳理，深入挖掘校史、校训的文化蕴含，加强校史教育，宣传学校的办学理念和文化，这有利于大学生树立学习目标，激发学习热情，形成社会主义核心价值观。同时，整理校史上杰出校友的事迹，定期访谈优秀校友，向在校大学生传递正能量，为他们树立奋斗的榜样，指引前进的方向。二是优化校风来推进校园精神文化建设。优化校风主要从三个方面入手：首先，提升高校的管理水平。"着重建立健全和完善教学管理制度、科研管理制度、行政管理制度、学生思想政治工作制度等。"① 在制度化的前提下，提升管理干部的作风和水平，形成部门协同，提高管理绩效。其次，提升教师的教风。高校要营造有利于教师开展科学研究和教书育人的氛围，体现科学化和人性化的特点，这也是管理促校风的一部分。作为教师，要严于律己，主动作为，在自身的科研和教学方面多出成果。同时，要积极思考课程思政等创新做法，紧跟教学改革的步伐，体现教书育人的特点，提升教师的教风。最后，提升学生的学风。学风的提升主要从学生的学习态度、学习习惯和学习成效三个方面来体现。大学生的学习主要以自主学习为主，学习态度决定学习动力，学习习惯决定学习效率，两者共同促进学习成效。学校可以在图书馆、自习教室等方面多为学生提供学

---

① 程立军，赵海燕. 创新高校校风建设路径探析［J］. 学校党建与思想教育，2013（2）.

习的空间。教师通过课程思政，辅导员通过思想教育、朋辈教育或主题教育等活动，共同促进学生学习态度和学习动力的提升。大学生整体学风的养成将为学校营造出积极向上的校风，也为社会主义核心价值观融入第二课堂创造了有利的大环境。

三、加强以社会主义核心价值观为导向的媒体建设

当今时代，随着信息技术的高速发展，传统媒体和新媒体对人们思想的影响已经占据举足轻重的地位。因此，社会主义核心价值观等主导价值观的传播不能忽视媒体建设这个环节，要时刻以社会主义核心价值观来引领媒体宣传的方向。高校的媒体主要包括校园传统媒体和新媒体。

校园传统媒体包括校报、校刊、电视台和广播站等，校园传统媒体也是主流媒体。校园传统媒体运作的专业化程度比较高，高校均会组织成立专业的编辑部和专门的管理人员，在党组织的领导下开展工作。随着通信技术的迭代发展，"传统主流媒体面临主战场向移动互联网的阵地之变，信息发布从'唯一'向'之一'的渠道之变，传播对象从'纸媒'到'屏媒'的用户之变，媒体形态从'单一'到'融合'的跨界之变"①，由此催生了新媒体的发展。新媒体基于互联网的各种网络传播媒介，特别是智能手机的普及进一步推动了新媒体对大学生的全覆盖。

加强以社会主义核心价值观为导向的媒体建设，就是要把社会主义核心价值观融入校园传统媒体和新媒体的建设中，要从以下几点入手：一是校园传统媒体要从信息采集、内容组织、过程审定等严格把关，制定严格的发稿制度，在注重作品原创性、专业性和学术性的同时，特别要注重思想性和价值导向，不失时机地融入社会主义核心价值观的价值目标。二是校园传统媒体需借鉴互联网思维，提升主动议题设置能力。在重大时间节点、重要社会热点、重点敏感事件面前，既要做到不缺位，又要做到不炒作。要发挥校园主流媒体的作用，主动发声，体现权威，努力扭转错误言论，积极引导正确方向，传播社会主义核心价值观。三是积极发挥新媒体的优势，进一步提升叙事能力 。相对于传统

---

① 訾谦. 全媒体时代打造新型主流媒体的路径探析［J］. 新闻爱好者，2021（9）.

媒体来说，"新媒体具有多样性、及时性、超时空性、展示方式的灵活性等特点"①。以微博、微信为代表的自媒体在各领域已经得到了普遍运用，深刻影响着大学生的学习、生活和思维方式。要提高叙事能力，利用各类公众号，发掘身边的感人故事、平凡人物中的伟大瞬间，以小见大，传播不平凡的力量。将价值观蕴含在感人的"故事"中，如抗洪抢险中的人民英雄等。

媒体传播如空气般萦绕在我们的身边，它是校园文化建设不可或缺的重要载体，加强媒体建设将为社会主义核心价值观营造积极的环境。高校要结合传统媒体和新媒体的特点，合理利用不同媒体的优势，营造中华优秀传统文化和现代文明相结合的文化氛围，在潜移默化中培育大学生的社会主义核心价值观。

第六节　评价反馈机制

社会主义核心价值观融入高校第二课堂的效果需要进行科学评价，重点是对社会主义核心价值观教育的过程和结果进行评价。科学的评价反馈机制不仅能检验大学生社会主义核心价值观融入第二课堂的教育效果，而且能对社会主义核心价值观的培育起到指导和及时纠错的作用。评价反馈机制的重点是制定科学的评价原则、评价标准、评价方法和合理的反馈机制。

一、确立社会主义核心价值观融入高校第二课堂的评价原则

评价原则体现了社会主义核心价值观所倡导的方向和价值目标，是社会主义核心价值观融入第二课堂的目标体系和工作方向。

（一）确立马克思主义的方向性评价原则

方向性原则是社会主义核心价值观教育的首要原则，也是评价社会主义核心价观融入第二课堂的基本要求。如果评价原则出现方向性的错误或偏差，评价的结果就会背离社会主义核心价值观的初衷，甚至会背离社会主义的正确方

---

① 周耀宏．新媒体场域中党的创新理论传播的路径优化［J］．中共福建省委党校（福建行政学院）学报，2020（6）．

向。在错误导向的指引下，会导致后续价值观教育的恶性循环，价值观教育的的效果就会出现南辕北辙的不良后果。因此，社会主义核心价值观融入高校第二课堂要坚持马克思主义的方向。马克思主义是我们党的指导思想，其中国化的成果指导着我们党带领全国人民从一个胜利走向另一个胜利。由此可见，马克思主义思想是符合中国发展实际的、科学的指导思想，它是社会主义核心价值观的灵魂，指导着价值观教育的方向，也是评价社会主义核心价值观融入第二课堂成效的核心指标。马克思主义方向性评价原则包含着社会主义的价值导向。社会主义核心价值观的培育和践行要坚持社会主义的价值导向，高校思想政治教育的核心之一就是激励大学生对社会主义的追求，树立共产主义的远大目标。教育工作者通过各种教育途径帮助大学生树立社会主义核心价值观，从而为实现远大目标提供保障。邓小平同志曾经说过："我们的学校是为社会主义建设培养人才的地方。培养人才有没有质量标准呢？有的。这就是毛泽东同志说的，应该使受教育者在核心价值观的教育、智育、体育等方面都得到发展，成为有社会主义觉悟的有文化的劳动者。"① 当今社会，西方错误思潮从未放松对中国青年一代的思想侵蚀，其各种文化和主义打着自由、民主的旗号鼓动年轻人信奉资本主义及其主张，反对和丑化社会主义。高校思想政治教育一定要坚持社会主义的价值导向，用社会主义核心价值观武装大学生的头脑，把社会主义核心价值观融入第二课堂等生动活泼的平台，达到培育大学生社会主义核心价值观的目标。所以，作为马克思主义方向性原则的一部分，社会主义的价值导向也是评价社会主义核心价值观融入第二课堂成效的重要评价原则。

（二）坚持科学性与合理性相统一的评价原则

在评价方向正确的前提下，评价原则的科学性与合理性是对方向性的重要支撑。科学性是指评价体系在科学理论的指导下，遵循科学的决策程序，运用科学的思维方法来进行决策的行为准则。科学性最核心的内容是客观性，也即真实性。马克思主义哲学指出，物质唯一的特性是客观实在性，它既包括可以从感觉上感知的自然事物，也包括人的感性活动，即实践活动。评价社会主义核心价值观融入第二课堂的成效，最重要的就是客观真实地展示其应有的结果，

---

① 邓小平文选：第2卷［M］. 北京：人民出版社，1994：103.

这就需要一套科学的评价体系来支撑评价机制。对于高校价值观教育，"科学的评价体系必须符合立德树人根本任务的要求，符合意识形态建设的要求，遵循大学生思想政治工作的规律、遵循教书育人规律、满足大学生成人成才的客观需要"①。"合理性是指一种合乎理性、合乎逻辑的理性选择。评价体系中的各项指标要有相对独立性，能协调一致，从不同角度反映培养目标的要求。"② 评价体系要能够全面覆盖所有信息，解决更多问题，在较长时间内具有一定稳定性。坚持合理性原则是指人们在坚持科学性原则的前提下，结合具体的工作实际来有效开展工作。社会主义核心价值观面向不同领域、不同对象和不同载体的培育方式是不同的。因此，评价体系也要遵循合理性原则而随之进行细化调整。要结合高校的普遍特点和大学生群体的特点，进行社会主义核心价值观融入高校第二课堂的效果评价。同时，要结合第二课堂这个特殊的载体进行评价体系的构建。只有坚持科学性与合理性的有机结合与统一，才能使评价结果客观真实地反映社会主义核心价值观融入第二课堂的培育效果。

（三）坚持定性和定量相结合的评价原则

定性与定量是科学研究的基本方法，也是分析和评价事物性质和数量的重要手段。定性分析是从质的角度研究事物，即从事物的构成要素及其相互关系中揭示事物的本质；定量分析是从量的角度研究事物，即从数量的对比和发展趋势中了解事物的差异。对于一个评价体系来说，完全的定量评价可能无法兼顾不同评价对象的一些特殊情况，使结果有失公平，从而导致部分群体失去工作积极性，减弱评价工作的效果，失去评价的意义。因此，定量评价要注意以下几点：一是评价指标要切实可行，覆盖全面；二是定量评价模型要科学合理；三是定量评价结果的使用切忌机械化，要在综合分析和综合比较中得出合理结论。完全的定性评价又会使评价工作受到人为因素的干扰，使评价有失公正，也会导致评价结果偏离正确轨道。定性评价要注意以下几点：一是评价指标要科学可行，最后的鉴定要客观到位；二是参与评价的个体要客观公正，不能带

---

① 林立涛．大学生社会主义核心价值观培育评价机制构建研究［J］．思想理论教育导刊，2018（6）．

② 罗理章，张一．当代大学生社会主义核心价值观教育创新研究［M］．北京：中国水利水电出版社，2016：168.

着感情色彩而使评价结论出现偏颇；三是要全面掌握评价对象的情况，使评价精准中肯；四是评价要一分为二，既肯定成绩，又指出问题。由此可见，坚持定性与定量相结合的评价原则是相对科学的途径。

二、选择社会主义核心价值观融入高校第二课堂的评价方法

评价方法是在评价原则的指导下，对评价对象实施的综合考察。在确定评价原则的同时，其实已经初步勾勒出评价方法的轮廓。针对社会主义核心价值观融入第二课堂的具体情境，相关的评价方法如下：

（一）群体评价法和个体评价法相结合

群体评价法是通过发动大学生群体或广大社会群体共同参加评议、投票或计分的方式，对社会主义核心价值观融入第二课堂的成效做出评价。随着自媒体的不断发展，智能手机在高校已经基本普及，群体评价从以前线下的大众评审转移至线上的网络投票等方式。这种评价法对社会主义核心价值观融入第二课堂整体效果的评价具有一定的客观性。但是，对第二课堂中个体项目或活动进行价值观教育效果评价时，有时会对客观性造成一定干扰，如网络拉票、违规刷票等。组织者可通过降低此部分分值和进行后台监控等方法尽量规避这种问题的出现，或把这种弊端降至最小的程度。无论如何，这种评价方法本身也是一种对社会主义核心价值观的宣传教育。通过群体评价让更多的人进一步学习社会主义核心价值观的内涵，了解第二课堂这个教育载体，知晓第二课堂的项目和活动，有利于社会主义核心价值观的培育和践行。个体评价法侧重发挥个人对社会主义核心价值观融入第二课堂成效的评价。个体的选择一般侧重有一定专业素质和工作经验并具有一定代表性的个体，他们可以是本校教师、党政领导和学生，也可以是外校专家学者，可组织他们从各自的视角对社会主义核心价值观融入第二课堂的整体成效或具体项目进行评议和评价。

（二）比较评价法和达标评价法相结合

比较评价法是一种相对评价的方法，包括纵向比较评价和横向比较评价两个方面。其中，纵向比较评价是对社会主义核心价值观融入第二课堂的成效进行前后对比，即历史情况和现实情况的比较，结合客观数据、群体评价或个体评价，看核心价值观的培育工作和成效是进步了还是退步了，以此来改进或激

励第二课堂的相关工作。横向比较评价是将多个评价对象置于同一个评价体系内进行相互比较评价，比较常见的是高校上级主管部门对全省高校相关工作的考核评估、高校党委行政对职能部门或二级学院相关工作的考核评价。这些考核一般是通过横向比较评价来对考核对象做出评价结论。对于社会主义核心价值观融入第二课堂的成效评价，也可以通过比较评价法来进行鉴别。如省级团委可以通过考察高校第二课堂工作开展情况和取得的成果来评价高校第二课堂的成效，如果某高校注重社会主义核心价值观融入第二课堂，并主导第二课堂的工作，那就可以通过比较来评价该高校第二课堂的工作成效。当然，高校也可以对第二课堂的不同项目进行横向和纵向的比较评价，以此来激励教育工作人员，提升工作质量。达标评价法需要对第二课堂各项工作预期达到的效果设置相应的标准，将第二课堂各项工作的开展情况与客观标准进行对比，衡量社会主义核心价值观融入第二课堂取得的成效。

（三）定性评价法和定量评价法相结合

定性评价和定量评价既是原则，也是方法。定性评价法和定量评价法是以事物质与量的规定性为客观依据，任何事物都有质和量的标准，社会主义核心价值观教育也不例外。社会主义核心价值观融入第二课堂效果的定性评价是通过对第二课堂活动的过程、大学生的思想趋势或价值观趋势、第二课堂工作成效的前后对比来分析综合，从而做出结论性的评价。定性分析落实到操作层面，可以成立测评专家组，通过工作总结展示、汇报答辩、实地走访等形式，对社会主义核心价值观融入第二课堂的做法和成效进行定性评价，定性分析是一种大趋势的判断，结果形式主要有等级鉴定和综合评语等。定量评价法是对社会主义核心价值观培育工作的情况及大学生价值观现状进行量化考评的一种方法。评价社会主义核心价值观融入第二课堂的效果，要确定必要的定量指标，如每学期课程的数量、社团的数量及每周开展活动的频次、志愿服务的次数及人数、指导教师相对学生的比例及开展价值观主题教育的次数等，没有量的积累往往不可能达到质的飞跃。值得注意的是，虽然量化的结果是一个精确的数据，但是由于价值观教育的量化指标具有相对性，定量评价法对社会主义核心价值观教育和大学生的价值观现状只能做相对程度的评价。在大学生社会主义核心价值观培育效果的评价中，定性评价法和定量评价法要结合运用。定性评价为定量评价确定方向和范围，定量评价对各种关系进行量的比较和分析，最后通过定性评价进行归类综合，找出规律性的结论。

三、建立社会主义核心价值观融入高校第二课堂的反馈制度

反馈是指系统输出的全部或一部分信息通过一定的通道返回到输入端，从而对系统的输入和再输出施加影响的过程。在价值观教育或思想政治教育过程中，教育者对教育对象施加教育影响。与此同时，教育对象会产生对教育者所实施教育的反应。这种反应既有可能是积极的，又有可能是消极的；既有可能较为强烈，又有可能难以察觉。这些信息传送到教育工作者那里之后，教育工作者将会有针对性地进行施教策略的调整。评价反馈是指主管部门对第二课堂社会主义核心价值观教育成效进行考察评价之后，第二课堂根据评价提出整改方案或客观困难的过程，这就是反馈的形式之一。同时，第二课堂进行有针对性的整改提高。

评价反馈对社会主义核心价值观融入第二课堂方式方法的调整和工作绩效的提升有着重要意义，有利于高等学校全面掌握工作实际，为正确的决策提供科学依据。第二课堂的主管部门在得到相关反馈之后，针对问题的轻重缓急制订方案，采取措施，并为后续的考核与测评制定更为科学客观的标准，这有利于评价双方的相互促进与提高。通过评价与整改两个方面的信息互动，有利于评价部门修正评价标准和策略，完善评价方案，更为科学合理地开展评价工作。同时，有利于高校第二课堂发现自身存在的问题与不足，提高社会主义核心价值观的培育效果。

（一）反馈的方法

社会主义核心价值观融入第二课堂的反馈方法就是依据社会主义核心价值观教育的特定要求，服从并服务社会主义核心价值观融入第二课堂评价反馈的目的要求，与价值观教育科学化相适应的各反馈方式、渠道和手段之和。反馈的方法有许多，现列举以下三种：

一是汇报式反馈。这种反馈方式是指下级向上级或评价部门反馈整改的相关情况以及整改过程中的有关困难。教育评价部门通过不同的方式对社会主义核心价值观融入第二课堂的情况进行考察评价后，一般可设置一定的整改期，

等整改期过后，再针对问题的整改情况进行汇报反馈。反馈的形式可以是书面汇报，也可以召开相关会议进行口头汇报。

二是抽查式反馈。这种反馈方式较为灵活，可以由主管部门组织评价个体对社会主义核心价值观融入第二课堂的情况进行抽查，抽查的方式可以听取汇报并结合相关提问，也可以进行实地考察。这种方式切口小，但推进力度大，能较为深入地了解真实情况，真正解决实际问题。

三是定点式反馈。这种反馈方式是主管部门有目的地选定第二课堂的某个项目并了解其整改情况。主管部门选择的这些点一般具有较强的代表性，有的是普遍存在问题的点，通过实地考察其整改情况，了解在这些点上存在问题的原因、是否有解决提高的办法、现在反馈的情况如何等；有的是对社会主义核心价值观或意识形态教育特别重要的点，选取这些点了解其反馈情况是由这些点的地位决定的。

当然，以上三种反馈方法是比较常见的，反馈的方法还有很多，可以不拘一格，关键是在发现问题的前提下，第二课堂要主动整改问题，反馈信息，促进整体工作再上新台阶。

（二）反馈的调节

对社会主义核心价值观在第二课堂教育效果评价反馈的目的主要在于对评价对象及教育活动进行调节，通过反馈对评价主体进行调节，以期实现最佳的教育效果。调节是价值观培育过程中不可或缺的环节，任何事物的发展都不可能一蹴而就，以价值观为核心的思想政治教育尤其如此。要通过及时有效的调节，强化积极作用，减少消极影响，把握思想政治教育的主动。调节的方法有许多，在此选取三种有代表性的调节方法。

一是正反馈调节和负反馈调节。根据评价反馈的差异，可以从正反两个方面进行调节。社会主义核心价值观融入第二课堂教育的正反馈调节是指当价值观教育效果较好时，主管部门采取相应措施加以强化，使价值观教育成果得以巩固和再提升，使价值观教育再上新台阶，起到"推波助澜"的效果。正反馈调节要注意度的控制，因为价值观教育本来就注重在无形中起到有形的效果，如果方法和手段过于生硬，反而会引起教育对象的反感，破坏价值观教育本来取得的成果。负反馈调节是指当社会主义核心价值观融入第二课堂教育的效果不佳，与预期的效果存在差距时，主管部门采取相应措施来指导第二课堂找寻问题，解决问题，使第二课堂的价值观教育重回正确轨道，取得预期的效果。在社会主义核心价值观教育过程中，根据第二课堂反馈的效果差异，正反馈调节和负反馈调节要有针对性地交替使用，使第二课堂的社会主义核心价值观教育始终朝着正确的方向前进。

二是目标调节和手段调节。根据评价反馈的情况，第二课堂主管部门要进行一些阶段性目标的调节，当然手段也要随之做出调节，目标调节和手段调节是一个整体。这里的目标是指为了加强社会主义核心价值观融入第二课堂制定的工作目标或对社会主义核心价值观培育效果所设立的阶段性目标。目标调节可以是放弃原定目标，也可以是对原定目标进行一定修正，这些都要视评价和反馈的情况而定。此外，当国内外形势发生重大变化，如突发疫情、国际关系风云突变、意识形态领域矛盾突出等，价值观教育的任务相应要发生变化，目标也要进行相应调节。只要价值观教育的目标与实际发生脱节或与社会发展不符，都要进行目标调节。手段调节随着目标的变化而调节，主要是对教育的内容、方法以及相应的制度和标准进行调整。可以进行人事调整，也可以对政策和制度进行调整。手段调节必须与教育目标相符。手段调节除了跟随目标调节而进行调节外，也可以独立进行。虽然目标没有发生变化，但手段也可进行调节，其主要目的就是更好更快地实现目标。

三是主体调节和环境调节。这是针对社会主义核心价值观在第二课堂培育和践行过程中的不同对象而进行的调节方法。所谓主体调节，主要是对人的调节。通过对第二课堂价值观教育的评价和反馈，我们可以发现，有些问题的出现与扮演主体角色的人有直接关系。因此，主体调节的对象包括参与教育活动的教育工作者和被教育的大学生，他们是活动的组织者和参与者。如果组织者缺乏对社会主义核心价值观认识的高度与思路，纵有热情，其教育效果亦可想而知。如果大学生对社会主义核心价值观的认识有偏差，加之价值观教育活动搞形式主义，缺乏吸引力，大学生就会对价值观教育活动及社会主义核心价值观本身产生反感情绪，教育工作就无法正常进行，甚至会出现负效应。由此可见，主体调节是社会主义核心价值观教育中的重要环节，它既包括对教育工作者的思想认识、能力水平和责任心的调节，也包括对大学生思想、态度和认识的调节。所谓环境调节，主要是对教育工作者和大学生所处的政治环境、人文环境和物质环境的调节。社会主义核心价值观融入第二课堂的成效与所处环境有很大关系，对相关问题的整改可以从环境调节的角度来加以改善和解决。教育工作者要认真分析现有环境，如当前的国内国际政治形势、社会思潮、主流价值观的取向、第二课堂活动空间及客观物质条件等。教育工作者要通过宣传社会主义核心价值观来改变舆论影响，用社会主义核心价值观占领大学生的思想高地；要指出错误思潮的逻辑误区，倡导正确的价值取向；改善第二课堂的客观条件，提高第二课堂对大学生的吸引力。社会主义核心价值观融入第二课堂的主体和环境是一个有机整体，主体是教育环境的一部分，环境对主体性的发挥起到重要的推动作用。因此，发挥主体调节和环境调节的功能，将对大学生社会主义核心价值观的培育和践行起到最核心的教育作用。

第七章

社会主义核心价值观融入高校第二课堂的载体优化

社会主义核心价值观的培育和践行是一项系统工程，要全面提升培育和践行的效果，需要进一步优化第二课堂的载体。载体优化的内容很多，围绕社会主义核心价值观培育和践行这一核心，我们可以从师资队伍、大学生群体以及两者发生关系的课程平台入手，通过优化专兼结合的师资队伍，构建科学有效的课程体系，打造全面发展的大学生群体，努力为社会主义核心价值观融入高校第二课堂创设健康的载体，提高社会主义核心价值观融入第二课堂的成效。

第一节　优化专兼结合的第二课堂师资队伍

教师是教育教学的核心环节，这是一个亘古不变的真理。要把社会主义核心价值观融入第二课堂，就必须提升第二课堂的教育水平，而教育水平提升的关键在教师。在对不同学校第二课堂相关教师的访谈中，当问及"第二课堂的师资配备情况"时，大部分受访者表示当前第二课堂的师资力量是比较薄弱的，教师的指导力度不够。第二课堂的师资主要为：校级共青团组织的专职人员、二级学院的辅导员以及相关社团或项目的兼职教师。这些教师除第二课堂的工作以外，大部分承担着其他管理任务，对第二课堂的指导力量是不够的。他们建议，如果要实现社会主义核心价值观融入第二课堂的良好效果，必须加强第二课堂的师资队伍建设，建设一支专兼职结合的教师队伍。

2016年12月，在全国高校思想政治工作会议上，习近平总书记强调，教师是人类灵魂的工程师，承担着神圣使命。① 2019 年 3 月，在学校思政课教师座谈会上，习近平总书记强调，办好思想政治理论课关键在教师，关键在发挥教师的积极性、主动性和创造性。② 思政课教师要给学生心灵埋下真善美的种子，引导学生扣好人生第一粒扣子。2020 年 5 月，教育部印发《高等学校课程思政建设指导纲要》指出，教师队伍是课程思政的"主力军"。由此可见，无论在专业性课堂，还是思政理论课课堂，教师都是教书育人的主力军，起着主导作用。虽然高校第二课堂与第一课堂在知识传授方面有着较大区别，但育人的本质是不变的，教师在两个课堂的地位是相同的。因此，作为主力军的教师队伍理所应当成为第二课堂教学的主导力量，为实现社会主义核心价值观有效融入第二课堂提供人才保障。然而，在大部分高校，第二课堂除了极少数的课程被纳入学分体系以外，其余大部分课程均无学分要求，这也让教育主管部门在一定程度上忽视了第二课堂师资队伍的建设，让第二课堂的课程处于随机和无序的状态，导致活动的内涵与水平无法与大学的地位相匹配，极易引发价值观的错误，甚至意识形态的偏差。所以，第二课堂急需建设一支高素质的师资队伍，从而充分挖掘第二课堂的教育资源，发挥第二课堂的育人功能。

一、理顺高校第二课堂的师资队伍体系

建设第二课堂的师资队伍不是简单地增加第二课堂的教师数量，如何合理构建师资队伍体系才是重中之重。在前文中我们已经提及，第二课堂与第一课堂相比有着诸多不同，其特点鲜明、差别明显。第二课堂不能机械地照抄第一课堂师资队伍建设的经验，只有科学合理地思考与规划第二课堂的师资队伍体系，才能有利于第二课堂的长远发展，有利于社会主义核心价值观在第二课堂的培育和践行。

（一）明确专职教师队伍的职责与使命

专职教师队伍对第二课堂的长远发展非常重要。第二课堂教育理念的形成

---

① 习近平谈治国理政：第 2 卷［M］.北京：外文出版社，2017：379.
② 习近平主持召开学校思想政治理论课教师座谈会［EB/OL］.中央政府门户网站，2019-03-18.

与发展离不开教师这个关键元素，教师主体性的发挥是第二课堂持续发展的决定因素之一。然而，当前高校第二课堂的课程导向造成了高校对第二课堂师资队伍建设的滞后。高校普遍注重第二课堂形式的多样性和创新性，但多样性和创新性更多的是对形式与外延的关注，忽视了内涵的提升和教育的深层因素。因此，这也导致了第二课堂缺乏独立完善的课程理念，对大学生的发展和成长需求不利。① 高校辅导员是第二课堂专职教师的主力军。然而，辅导员一岗多责的现状对高校第二课堂课程理念的形成、课程项目的指导及大学生思想领域的引领造成了较为严重的影响。因此，加强专职教师队伍的建设是第二课堂社会主义核心价值观培育的首要任务。

首先，明确辅导员作为高校第二课堂专职教师的职责。通过查阅教育部 43 号令（2017 年 10 月），文件要求辅导员"不断提高学生思想水平、政治觉悟、道德品质、文化素养"，把大学生培养成"又红又专、德才兼备、全面发展的中国特色社会主义合格建设者和可靠接班人"②。要实现文件对辅导员的要求和对大学生的培育效果，必然要依托学校各类载体，借助各种教育手段。因此，高校要明确辅导员作为第二课堂专职教师这个角色。在进行教师访谈时，大家对辅导员是高校第二课堂专职教师的认识是比较模糊的，这从客观上可以反映出辅导员投入高校第二课堂的工作是不够的或存在缺位的情况。因此，进一步明确角色定位和职责范围有利于辅导员全身心投入工作，更有利于高校第二课堂工作的开展。

其次，进一步提升第二课堂专职教师的历史使命感。立德树人是高校教育的中心环节，教师是学生知识的传授者，更是学生思想的引路人，他们担负着培养国家合格建设者和可靠接班人的重要使命。高校第二课堂和第一课堂一起承担着学生德、智、体、美、劳各方面知识和能力的教育，两个课堂缺一不可。虽然第二课堂专职教师与第一课堂教师工作的内容和领域有所不同，但面对的

---

① 周国桥."三全育人"视阈下高校第二课堂育人的创新探索［J］.学校党建与思想教育，2020（5）.

② 教育部.普通高等学校辅导员队伍建设规定：中华人民共和国教育部令〔2017〕43 号［A/OL］.（2017-09-29）［2021-11-27］. http：//www.moe.gov.cn/srcsite/A02/s5911/moe_621/201709/t20170929_315781.html.

教育对象是一致的、培养目标是一致的，只存在分工的差异。只有提高第二课堂专职教师的历史使命感，才能激发他们的主人翁意识和责任意识。高校要加大对专职教师的培训，包括统一思想和提高认识，以及结合第二课堂不同内容的技能培训。只有专职教师具备了理论和实践的基础，才能主动思考第二课堂改革与发展的问题。激发专职教师使命感的核心是让他们成为高校第二课堂的主人，只有这样，才能有利于第二课堂教育理念的形成，以及第二课堂的长远发展。

（二）充分利用校内外兼职教师资源

合理的师资队伍结构应该是专兼职教师共同组成的，对于第二课堂的师资队伍更是如此。第二课堂种类繁多，所涉及的专业和领域各不相同。第二课堂的活动项目受时效的影响，即使是同一类活动项目，在不同时期也有着不同的组织形式和活动主题。第二课堂的部分活动项目具有不稳定的特点，个别项目在一定时期内开展，但受政治环境、自然条件或人为因素的影响，可能随时中止。因此，鉴于第二课堂以上诸多特点，配备一定数量的兼职教师是较为合理的，这样既提升了课堂项目的指导力度，又节约了人力资源，可谓一举两得。此时，问题的关键在于如何构建合理的兼职教师队伍。首先，高校可以通过内部挖潜来获得有效资源。如高校管理人员，高校管理人员中有部分教师在某些领域曾经有过深入研究或个人具有相关特长，聘请他们担任兼职教师可以延续他们的研究和兴趣，最重要的是能给学生带来专业的指导。又如一线教师，他们具有扎实的理论功底，可以进一步指导与专业相关的实践项目。同时，部分教师的研究领域离不开与实践的结合，第二课堂的相关实践活动对其科研工作具有支撑作用，聘请他们担任兼职教师也是双赢之举。对于以上类别的教师资源，第二课堂的管理者应积极研究方案，主动聘请相关教师担任第二课堂的兼职教师，甚至创设项目邀请他们担任兼职教师。当然，每个大学的学科与专业是有限的，特别是非综合类高校，如果部分第二课堂项目和社团要得到专业化的指导，从校外聘请相关教师担任兼职教师不失为明智之举。校外兼职教师可以来源于其他高校，也可以聘请相关企业或研究机构的科研人员，通过这些途径可以与本校教师资源形成有效的互补。校内外兼职资源的合理配置既可以解决第二课堂师资紧张的局面，又符合当前高校的实际，是一条切实可行的路径。

（三）建立以教师工作室为载体的特色师资队伍

教师工作室是指由专家型教师、专职辅导员或专业技术人员主持成立的研究型或实践型机构。教师工作室是以立德树人为根本任务，围绕教育工作者个人的研究专长而搭建的教育实践团队，旨在为教育工作者提供科学研究、实践交流和学习反思的平台，开展以工作室研究成果为核心的推广活动，为教育对象提供专业化的学习发展指导。近年来，"以辅导员职业能力发展为导向的工作室不断建立，较早的可追溯到 2009 年复旦大学'赵强工作室'的成立"①。从此，辅导员工作室逐渐成为高校辅导员队伍建设的又一阵地。如今，上海、山东、江苏、浙江等地高校的辅导员工作室都颇具特色和影响力。同时，各高校的名师工作室也纷纷走上引领高等教育发展前沿的舞台。名师工作室由各学科领域的优秀教师担任主持人，由相关学术特长与学科背景的教师参与。当然，此类工作室也会吸纳部分有学习兴趣、创新想法或相同研究方向的学生加入。

教师工作室涉及专业广泛，种类繁多，第二课堂的相关活动项目可以和教师工作室紧密结合。一方面可以丰富第二课堂的内容，提高大学生实践创新的平台和水平；另一方面，第二课堂对教师进一步开展调查研究，提升研究的可行性与针对性有着重要的支撑作用。教师工作室的教师均有自己的研究专长，具有明确的研究领域和方向，第二课堂可以聘请教师工作室的相关教师担任指导教师，长期指导第二课堂的活动，这对提升大学生第二课堂的内涵与影响力有着重要的引领作用。此外，教师工作室中的辅导员工作室大多是与大学生思想政治教育相关的内容，这与社会主义核心价值观的研究与培育有着天然的契合。名师工作室中的主持人具有严谨的治学态度、为人师表的人格品质以及长远的奋斗目标，这些优点都是值得大学生认真学习的方面，也是社会主义核心价值观的具体体现。因此，引入以教师工作室为载体的兼职师资队伍对于社会主义核心价值观融入第二课堂有着重要的推动作用。

二、调动高校第二课堂师资队伍的积极性

第二课堂师资队伍的建设离不开教师积极性的提升，这里所说的师资既包

---

① 梅晓芳. 高校辅导员工作室：共同体视域下辅导员专业化发展的新向度 [J]. 江苏高教，2020（7）.

括专职教师，也包括校内外的兼职教师，教师积极性提升的途径包括教师的物质激励、精神激励及个人的自我实现。这三个层面的途径也是教师个人需求的逐步提升，与马斯洛需求理论不谋而合。只有设身处地地考虑教师的需求与发展，才能真正激发第二课堂师资队伍的积极性，才能让第二课堂的教师岗位对教师具有吸引力，让教师能够安心在这个岗位上工作，并乐于在岗位上创造业绩，实现人生价值。2018年1月，中共中央、国务院颁布的《关于全面深化新时代教师队伍建设改革的意见》（下文简称《意见》）对深化教师队伍建设指明了方向，《意见》对高校教师的薪酬制度、精神激励和自我实现都进行了前瞻性的规划，为教师队伍的建设、学校事业的发展和全社会人才的培养奠定了基础。

（一）必要的物质激励是基础

必要的物质激励是确保专兼职教师工作成效的前提，也是对教师付出劳动的必要尊重。尊师重教是中华人民共和国成立以来党和国家高度重视的一项重点工程。《意见》指出，"要改革高校教师薪酬制度，建立科学的收入分配机制，体现知识价值的导向，扩大高校收入分配自主权。完善适应高校教学岗位特点的激励机制，适当提高专职教师的基础性绩效工资在绩效工资中的比重，加大对教学型名师的激励力度"①。以上文件的出台对高校教师工资体系的改革提供了政策性的导向。其中，体现知识价值的导向以及扩大收入分配自主权的论述对第二课堂师资队伍的建设有着决定作用。首先，《意见》对第二课堂专职教师工资稳定与提高的阐述有助于高校确定明确的改革方向，提升专职教师的工资水平，这对稳定专职教师队伍的"军心"无疑是个利好。其次，《意见》同样对兼职教师的聘任有着重要的支撑作用。文件对名师的激励导向是非常明确的，这也给高校聘请高水平兼职教师提供了政策参考。第二课堂水平的提升、活力的激发都需要高水平师资的指导。第二课堂不同于第一课堂的专业理论课程，它必须具备实践性和吸引力。如果学生不主动参与，第二课堂就不能成为课堂，社会主义核心价值观融入第二课堂就无从谈起；如果缺乏实践性，第二课堂就

---

① 关于全面深化新时代教师队伍建设改革的意见［A/OL］.（2018-01-20）［2021-11-27］. http：//www.gov.cn/zhengce/2018-01/31/content_5262659.htm.

不能成为第一课堂的延伸和补充，更不可能成为区别于第一课堂的特色教育阵地。所以，必要的物质激励是提升第二课堂师资水平的前提。

（二）充分的精神激励是核心

虽然合理的物质激励是提高教师积极性的重要一环，但高校不是市场经济的主体，待遇的提升是相对有限的。如果教师的功利心太重，那他的教育肯定是短视的，拜金主义的价值取向必然会渗透到做人与做事中去，必将对大学生的价值观造成错误引导，导致第二课堂的育人效果走向反面。事实上，高校教师的收入差距不大，大部分教师比较注重精神的激励，把个人的荣誉和工作的平台作为自己行为取向的主要衡量标准。为教师提供更多的精神激励与精神享受是第二课堂教师队伍建设的重要环节，要让他们带着愉悦而阳光的心态投入工作，教育学生，传播社会主义核心价值观。首先，要把第二课堂的教师岗位塑造成一个高尚的岗位。历史和现实都赋予了教师岗位的神圣性和高尚性，高校要进一步加强教师的师德师风建设，弘扬高尚的师德，以德施教，坚持教书与育人相统一。如何让第二课堂的教师岗位成为师生认同的高尚岗位，这就需要赋予第二课堂教师岗位以崇高的使命。要明确第二课堂在社会主义核心价值观传播、培育和践行方面所承担的重要使命。岗位的高尚与使命的崇高是息息相关的，社会主义核心价值观的培育犹如新文化的传播，有着启迪思想、再造灵魂的重要地位。同时，社会主义核心价值观的践行将会直接提高国民素质，提升社会文明，增强国家综合实力，有力推进中华民族伟大复兴中国梦的实现。具有如此崇高使命的第二课堂教师岗位何尝不是一个高尚的岗位。其次，要把第二课堂的教师岗位塑造成一个利于成才的岗位。个人的成长发展是教师关注的重点。第二课堂内容丰富、涉足广泛，学生思维活跃、思想开放，这对专职教师或者兼职教师都是一个挑战。正因为第二课堂的这些特点，才能激发教师真正做学问、做真学问的热情。此外，第二课堂实践性强，容易培养双师型的专兼职教师，或者能让双师型的教师发挥特长，有利于教师的进一步成长成才。最后，要把第二课堂的教师岗位塑造成一个教学相长的岗位。第二课堂互动性、实践性及开放性等特点相对于第一课堂是一种补充，更是一种优势。师生在第一课堂学习过程中的理论灌输是必要的，但在第二课堂中的实践体验与教学相长是对知识的巩固与运用的更高境界，这种教学机会对教师来说无疑是有吸引力的，可以为教师进一步开展理论与实践的学术研究提供有力的途径，可谓是一种精神激励。

（三）教师的个人实现是归宿

马斯洛五层次需求理论中，自我实现是个人需求最高层面的追求。由此，我们也可以认为，如果能够把第二课堂打造成有利于教师自我实现的理想场所，那么对教师来说必然具有极大的吸引力。同时，教师在实现个人价值的同时，必然会对学生的思想教育和知识传授产生正向作用，可以实现教师个人与第二课堂"双赢"的最佳效果。教师的自我实现可以从许多方面着眼，如学历的提高、职称或职务的提升、科研环境的改善等，这些都是教师所关心的重要方面，是其个人实现的基本保障。首先，要有利于学历的提升。学历的提升最重要的因素是教师的个人勤奋。但是，专业方向的选择和时间的保障是个人努力的前提，只有找到了明确的方向，有充足的时间用以个人的学习，才能走向成功的彼岸。第二课堂所涉及的专业较为广泛，特别是有许多课程是对理论的实际应用，对于有些年轻教师来说，虽然其本科或硕士阶段有自己的相关专业，但在进一步提升自己的学历之前，有些教师会根据未来学科的发展和实际的应用等因素做相应调整。第二课堂在课堂内容上要创设一些与第一课堂理论学习衔接的课程，在时间安排上要充分考虑教师的发展空间，这样对专业课教师会有较大的吸引力。其次，要有利于职称和职务的提升。高校对教师职称的评审有课时、获奖和科研能力的要求。第二课堂参与各级各类竞赛的优势是第一课堂教师无法比拟的，如全国全省"挑战杯"大学生课外学术作品竞赛、大学生创业计划大赛、大学生艺术展演、数学建模大赛等，这些竞赛的获奖对指导教师职称的晋升有一定支撑作用。同时，要打通第二课堂课时与第一课堂课时的评价通道，确定相应的评价与核算标准，让第二课堂的课时与第一课堂的课时有同等效用。最后，要有利于科研环境的改善。第二课堂课程的设计较为灵活与开放，要鼓励教师主动设计课程内容，甚至可以依托教师的重大课题，成立以科研为导向、以课题为研究内容的第二课堂。招募与专业相关、乐于从事科学研究的大学生参与到第二课堂的课程中来，这对大学生课堂知识的巩固与运用有着极大的促进作用。同时，通过辅助教师开展科学研究，大学生能提高自己的科研素养和科研能力，培养科研思维。当然，对教师来说，无疑解决了人手紧张的问题。大量学生的参与能够为教师提供较为基础的数据搜集和资料整理工作，让自己能投入核心的研究中去。由此可见，把第二课堂打造成教师自我实现的舞台，既能促进教师的发展，也能实现学生的成长。稳定良好的师资队伍、积极向上的学术氛围对社会主义核心价值观的融入创造了前提条件。

三、严格高校第二课堂师资的考核与流动

学高为师，身正为范。只要是教师，就必须把思想政治素质和职业道德水平摆在首要位置，把社会主义核心价值观贯穿教书育人全过程，突出师德养成。对于第二课堂来说，一定要把"德才兼备，以德为先"作为教师的基本要求。在此基础上，科学设置对高校第二课堂教师的考核制度，加强对兼职教师的流动管理，共同推进高校第二课堂的师资队伍建设，优化第二课堂师资队伍结构。

（一）要加强第二课堂专职教师的动态考核

第二课堂的师资呈现专兼结合的结构，专职教师是第二课堂的主力军。受高校第二课堂特点的影响，高校第二课堂对专职教师队伍长期缺乏有效的考核手段。虽然高校第二课堂专职教师在职责范围内开展工作，但是部分教师缺乏工作的激情和创新。其中，部分原因是以高校辅导员为主体的第二课堂专职教师工作头绪多、任务重，无暇在所有工作上平均用力，导致第二课堂成为他们相对忽视的环节，这也是由客观情况造成的。另一部分原因却是主观因素造成，有些教师工作多年，渐渐产生了倦怠心理，平时不注重知识的更新，常年重复相同的教学方案，导致教学内容与时代发展相脱节，指导教育效果大打折扣，从而导致学生对第二课堂活动产生厌倦，学生参与率大大下降。对于以上情况，高校普遍没有切实有效的办法。如果对他们的行为放任自流，势必会对高校第二课堂造成极大危害。所以，第二课堂要制定相应的动态考核办法，办法要有利于提升师资的整体水平，有利于提高第二课堂的课程质量，有利于师资队伍的动态平衡。一是建立过程性考核体系。高校第二课堂对学生一般不设期中或期末的考核，不同课程形式千差万别，主要目的是学生在第二课堂整体学习过程中得到锻炼和提升能力。因此，第二课堂无法沿用第一课堂课程考试的形式来评价学生的成绩，更无法用这种形式来衡量教师的教学效果，所以，建立过程性考核就显得非常必要。过程性考核要设计立体的考核体系，对学生的参与

度、学生定期对教师的评价、每学期课程的内容和次数以及取得的奖项等进行一定的记载，并建立相应的听课制度。二是树立目标性考核导向。对第二课堂不同的课堂项目可以分别设置相应的目标，即课程需要最终达到的效果。对效果的评价可以分为优、良、中、合格等不同等级，对应不同的等级可以进一步描述相对应的工作状态。对第二课堂教师工作的主要评价依据是其所指导的课程项目的考核结果，这个结果的最终体现既可以是量化的分数，也可以是定性的评价。这种目标性导向的考核评价将有利于扭转第二课堂专职教师对工作忽视与懈怠的状况，提升高校第二课堂的精神面貌和工作成效。由于第二课堂的课程内容差异较大，因此，不同课程目标的设置要因地制宜，有的放矢，既要考虑共性，更要体现个性。这样才能提升课程质量，客观评价教师的教学质量。三是建立动态考核制度。动态是相对于静态而言的，其最大的区别在于，静态考核是以较长的时间段作为考核的时间依据，如一个学期或一个学年；动态考核则以较短的时间作为考核的时间依据，如一个月或一个季度。静态考核的优点主要是操作简单，容易分辨不同课程项目之间的效果差异。但是，其缺点也是显而易见的，如果课程项目开展效果不理想，持续较长时间才进行考核评价，则会对学生的培养效果和第二课堂的对外形象产生不利的影响。动态考核最主要的目的是促进课程项目之间的交流学习，推动项目水平的提升，也是激励先进者，带动后进者。如果考核过程中发现课程项目开展不利，可以及时总结调整，相互借鉴，从而避免造成严重的负面影响。动态考核重过程，而静态考核重结果，两者的优劣一目了然。

（二）要严格兼职教师的考察与流动

兼职教师一般是高校第二课堂主动聘请的校内富有经验和特长的管理干部、校外的专家学者或双师型人才。他们普遍具有较强的业务能力和工作主动性，加之兼职教师一般有一定的任期，对兼职教师的考核与专职教师相比会有较大差异。确切地讲，对兼职教师主要是通过宏观考察来判断他们工作的成效。但是，对兼职教师的考察是以流动性作为前提的，没有合理的流动，考察将会失去权威性和刚性，对兼职教师的约束和激励将会失去力度。这是区别于专职教师的地方，也是聘请兼职教师队伍的优势所在。当然，要切实做好兼职师资队伍的流动管理还是有一定难度的，如果处理不当，兼职师资队伍的优势将会荡然无存。兼职师资的流动管理要从两个方面入手：一是加强兼职教师的师资库建设。第二课堂要广泛聘请校内外优秀教师担任课程的兼职教师，可以聘请马克思主义理论的优秀教师定期对第二课堂中的学生进行马克思主义先进理论、社会主义核心价值观、党史及时事政治的专题讲座，可以聘请不同专业的双师型教师给学生开设与专业相关的实践型课程，可以聘请有一技之长的教师指导学生开展辩论、演讲、书法及体育等第二课堂活动。当然，第二课堂内容广泛，高校可以定期梳理第二课堂内容，形成几大板块，及时与兼职教师建立协议关系，部分教师可参与课程教学，部分未参与课程教学的教师可定期开展一定讲座，保持相对的活跃度，确保不同类别课程形成师资储备以适应第二课堂师资流动性的特点。二是加强兼职教师的定期考察。第二课堂的课堂监控一般没有第一课堂完备，课程氛围相对宽松。但是，第二课堂同样是社会主义核心价值观培育和践行的重要阵地，同样是教书育人不可或缺的环节。因此，对兼职教师加强监督考察是很有必要的。第二课堂的考察要坚持过程与目标、项目与结果、共性与个性相结合的原则，充分考虑第二课堂的特点，合理制订对兼职教师的评价与考察方案。对于考察不理想的教师，高校第二课堂可中止续聘，流出兼职教师队伍，从兼职教师师资库中选拔优秀教师进行及时补充。通过这种流动式的管理，可以沉淀下来真正优秀的师资，从而不断优化第二课堂的兼职师资队伍建设，提升社会主义核心价值观融入高校第二课堂的效果。

第二节　构建科学有效的第二课堂课程体系

2018年7月，教育部、团中央联合发文指出："要紧紧围绕思想素质养成、政治觉悟提升、文艺体育项目、志愿公益服务、创新创业创造、实践实习实训、技能特长培养等内容设计课程项目体系。实现第二课堂与第一课堂互动互融、互补互促。要充分借鉴第一课堂教学模式，对能够课程化的项目活动进行课程化设计，制定教学大纲，配备师资力量，规范教学过程，完善考核方式。"①

　　第一课堂的课程建设是教育教学的生命线，受到高校的高度重视和师生的普遍关注，无论高等教育处于任何阶段，课程建设始终是人才培养的保障。但是，第二课堂的课程建设始终没有得到重大推进，究其原因，主要还是第二课堂自身的特殊性所导致的。第二课堂内容广泛、专业交叉、注重实践且师资队伍流动性大。因此，第二课堂课程建设的客观难度是显而易见的。同时，高校主管部门和教师主观上也存在对课程化意见不一的看法，这也是第二课堂课程化长期得不到推进的原因。在对教师的访谈中，当问及"第二课堂有无必要进行课程化建设"时，15 人认为有必要，5 人认为没有必要，7 人认为无所谓。对课程化不太认可的教师认为，课程化会丧失第二课堂的优势和特色，使第二课堂和第一课堂同质化，起不到预期的效果。持认可态度的教师普遍认为，第二课堂课程化是有成功先例的，如社会实践、志愿服务及科技创新竞赛等第二课堂项目在许多高校已经成功开设课程，这使得活动更为专业、成效更为显著、传承更为有序。当然，这类项目的课程是理论与实践相结合的，不是一味地进行理论灌输，与第一课堂的课程有着本质的区别。部分教师也建议，课程化不能急于求成，要根据项目的特点和现有的工作基础循序推进，在保证学生参与率的前提下优化设置。

　　由此可见，客观的困难和不同的意见固然存在，但是，我们应该清醒地认识到，第二课堂始终是高校教书育人的重要阵地，课程建设的"主战场"地位不可忽视，特别是第二课堂肩负着大学生社会主义核心价值观培育和践行的重任，具有隐性教育的天然优势，也是"三全育人"大格局的组成部分。有些教师指出的成功经验和合理担忧正是第二课堂进行课程化建设的良方，即第二课堂课程不同于第一课堂，它以活动项目为课程载体，成熟一个推进一个，决不能所有项目齐头并进，要根据项目的特点和原有基础，在保证学生参与率的前提下循序推进。因此，加强第二课堂的课程建设，强调社会主义核心价值观的主动融入是摆在我们高校教育工作者面前的一个重要课题。

---

① 共青团中央，教育部．关于在高校实施共青团"第二课堂成绩单"制度的意见：中青联发〔2018〕5 号［A/OL］．（2018-07-05）［2021-11-27］. https：//youth. bnu. edu. cn/docs/2019-09/20190907131231947548. pdf.

一、稳步推进高校第二课堂课程项目建设

《国家中长期教育改革和发展规划纲要（2010—2020年）》指出，要"加强实验室、校内外实习基地、课程教材等基本建设。深化教学改革，推进和完善学分制，实行弹性学制，促进文理交融。支持学生参与科学研究，强化实践教学环节"①。为了响应国家教育改革和发展规划，第二课堂可以活动项目为依托，在学分制、实践教学、交叉学科建设等方面进行大胆探索，分步推进第二课堂的课程改革。

（一）梳理整合课程项目清单

高校第二课堂活动由来已久，各级各类第二课堂的课程项目面广量大、形式多样，当然也存在着良莠不齐的现象。全面统计课程开设情况，进行有针对性的治理是课程改革的必经之路。一是保留部分基础好、有积淀的经典课程。如社会实践、志愿服务以及有生命力的社团活动等。这些活动历史悠久、传承有序，且在上级团组织的统一领导下已经形成了较强的社会影响力，得到高校师生的广泛认可，对大学生思想的提升和综合能力的提高有着重要影响。对于这类课程，高校应该把它列入课程清单，同时要加强对课程的指导与优化，融入社会主义核心价值观，让它们进一步贴合时代的发展步伐，成为培养新时代优秀青年的重要阵地。二是整合和淘汰部分课程。整合和淘汰是无法截然分开的，有些活动是在整合中淘汰、在淘汰中整合。对于有些名存实亡的课程或社团要坚决淘汰；对于有些性质和内容相似的课程，可以剥离一些过时的内容，整合一些有效的成分。通过这些方式，可以解决遗留的历史问题，为下一步改革创造条件。三是转变部分课程或社团的方向与功能。由于时代的发展、社会热点的转换以及大众的期盼，有些项目制活动、理论研究型社团及电子科技社团等活动面临着转方向或职能的选择。高等学校要适时做好协调与规划，确保第二课堂活动的方向性与生命力。

---

① 国家中长期教育改革和发展规划纲要工作小组办公室. 国家中长期教育改革和发展规划纲要（2010—2020年）：[EB/OL]. (2010-07-29)[2021-11-27]. http://www.moe.gov.cn/srcsite/A01/s7048/201007/t20100729_171904.html.

（二）分批推进课程改革

在梳理整合课程项目的基础上，第二课堂要进一步加大课程改革的力度，使各类课程再上新的台阶。当然，第二课堂的课程改革不同于第一课堂，最主要的原因在于第二课堂的各类课程形式各异，不能齐头并进，加之各类课程的基础差异较大，更不能搞整齐划一的课程改革，而只能在不同中寻找相同之处，在相同中兼顾各自的差异。一是在所有课程项目中融入社会主义核心价值观教育。在第二课堂中进行思想道德教育是所有不同课程中都要进行的相同教育，而社会主义核心价值观的教育是思想道德教育的重点。在不同的课程中，都要以不同的方式融入社会主义核心价值观教育。二是分批次推进课程项目建设。前文已经提到，第二课堂的部分课程项目有着较好的传承基础，学生对课程的参与度较高，并受到社会及师生的欢迎。高等学校要把此类课程作为第二课堂的首批建设课程，确立相对固化的内容大纲及相对灵活的实践体系。坚持知识性与价值性相统一，寓价值观教育于知识传授之中；坚持理论与实践相统一，把第一课堂的理论学习与第二课堂的实践教学相统一，全面提升课堂学习效果。在确保以上课程建设的基础上，高校要对部分经过淘汰和整合的课程进行研究推进。课程的教学大纲研究是必不可少的，课程的目标、内容、活动形式等都要有明确的界定。当然，此类课程要在扩大群众基础、取得师生共识方面多做研究，这是课程成立的前提，也是未来进一步优化的基础。三是在第二课堂课程全面建设方面做进一步思考。第二课堂课程的形成大部分与学生的兴趣和上级部门的要求有关，随着时间的推移，部分课程已日趋成熟。在此基础上，第二课堂要主动思考课程的全面覆盖问题。大学是引领思潮、提倡创新和推进科技发展的场所。当然，大学同样是大学生施展才华、激发兴趣和强身健体的乐园。这些方面都是大学第二课堂要全面兼顾的。针对某些课程项目相对短缺的情况，高校第二课堂要主动引导，积极创造环境来进行扶持和推进。理论研究型课程、创新创业型课程和科学研究型课程在某些大学第二课堂中会较为缺乏，究其原因，主要还是师资不足、硬件难以保障或缺乏相应的群众基础等。面对如此情况，高校要有针对性地进行规划和扶持，努力推进课程建设，为第二课堂补短板，促进第二课堂课程的全面建设。

（三）稳步推进学分制改革

完备的课程体系必然包含学生学习结果的评价，传统的考核模式就是考试。然而，第二课堂的特点决定了它无法沿用第一课堂的考核模式。要真正加强第二课堂的课程建设，推行学分制不失为一种良策。第二课堂课程呈多元化的特点，学分制的推行也要从学生选修学分的多路径和多样化等特点来考虑。一是制定第二课堂学分制的相关标准。第二课堂学分制的推行意义重大，这是高等教育在一定范围内实行完全学分制的尝试。虽然众多高校都在推行学分制，但第一课堂的学分制是一种相对意义上的学分制，没有实现学生自由选课、灵活毕业的效果，弹性学制只是对极少数人的一种缓冲。然而，第二课堂的学分制正朝着完全学分制的方向迈进。第二课堂的主管部门要制定大学生第二课堂学分制的管理办法，完善顶层设计，明确大学生第二课堂学分与评优推荐、综合测评之间的关系，形成学分制的抓手。但是，在第二课堂学分制推行的初级阶段，不宜对学分提出目标值，不能形成每个学生学分的绝对值，更不能与学生毕业等关键因素挂钩。在此基础上，要明确不同课程的学分标准，其对大学生参与第二课堂课程的选择也具有导向作用。二是提供多样化的学分选修路径。有些人对第二课堂的课程认识停留在一个比较狭隘的概念上，认为只有师生教与学的活动是课程，或者能计算时间或次数的活动是课程，对有些比赛或主题活动却不太认同。事实上，无论何种形式，只要学生参与其中，或多或少都得到了锻炼，提升了思想、素质或能力。因此，高校在制定第二课堂学分制管理办法时，要为学生提供多元化的学分选修路径，这样既满足了学生选修课程的需要，又繁荣了第二课堂的内容，为社会主义核心价值观培育和践行提供了新的阵地。三是避免功利主义。第二课堂推行学分制改革是为了进一步规范第二课堂的教学行为，提升第二课堂课程的品质和内涵，丰富第二课堂课程的内容，为大学生价值观的培养、知识的巩固与拓展、素质能力的提升提供制度保障。第二课堂的学习是以学生兴趣为前提的，学生自愿参加，所以，第二课堂在推行学分制的时候，要充分酝酿，尽最大可能保护学生参与课程学习的主动性与积极性，如果破坏了这个前提，那学分制必然归于失败。任何政策的出台都是有导向性的，大学生在研读政策的时候，自然会从结果倒推过程。因此，第二课堂的学分如何与学生的利益挂钩需要经过科学的研判和论证，特别要避免功利主义，防止第二课堂学分制流于形式。

二、努力加强高校第二课堂课程思政建设

教育部《高等学校课程思政建设指导纲要》（教高〔2020〕3号）（以下简称《指导纲要》）指出，课程思政"这一战略举措，影响甚至决定着接班人问题，影响甚至决定着国家长治久安，影响甚至决定着民族复兴和国家崛起"①。从表面上看，《指导纲要》主要侧重第一课堂课程的布局，实则对第二课堂课程的建设，特别是第二课堂课程思政的建设有着重要的指导意义，而且对社会主义核心价值观融入第二课堂建设有着重要的推动作用。《指导纲要》指出，课程思政的内容和重点主要包括习近平新时代中国特色社会主义思想进头脑、培育和践行社会主义核心价值观、加强中华优秀传统文化教育、开展宪法法治教育等。这些内容更易融入第二课堂课程，更易引起大学生的思想共鸣。同时，《指导纲要》把实践类课程作为课程思政体系的一个重要方面。其中包括创新创业教育课程、社会实践类课程等，这些课程正是第二课堂课程的重要内容和优势项目。当然，纵观不同高校，第二课堂课程繁多、形式各异，课程思政的实施办法和路径不尽相同，所以，第二课堂要针对不同类型的课程分类加强课程思政建设。

（一）区分课程的类别，加强试点，共享成功的经验

第二课堂课程的类别较多，而且按照不同的标准有多种分类，高校可以按照课程的性质及课程思政的实施办法进行相应分类，如可以分为主题教育类、社会实践类、志愿服务类、竞赛类和科技创新类等。分类不会影响第二课堂日常教学活动的开展，反而对课程建设，特别是第二课堂课程思政的研究实践有较大帮助。在第二课堂课程思政正式实施之前，可以在同一类别的课程中选取一个项目作为试点，遴选有教学经验的优秀教师按照事先设计的方案实施。在实施过程中，要关注课程的几个重要环节：一是关注学生的课堂反应。课程思

---

① 教育部.高等学校课程思政建设指导纲要：教高〔2020〕3号［A/OL］.（2020-06-01）［2021-11-27］. http：//www. moe. gov. cn/srcsite/A08/s7056/202006/t20200603_462437. html.

政的初级目标是把思想政治教育融入课程教学中，积极发挥课程中的思政元素，起到教书与育人的双重效果。课程思政不能把课程教学与思政教学分割开来，更不能在课堂中上思政课。因此，课程思政实施后，第二课堂课程教学中学生的课堂反应能直观反映课程思政的效果。如果不能巧妙处理课程教学与思想教育的关系，那么第二课堂的相关课程将会面临淘汰的危机，这也是第二课堂与第一课堂相比较为残酷的方面。当然，试点过程中，教师也可以根据课堂情况进行调整，争取最优的路径。二是关注最终的实施效果。课程思政深层次的效果不是短时间内能够体现的，更不是凭课堂中学生的参与热情这个单一的指标就能够衡量的。第二课堂可以定期对学生进行问卷调查或访谈来获取信息，也可以在学生毕业前进行类似调研，以期对第二课堂课程思政进行进一步的调整优化。以上两点在试点过程中要尤为关注，力争在该类课程的课程思政全面推开之前形成较为成熟的方案，这样就能尽量减少课程的负面效果。每一类课程的成功经验可以在同类课程中推广，不同类课程也可相互借鉴学习，毕竟不同课程的界限不是绝对的。由此可以进一步推进第二课堂的课程建设，提升第二课堂在思想政治教育，特别是社会主义核心价值观培育和践行方面的功能。

（二）把握课程思政的要点，重在融入，突出价值引领

培养什么人、怎样培养人、为谁培养人是教育的根本问题。《指导纲要》明确指出，推进课程思政建设，就是要寓价值观引导于知识传授和能力培养之中，帮助学生塑造正确的世界观、人生观、价值观。由此可见，课程思政在内容上重在学生精神世界的塑造，在方法上重在思政元素的融入，突出价值引领。第二课堂课程思政要紧紧围绕课程思政的核心要义来展开。一是着眼教育的根本问题。高等教育承担着培养社会主义合格建设者和可靠接班人的神圣使命，教育要为人民服务、为中国共产党治国理政服务、为巩固和发展中国特色社会主义制度服务、为改革开放和社会主义现代化建设服务。高校第二课堂是高等教育的重要组成部分，特别是对大学生身心素质的发展、健康高雅品位的培养和社会主义核心价值观的培育和践行有着重要作用，也是隐性教育的理想途径。第二课堂课程建设要明确党的育人标准，在课程目标的设计上、课程思政的导向上以及课程的安排上要围绕教育的根本问题和正确方向而展开，努力结合第二课堂的特点，培养具有中国情怀和国际视野的现代化人才。二是努力挖掘课

程的思政元素。大学生思想政治教育的核心是社会主义核心价值观的培育和践行，挖掘第二课堂的思政元素首先要从社会主义核心价值观三个层面十二个价值元素入手。在课程内容和实践活动的组织中，要体现民主和权利，要给每一个成员赋予民主的权利，让他们积极参与活动的讨论与决策，营造民主的氛围，让每一个人都体会到个人权利的存在；要加强文明素养的教育，特别是强调精神文明的重要性，在课堂上和日常生活中，要体现规则意识、公德意识和集体意识，在每一个大学生的心田里埋下文明的种子；要加强正确自由观的教育，自由是社会文明程度的标志，是思想之自由，是人类对未来世界的无限发掘与发现、对知识的无限渴求、对技术和产品的不断创新。自由并非西方世界鼓吹的新自由主义，更不是行为上不受任何约束的绝对自由。因此，第二课堂在组织上要进一步强调纪律和规范，在内容上要鼓励创新和发展。要加强爱国主义教育，第二课堂要结合中国共产党和中华人民共和国成立的重要节日、重要革命事件及国家发展取得的重大成就开展主题教育活动、社会实践活动及参观学习活动等，在课程教学过程中主动融入爱国主义教育元素。当然，第二课堂课程丰富、形式多样，法治教育、诚信教育、互助友善教育等社会主义核心价值观弘扬的价值目标都可以融入其中。三是注重方法的研究。课程思政不是在课上进行简单的思想政治教育，更不能把专业课上成思政课。要坚决杜绝思想政治教育和课程知识传授"两张皮"现象。要注重思想政治教育融入课程建设的正确方法，如社会主义核心价值观融入第二课堂需要价值观的各要素与不同的课程进行衔接，不同的课程培育社会主义核心价值观的角度和侧重点是有差异的，只有精准对接，才能真正体现课程思政的效果，否则会适得其反。归结到一点，方法是否得当，主要看思想政治教育是否真正融入课程建设，即课程建设是否能体现思想政治教育的效果、思想政治教育是否能促进课程建设。

（三）加强教师的育人意识，增进交流，推进团队建设

课程思政的核心要素是教师，特别是广大参与教学工作的一线教师。教师思想素质的提升、对课程思政的认同以及课程思政能力的提高都非个人修炼和单兵作战就能实现的，这些都需要团队的支持和培养。《高等学校课程思政建设指导纲要》指出："高等学校要充分发挥教研室、教学团队等基层教学组织在课程思政中的作用，可建立课程思政集体教研制度，鼓励支持思政课教师与专业

课教师合作教学教研。"① 由此可见，基层教学团队建设是提升教师课程思政教学能力的重要途径。文件既强调了教学团队在课程思政建设中的重要作用，又指明了高校课程思政建设的方向。高等学校要把教师的育人意识作为第二课堂课程思政团队建设的重中之重。一是在团队建设中提升教师的思想政治素质。教师思想政治素质的提升是要解决的首要问题。原则上，每一位教师都是经过高校考察合格后才进入工作岗位的，教师的师德师风都是优良的。但我们也可以发现，教师思想政治素质和师德师风是一个变动的参数。随着时间和环境的变化，有些教师会出现政治立场动摇、师德师风变质的问题。如果把这些错误倾向带到课堂中，会对人才培养造成重大的负面影响。反之，如果在一支优秀的团队中，经常能得到正面的引导和团队的督促，个人政治上和思想上的小波动能得到及时的提醒和纠正，就可以最大限度地避免问题的出现，而且会使教师的思想政治素质得到进一步提升，更有利于开展课程思政工作。二是在团队建设中提升教师对课程思政的认识。课程思政这个概念自提出以来，高校管理部门以及相关学者对它已经有了一定研究，特别是教育部《高等学校课程思政建设指导纲要》的出台，更是为课程思政指明了方向。但如何进一步把课程思政落到实处，还需要广大教师在思想上真正重视这项创新举措。只有统一思想、形成共识，才有可能进一步研究提高课程思政的办法，克服课程思政中出现的问题。高校要把教师对课程思政的认识作为团队建设的重要环节，要让教师真正理解课程思政的深意。教育部相关文件把高等学校课程思政工作置于一个至高无上的地位，它决定着接班人的问题，以及国家和民族命运的问题。所以，每一位教师都要有历史使命感和责任感，都要站在国家发展和民族复兴的高度来思考问题，形成对课程思政的正确认识，产生育人育才的强大动力。三是在团队建设中提升教师课程思政的能力。课程思政最终效果的实现还在于教师课程思政能力的发挥，课程思政能力的形成与提高离不开团队建设。个人能力与团队建设是相辅相成的，团队建设能带动个人能力的提升。当然，个人是集体的一分子，其对集体的贡献也能促成团队建设，为个人营造更好的发展空间。

---

① 教育部．高等学校课程思政建设指导纲要：教高〔2020〕3 号〔A/OL〕．（2020-06-01）〔2021-11-27〕．http：//www.moe.gov.cn/srcsite/A08/s7056/202006/t20200603_462437.html.

第二课堂课程思政教学团队的建设从某些方面可以借鉴第一课堂的经验，特别是人员组成方面。第二课堂要选拔经验丰富、能力突出的教师骨干担任团队的负责人，由思政课教师和专业教师共同组成第二课堂课程思政团队，集体研讨开展课程思政教学的具体办法。通过集体研讨、课堂实践与反馈、团队再研究等过程，可以进一步提高教师课程思政的能力，为第二课堂课程思政的开展提供强大的人力资源保障。

三、形成高校第一课堂和第二课堂价值观教育的合力

课程建设是高等教育的"主战场"，第一课堂和第二课堂承担了主战场的重要建设任务。第一课堂课程建设已经较为完善，并且形成了规范的制度和成熟的管理经验，课程建设成果斐然，这也得益于高校及上级主管部门的重视。然而，第二课堂的课程建设显得止步不前，不同高校之间差异较大，且普遍不能真正担负起"主战场"的重任。高校第二课堂是高等教育不可或缺的一部分，而且是大学生社会主义核心价值观培育、综合素养提升、创新创业意识培养及实践能力提高的重要阵地。高校要努力实现两个课堂的有机统一，形成第一课堂带动第二课堂、第二课堂补充第一课堂的良好态势。同时，积极发挥两个课堂的自身优势，形成教育合力，为社会主义核心价值观的培育和践行营造良好的教育环境，真正体现第二课堂在"主战场"建设中应有的地位。

（一）发挥第一课堂理论灌输的力量

有些人认为灌输是一种强迫性、僵化教条性、排他封闭性、单向沟通性的教育手段，不符合科学的教育理念和思想政治教育的新要求。其实，这是他们不了解理论原貌所致。[①] 理论灌输在思想政治教育和价值观教育方面是非常重要的教育手段。列宁曾指出，革命理论对实践有着重要的指导作用，科学社会主义意识不可能从工人运动中自发产生出来，只能从外部灌输进去。[②] 这一论断对科学社会主义理论和革命理论的灌输有重要意义。事实也证明，经过理论灌输

---

① 许醒，等．"马克思主义灌输论"的理论还原和视域融合［J］．思想理论教育导刊，2018（8）．

② 中共中央马克思恩格斯列宁斯大林著作编译局编译．列宁选集：第 1 卷［M］．北京：人民出版社，2012：317．

的工人阶级在当时开展了一系列工人运动，推动了社会主义的发展，理论灌输也得到了中国马克思主义者的重视。五四运动前，以陈独秀和李大钊为代表的革新派在大学生中开展新文化的理论灌输，唤起了大部分知识分子的觉醒。五四运动后，他们又走到工人和群众中去，向工人和群众进行马克思主义理论的宣讲和灌输。在马克思主义的实践中，我们可以看出，理论灌输是非常重要的思想教育手段，不具备一定的理论基础，何以进一步理解先进的理论，并用理论去指导实践？第一课堂在大学生价值观教育方面有着自身优势，特别是在理论灌输方面是第二课堂无法比拟的。高校第一课堂面向大学生开设了《马克思主义基本原理》《思想道德与法治》《毛泽东思想和中国特色社会主义理论体系概论》《中国近代史纲要》和《形势与政策》等思想政治理论课程，这些课程都属于公共必修课程。这些课程在高校马克思主义学院的统一领导下，制定了严格的教学大纲，并且有相应的学科支撑，形成了强有力的师资队伍，为理论的传播和主导价值观的教育打下了坚实基础。通过理论的系统学习，大学生能从中学习到马克思主义思想、中国化的马克思主义、中国共产党和新中国的发展史、价值观理论及最新的形势与政策，大学生也能领悟到我们国家从站起来、富起来到强起来所依赖的核心要义，从而更加坚定道路自信、理论自信、制度自信和文化自信。大学生思想觉悟的提升既是理论灌输的结果，也是培育和践行社会主义核心价值观的动力源泉。

（二）突出第二课堂实践体验的优势

理论与实践是相辅相成的。列宁曾经说过，没有革命的理论就没有革命的行动。在新民主主义革命初期，蔡元培、陈独秀、李大钊等人在推行新文化运动过程中，努力探寻新的理论来试图拯救风雨飘摇中的中国。[①] 随着五四运动的爆发，以及中国共产党的成立，一批爱国志士在马克思主义理论的指导下，开启了轰轰烈烈的革命实践。随着新民主主义革命的胜利，在中国共产党的领导下，中华人民共和国进入了社会主义事业的建设阶段。中国共产党始终坚持马克思主义思想的指导，在社会实践中不断创新，结合中国国情和时代特征，创

---

① 中共中央马克思恩格斯列宁斯大林著作编译局编译. 列宁选集：第 1 卷［M］. 北京：人民出版社，2012：311.

造性地运用和发展马克思主义。从毛泽东思想到邓小平理论、"三个代表"重要思想、科学发展观，再到习近平新时代中国特色社会主义思想，都是马克思主义中国化的重要成果，都是在实践中对马克思主义理论的创造性运用。虽然马克思主义揭示了人类社会的发展规律，但是从中国的发展历程可以看出，机械地照搬照抄现有理论非但不能产生预期的效果，而且会给社会和人民带来灾难。所以，理论需要在实践中进行检验，需要在实际中进行改造，从而形成新的正确的理论。在新的理论指导下，实践才能产生强大的生产力，才能造福社会和人民。第一课堂具有理论灌输的优势，大学生能够在这个平台学习到许多先进理论，但从理论的理解到运用还是有一定距离的。第二课堂要与第一课堂进行充分衔接，让大学生在第二课堂进一步消化第一课堂的理论知识，检验第一课堂的理论知识，从而巩固对理论知识的理解，并在未来的社会生活、工作和现代化建设中，运用理论知识来推动实践的效率，实现实践的效果。第二课堂的课程设置要有针对性地与第一课堂有效对接，在第二课堂成立相应的社团，可以使大学生对理论知识进行进一步学习、研讨和辩论，从而加深对理论知识的理解。在社会实践、调研和体验环节，可以设立不同的方向、领域和专题，让大学生深入基层、深入一线，充分了解社情和民情，让他们从理论的角度审视当前的社会建设，从实践的角度检验理论的真伪。从实际出发，思考不同理论应用的具体场景，避免教条地运用理论、单一地评价实践成果的现象，从而达到理论与实践的高度统一。

（三）体现社会主义核心价值观的价值引领

共青团组织在第二课堂的规划与实施方面起到了重要作用，这在国内高校已经是普遍现象，并且形成了成熟的经验。共青团组织的政治属性也决定了大学生价值观教育是第二课堂的重要职能之一。社会主义核心价值观是我国的主导价值观，体现了党和国家的政治主张，体现了社会的发展趋势，体现了人民的美好期望，是中华民族实现伟大复兴的人心所向和思想保证。价值观是人的思想中最为核心的部分，它决定了人们的思维方式和价值取向，一旦形成，将会产生持久而强大的动力。对于拥有十四亿人口的大国，培育和践行社会主义核心价值观是多层次教育永恒的命题。高等教育要不失时机地开展社会主义核心价值观的教育，把社会主义核心价值观融入两个课堂，引领高校思想政治教育，特别是价值观教育的方向。第一课堂思想政治理论课在社会主义核心价值观培育方面起到了理论灌输的作用，这是大学生理解党的政治主张、了解社会主义核心价值观的主要途径。同时，第一课堂课程思政的全面推广也给社会主义核心价值观的培育开辟了新的途径。教师在进行专业课程教学过程中，可以采用不同的形式，抓住合适的时机融入社会主义核心价值观的价值导向，把专业课程作为价值观培育的载体，为大学生学习专业知识增添动力。第二课堂的课程具有很强的个性化，与第一课堂相比，更易把社会主义核心价值观融入其中，有些课程或活动可以直接以社会主义核心价值观作为主要内容来开展，如主题教育活动、志愿服务活动及社会实践活动等，大学生们沉浸在活动当中，能直观地体会到组织者所倡导的价值导向，在感性的活动中激发理性的思考，在主动参与中形成自己的价值观。

第三节　打造全面发展的第二课堂大学生群体

　　大学生群体是高校的主体，是高校一切工作的核心。大学生群体是社会主义核心价值观培育的对象，是最直接、最重要的优化对象。第二课堂大学生群体整体素养的提升将更有利于第二课堂社会主义核心价值观的培育和践行。高等学校以立德树人为根本任务，其最终目标是培养社会主义合格建设者和可靠接班人。大学生的价值观培育、知识学习与综合能力培养密不可分，正确价值观的培育和养成将为知识学习增添无穷的动力，也为综合能力的培养建立思想基础。当然，正确价值观的培育和养成不是一朝一夕就能达成的，它需要大学生在知识学习和能力提升中增强对社会主义核心价值观的理解和感悟，从而在日常生活中践行社会主义核心价值观。

一、以高校第二课堂美育涵养大学生的道德世界

　　中共中央办公厅、国务院办公厅《关于全面加强和改进新时代学校美育工作的意见》指出，美育"以立德树人为根本，以社会主义核心价值观为引领，以提高学生审美和人文素养为目标，弘扬中华美育精神，以美育人、以美化人、

以美培元，把美育纳入各级各类学校人才培养全过程，贯穿学校教育各学段，培养德智体美劳全面发展的社会主义建设者和接班人"①。美育蕴含着价值认知的问题，"某种程度上说，美育的核心就是价值教育，其宗旨是培养学生懂得美、欣赏美、创造美的意识和能力，从而真正把学生培养成向上、向善、向美的时代新人"②。加强第二课堂大学生的美育可以提高大学生对美的评判力，提升大学生的价值认知，涵养大学生的道德世界，从而优化社会主义核心价值观融入高校第二课堂的核心环境。

（一）坚持第二课堂美育的正确方向

高校第二课堂美育是立德树人的重要载体，要"坚持弘扬社会主义核心价值观，强化中华优秀传统文化、革命文化、社会主义先进文化教育，引领学生树立正确的历史观、民族观、国家观、文化观，陶冶高尚情操，塑造美好心灵，增强文化自信"③。这就是第二课堂美育所要坚持的正确方向。第二课堂美育是高校立德树人的重要组成部分，如何判断美、发现美、创造美是美育要实现的目标。实现目标的前提是引导大学生对美的标准的认识与认同，让他们在自己的内心深处确立美的标准与方向。美的标准的建立较为复杂，究竟什么是美、如何用理性量化的指标来衡量，或者说能否用指标来衡量，关于这些方面说法不一。但是用正确的价值导向来衡量美的标准得到了大部分学者的认同，也得到了教育主管部门的认可。在我国，美育的正确方向即社会主义核心价值观的价值指向，与此同向同行的文化、行为、观点及外在表现都属于美的范畴。当然，不同时代、不同时期美的表现形式是有差异的，但这不会影响美育的正确方向和内在标准。在革命年代，我们崇尚的是为了国家的独立和祖国的统一而舍生忘死的牺牲精神，所有为之奋斗的革命战士是最美的人、最可爱的人，他

① 中共中央办公厅，国务院办公厅．关于全面加强和改进新时代学校美育工作的意见［A/OL］．（2020-10-15）［2021-11-27］．http：//www.gov.cn/zhengce/2020-10/15/content_5551609.htm.
② 顾霁昀．"以美育人"的时代价值与实践路径——基于教师美育素养的视角［J］．教师教育研究，2021（2）．
③ 中共中央办公厅，国务院办公厅．关于全面加强和改进新时代学校美育工作的意见［A/OL］．（2020-10-15）［2021-11-27］．http：//www.gov.cn/zhengce/2020-10/15/content_5551609.htm.

们有着正确的民族观和国家观，有着高尚的情操和美好的心灵，这就是革命年代最高形式的美，也是一种正确的价值导向。在社会主义建设时期，我们崇尚的是为了国家的富强和人民的幸福而在不同岗位勇于付出和担当的奉献精神。虽然岗位有不同、贡献有大小，但其中蕴含的价值导向是一致的，它们都是美的代表，也是美育要坚持的方向。

（二）丰富第二课堂美育的课程项目

高校美育"以审美和人文素养培养为核心、以创新能力培育为重点、以中华优秀传统文化传承发展和艺术经典教育为主要内容"①。围绕以上内容，高校第二课堂要加强项目设置与引导，在继承传统项目的基础上，进一步围绕中央对美育工作的意见进行设计与创新。一方面要重新审视传统项目的价值定位和表现形式。高校第二课堂美育项目以美术、音乐和戏剧等类型为主，这些都是高校第二课堂的经典活动，在不同时代都有着较为广泛的群众基础。但是，近年来，随着网络的普及和智能手机技术的更新，有些经典活动逐渐失去了往日的光环。我们再次审视这些项目，其中不乏当前大学生审美标准的问题或价值取向的问题，当然也有项目本身的问题，如缺乏创新等。在对高校第二课堂存在问题溯源时，大学生认为"活动项目的设计缺乏创意"是最主要的原因，这是大学生最为直观的反馈。创新是时代永恒的话题，事物永远处于变化之中，高校第二课堂要传播社会主义核心价值观，推进美育成果，一定要加强传统项目的创新，在坚持正确价值方向的基础上，可以改变外在的表现形式，结合大学生的审美情趣，在活动参与中推进美育工作，固化审美标准。另一方面，要进一步创新形式，拓展美育的内涵。高校第二课堂美育要进一步创新表现形式，提升活动项目的吸引力。从调查来看，经常参加第二课堂活动的大学生比例为52.65%，其余为较少参加或不参加，这个数据是不太乐观的。学生的参与率是第二课堂教育的保障，只有让学生走进课堂，才能感觉到第二课堂所要传达的思想，达到教育的效果。因此，高校要依托现代化的表现形式，提升活动项目创意，结合时事热点和学生的兴趣点，让更多学生走进第二课堂。此外，要拓

---

① 中共中央办公厅国务院办公厅．关于全面加强和改进新时代学校美育工作的意见［A/OL］.（2020-10-15）［2021-11-27］. http://www.gov.cn/zhengce/2020-10/15/content_5551609.htm.

展美育的内涵，丰富项目的内容和种类。在较长一段时间内，美育被狭隘地理解为美术教育，殊不知，"美育是审美教育、情操教育、心灵教育，也是丰富想象力和培养创新意识的教育"①。因此，高校第二课堂可承担大多艺术展演，面向全体大学生开展弘扬中华优秀传统文化、革命文化和社会主义先进文化的文艺演出、画展和图片展览；可组建合唱团、管弦乐团和舞蹈团；可建立美术社团、原创音乐工作室或短视频工作室等特色学生组织。可通过建立多种形式的艺术项目，广泛开展美育熏陶和美育实践，使大学生逐渐确立正确的审美标准，不断提高审美能力，让大学生在活动中感悟美、在实践中创造美。

（三）合理借助社会的美育资源

高校是一个相对开放的校园，第二课堂的许多课程项目都已融入社会，社会文化对校园文化有着重要影响。同时，我们也清醒地认识到，校园是社会的一部分，最终学生都要走上社会，只有了解社会、适应社会，才能接轨社会，成就自己的事业，为社会做贡献。社会的美育资源极为丰富，而且更具有视觉和情感冲击，但由于社会的复杂性，这也对大学生的审美能力提出了更高要求。一方面，大学生要走上社会，去感悟美、创造美。美育的核心在于"审美"。席勒指出："审美是思维、感觉和情感交织的过程，并把美育看作培养具有道德和理性的人的一种手段。"② 培养大学生的审美标准或审美情趣是高校第二课堂的重要任务之一，个人审美标准也是个人道德标准的重要内容之一，是个人价值观中相对稳定的元素，决定着一个人未来的言行导向和奋斗目标。审美标准的形成与个人价值观的形成是相互交织、相互影响的过程，只有两者高度统一，才能达到稳定的状态，即道德标准确立的状态。高校第二课堂可以通过人物专访去了解人民英雄、劳动模范、基层先进等优秀代表的事迹，感悟人性之美、道德之光；可以通过参观博物馆、美术馆，了解历史对美的传承与发展，感悟艺术之美。当然，在高校的引导下，在自身审美标准的基础上，大学生可以组

---

① 中共中央办公厅国务院办公厅.关于全面加强和改进新时代学校美育工作的意见［A/OL］.（2020-10-15）［2021-11-27］.http：//www.gov.cn/zhengce/2020-10/15/content_5551609.htm.
② ［德］弗里德里希·席勒.审美教育书简［M］.冯至，范大灿，译.上海：上海人民出版社，2003：13.

织相关的社会实践活动去创造美，如贫困地区的支教活动、社区孤寡老人的陪护、环保宣传活动以及社会环境美化活动等。大学生在倡导和创造美的过程中也在感悟美的真谛，对自身审美标准和价值观的养成具有重要影响。另一方面，高校第二课堂可通过与社会组织合作，把好的活动项目引入校园，让大学生近距离感悟美。模范人物的专场报告会、乐团和话剧社的专场演出、名家画展或书法展等活动是美育的重要载体，通过与社会组织或个人合作，这些活动均可以引入校园，让更多大学生受到道德的洗礼，感悟美妙的艺术，从而提升自身的人文修养和审美标准，确立正确的价值导向。

二、以高校第二课堂劳动教育丰富大学生的智育和体育

马克思主义指出，劳动"是不以一切社会形式为转移的人类生存条件，是人和自然之间的物质变换即人类生活得以实现的永恒的自然必然性"[1]。马克思认为劳动创造了人类生存的物质条件，是人类一切社会关系形成和发展的基础。在劳动中，人类同自然界发生关系，同时人与人之间又结成了生产关系。所以，劳动是社会发展最根本的推动力量。"劳动教育是中国特色社会主义教育制度的重要内容，直接决定社会主义建设者和接班人的劳动精神面貌、劳动价值取向和劳动技能水平。"[2] 对劳动教育的重视体现了中央对劳动重要性的认识，也是对当前学校在劳动教育方面存在问题的认识，更是对青少年中出现的关于劳动的不良现象的担忧。劳动具有重要而独特的育人价值，加强劳动教育能让大学生体会马克思主义劳动观，形成正确的世界观、人生观和价值观，推动劳动教育与智育、体育相融合，不断丰富智育和体育的形式和内涵。

（一）劳动教育能丰富智育的实践内涵

大学生第二课堂劳动教育的前提是加强系统的文化知识学习，在文化知识学习的基础上，开展生活性劳动、生产性劳动和服务性劳动。生活性劳动教育融于日常生活中，专业知识运用较少，但能提升思维能力和意志品质，如通过

---

① 马克思恩格斯文集：第 5 卷［M］．北京：人民出版社，2009：58.

② 关于全面加强新时代大中小学劳动教育的意见［A/OL］．（2020-03-26）［2021-11-27］．http://www.gov.cn/zhengce/2020-03/26/content_5495977.htm.

开展文明卫生宿舍评比、公寓美化大赛等活动，促进大学生参与家务劳动的积极性。生产性劳动教育与大学生专业知识的运用息息相关，可通过开展实习实训活动、创新创业活动等，把专业知识运用于实践，提升大学生对专业知识的理解与运用，在实践中提高智育水平。服务性劳动教育对大学生专业知识的交叉运用能力是一种检验，通过参加大学生志愿服务西部计划、暑期"三下乡"活动及社区系列志愿服务等服务性劳动，可增强大学生的服务意识与劳动技能。无论何种形式，劳动教育对大学生智育的发展和实践内涵的拓展都有很大帮助。一方面，大学生在劳动过程中需要结合自身所学的专业知识开展劳动和服务，如法律咨询、心理咨询、电脑维护、地方支教等，劳动的过程同样是专业理论知识再学习、再提高的过程，既能强化专业知识，又能在实践中服务社会和他人，丰富智育的实践内涵；另一方面，劳动具有较高的思维含量和价值导向，大学生在劳动过程中能意识到劳动的重要性，体会到劳动的艰辛，增强对劳动成果的珍惜，体会到劳动的价值，增进与劳动人民的情感。此外，劳动教育能触发人的思考，许多创造发明都是人们在劳动过程中产生的思维火花，这是理论学习所不能企及的。

（二）劳动教育能丰富体育的健康内涵

劳动和劳动教育是两个不同的概念，既有联系，又有区别。劳动指的是人们"通过对物质材料的操作进而达到特定目的的社会活动"①。劳动教育是指学校对学生开展的劳动意识、劳动价值和劳动精神等方面的培训与实践，从而达到培养学生树立马克思主义劳动观、养成良好的劳动习惯、掌握劳动技能的目标。"劳动有可能让劳动者收获劳动成果，锻炼技能，培养劳动价值观，但同时也有可能造成身体和精神的劳损，带来压迫和剥削，造成人的片面发展甚至异化。"② 而教育的本质决定了劳动教育是使受教育者变得更好，也就规避了劳动中有可能造成的对人们身体和精神上的伤害。所以，大学生所参加的劳动和实践都属于劳动教育的范畴。

---

① 陶青. 论新时期有效劳动教育的三个条件：心理的、智力的和社会的——劳动并不等于劳动教育［J］. 教育理论与实践，2020（10）.

② 娄雨. 什么是"劳动的独特育人价值"——论劳动之于"体、技、心"的教育意义［J］. 中国教育学刊，2020（8）.

劳动教育的体育价值在于健康，它对人的身体和心理有着良性的促进作用。一方面，劳动教育能彰显体育精神。体育项目的形成大多是从原始状态的劳动而来。当时的人类为了适应自然环境，抵御或避免动物的袭击，从而形成了一系列体育项目，如铅球、铁饼、标枪等投掷类项目，跑步、跳高、跳远等径赛类项目，以及射箭、摔跤、拳击等攻击类项目等。随着时代的发展，体育项目不断丰富，其中不乏许多来源于人类不同时期劳动的项目，由此也可以看出劳动对体育的基础支撑作用。虽然部分体育项目来自劳动，但体育的精神则与劳动的初衷有较大差异，体育以"更快、更高、更强、更团结"为精神指向，也是其奋斗目标。而劳动则以完成劳动目标，获得人们赖以生存或发展的劳动产品为目标，劳动与体育的目标是不同的。但是，劳动教育以劳动为载体，提倡的是磨炼意志、锻炼能力，特别是在新的时代，劳动教育更强调科学精神的培养和创造性劳动能力的提高，这一点与体育精神是一致的。劳动教育和体育的前提是大学生的身心健康，劳动教育中所强调的意志品质的磨炼同样是体育精神中不可或缺的精神内核。新时代劳动教育中强调的科学精神和创新精神更是体育精神的体现。我们可以看到，随着计算机技术和大数据的不断发展，几乎所有体育项目都引入了科学的分析和训练方法，在科学技术的指导下，运动员可以减少受伤的概率，精准地改进自身不足，更快地提升自身水平，这一点在学校体育中已经得到了充分体现。所以，新时代劳动教育能彰显"更快、更高、更强、更团结"的体育精神，促进体育目标的实现，对学生身心健康有着较大的良性影响。另一方面，劳动教育能提升全民健身的意识。全民健身旨在全面提高国民体质和健康水平，鼓励人们无论自身体育水平如何，都要投入健身活动，提高自身的力量、耐力、柔韧性和协调性，达到身体健康与强健的目标。部分体育锻炼项目对运动器材、运动场地有较高要求。但是，全民健身旨在提高人们的健身意识，有了健身意识，处处都能锻炼，时时都能锻炼。所以健身意识的建立与提高是全民健身的核心。劳动教育所提倡的是人们在身心愉悦状态下的劳动，是在人们生理和心理能够接纳范围内的劳动，其本身也是一种锻炼。通过学校全面的劳动教育，可以帮助大学生养成劳动的意识和习惯，这将有力地推动全民健身意识的建立与提高。

三、以"第二课堂成绩单"提升大学生的综合素质

"第二课堂成绩单"制度是由共青团中央和教育部联合实施的一项推进高校第二课堂改革与发展的有力措施。该制度把共青团工作的内容,特别是原有第二课堂的各类活动项目进行了整体的设计与分类。同时,对评价机制和运行模式进行了改革,特别是对第二课堂的科学化、系统化、制度化和规范化运行方面做了较大提升。通过科学系统设计,高校第二课堂的内容可分为思想政治引领、素质拓展提升、社会实践锻炼、志愿服务公益和自我管理服务等方面。①"第二课堂成绩单"制度是高校第二课堂形式规范和内容深化的重要推动力,也是社会主义核心价值观进一步融入第二课堂的重要载体和主要切入点。高校只有在"第二课堂成绩单"制度的指引下,科学设置评价方法和标准,才能把这项制度落实到位,从而达到提升大学生综合能力的目标。

(一)在思想引领中提升大学生的思想政治素质

"第二课堂成绩单"制度把立德树人这一根本任务作为指导思想的核心与主线。在内容设计上,把思想政治引领作为首要部分,并贯穿"第二课堂成绩单"制度的始终。思想政治引领部分的内容集中体现了第二课堂在思想政治教育方面的功能。同时,思想政治教育的功能渗透"第二课堂成绩单"制度体系的其他环节,体现在每一个环节的教育要素中。社会主义核心价值观的培育是思想政治教育的核心任务,社会主义核心价值观所体现的价值要素与思想政治教育的目标是高度一致的。价值观是一个人思考问题的立场和出发点,培养正确的个人价值观是思想政治教育的重要目标。高校第二课堂的思想政治引领主要体现在以下几个方面:一是通过主题教育活动提升大学生的思想认识。第二课堂主题教育活动形式多样,内容覆盖思想政治教育的众多方面。有与政治节日相关的主题活动,如结合党的生日、国庆节等重大政治节点开展的升旗仪式、党旗下宣誓、重走长征路等主题活动;有与社会主义核心价值观的价值目标相关

---

① 共青团中央,教育部.关于在高校实施共青团"第二课堂成绩单"制度的意见:中青联发〔2018〕5号〔A/OL〕.(2018-07-05)〔2021-11-27〕. https://youth.bnu.edu.cn/docs/2019-09/20190907131231947548.pdf.

的主题活动，如结合爱国、诚信、法治等主题开展的教育活动。通过以上主题活动的开展，参与其中的大学生将受到熏陶与感染，思想政治素质将得到提升。二是通过高校第二课堂课程思政提升大学生的思想素质。思想引领只有融入高校第二课堂，通过课程思政的形式，才能使第二课堂的思想引领工作全面展开并有效推进。大学生在参与第二课堂不同课程项目时，潜移默化地受到思想熏陶，个人思想政治素质能够得到有效提升。三是在第二课堂的实践中得到感悟。实践是检验真理的唯一标准，这是亘古不变的真理。大学生通过参与第二课堂的调研和实践活动，能真正体会党的伟大，体会国家的发展和时代的进步，也能感受人间的疾苦，其思想会在实践中逐渐得到升华。

（二）在实践锻炼中加强大学生的社会服务能力

当代大学生都是沐浴在改革开放春风中的一代，他们享受着市场经济带来的丰富物质成果。虽然大学生中还有小部分相对贫困的学生，但由于国家政策的支撑和财政的支持，大学生已经没有学费和衣食住行的忧虑。他们从小就受到良好的教育，在文化、艺术、体育等方面的能力得到了充分的拓展。然而，受社会环境、教育导向和家庭环境的影响，大学生普遍存在服务意识和服务能力不足，重个人利益而轻个人奉献，这对于社会主义核心价值观的输入是不利的，更不利于实现国家合格建设者和可靠接班人的培养目标。而高校第二课堂的实践锻炼可以弥补大学生能力建设中的不足，提升第二课堂大学生群体的社会服务能力，为社会主义核心价值观的培育和践行夯实基础。

"第二课堂成绩单"制度的大部分板块以实践作为课程项目，这也是第二课堂最显著的特点。积极组织开展社会实践锻炼、志愿服务公益和自我管理服务等课程项目将对大学生实践能力有较大提升，特别是可以进一步提升大学生的服务意识和社会服务能力。社会实践是大学生了解社会和服务社会的重要窗口之一。每年暑期是各高校开展社会实践的主要时期，大学生通过参加不同类别的社会实践可以锻炼不同的本领，发现自身的不足。随着社会服务意识的提升，大学生将通过再学习、再实践来不断完善自己，从而达到提升自身社会服务能力的客观效果。志愿服务等公益服务项目也是大学生了解不同世界的窗口，老人的养老问题、留守儿童的教育问题等都是社会弱势群体存在的现实困难。作为当代大学生，可以通过志愿服务感受到自身所应承担的社会责任，提升服务他人、服务社会的意识，从而提高服务社会的能力。当然，自我管理也是方便他人、提升社会整体素质的途径。每个人都应该自律，尽量不给他人、不给社会带来负担和负面影响，如此才能推进和谐社会的建设，服务社会精神文明建设，全方位提升个人的社会服务能力。

（三）在价值应用中引导大学生综合素质的培养

"第二课堂成绩单"制度的价值应用是整个制度的核心，对制度的组织实施和学生综合素质的培养具有重要的牵引作用。该制度具有客观跟踪记录、科学评价评估和引导学生成长的功能。制度指出，要"将共青团'第二课堂成绩单'作为学生在校期间综合素质测评、评奖评优、升本推研、推优入党等的重要评价……为社会用人单位选人、用人提供具有规范性、公信力的科学参考依据，形成学生、学校、社会的有效连接"①。由此可见，制度实施过程中对学生第二课堂形成的各种记录、评价和学分进行有效应用和价值发掘是这项制度永葆生命力的关键所在。

高校在细化落实制度安排时，要紧扣"第二课堂成绩单"的价值应用。首先，高校第二课堂的课程项目要体现大学生思想素质的考察与培养。以学校为主导开设的第二课堂课程项目要注重考察学生的道德品质和行为表现，在人员的选拔和活动的过程中要注重学生纪律和言行的要求，对违纪和失德要采取一票否决制。对于学生优良的表现要注意记录和存档。此外，在任何课程项目或活动中，都要注重社会主义核心价值观的传播与培育，要以课程思政的方式开展教学与活动，把德育融于日常活动之中，从而培养大学生形成良好的思想素质。其次，高校第二课堂的组织部门要注重大学生专业成绩的考察与要求。共青团的相关学生组织聚集了大量的学生干部和学生骨干，如校院两级共青团学生干部、学生会干部和社团负责人等，他们都是第二课堂的策划者和组织者。每学期，高校第二课堂的组织部门都要对这些学生群体提出专业成绩的要求，并进行动态监督，为培养又红又专的时代标兵奠定基础。最后，高校第二课堂的课程项目要体现大学生综合能力的培养。第二课堂要体现对大学生综合能力

---

① 共青团中央，教育部. 关于在高校实施共青团"第二课堂成绩单"制度的意见：中青联发〔2018〕5号〔A/OL〕.（2018−07−05）〔2021−11−27〕. https：//youth. bnu. edu. cn/docs/2019−09/20190907131231947548. pdf.

的培养，这是第二课堂相对第一课堂的优势，也是与第一课堂形成互补的方面。"第二课堂成绩单"要成为大学生综合素质测评的依据、推优入党的依据和用人单位选人的依据，前提是第二课堂要注重大学生综合能力的考察与培养，让第一课堂、党组织和社会用人单位信任"第二课堂成绩单"的评价结果。因此，第二课堂课程项目要紧扣大学生道德品行、社会工作能力、组织协调能力和文艺体育能力等多方面能力的培养，为"第二课堂成绩单"的价值应用提供有力保障，以此来引导大学生培养自身的综合素质，为社会主义核心价值观融入高校第二课堂营造氛围、优化载体、奠定基础。

结　语

　　社会主义核心价值观的确立是中国共产党在解放思想、实事求是的原则基础上继承传统、博采众长、不断进行理论深化的过程，反映了党与时俱进、求真务实的先进性。社会主义核心价值观从国家、社会、公民三个层面涵盖了中国特色社会主义事业不断前进的理念和信念，既包含了马克思主义指导思想、社会主义共同理想，又包含了民族精神和时代精神的高度凝练，亦包含了社会主义荣辱观的具体要求。践行社会主义核心价值观必将推动社会主义事业大发展，为实现中华民族伟大复兴的中国梦增添动力。

　　习近平总书记曾说过："青年一代有理想、有本领、有担当，国家就有前途、民族就有希望。"① 大学生是青年群体中最富有知识和思想的群体，他们是中国特色社会主义事业的建设者和接班人，他们的价值观影响着社会主义核心价值观的未来走向。中国共产党诞生前夕，一群青年人在马克思主义思想的感召下走到了一起，他们有着共同的理想和梦想，以及共同的人生观和价值观，最终建立了党组织，开创了中国共产党和中华民族的伟大事业。

　　当今世界是一个价值多元化、利益复杂化的社会，随着全球开放程度的提升，中国的大门也向世界越开越大，如何抵御来自世界范围内的错误思潮、消极思想和错误导向是摆在教育工作者面前的重大课题。其实，我们党已经给我们指明了方向，对于高等学校来说，就是要大力培育和践行大学生的社会主义核心价值观，让他们构建坚固的思想防线，树立马克思主义指导思想和共产主义伟大信仰，不断追寻中华民族伟大复兴的中国梦。与此同时，我们也发现，

---

① 习近平. 习近平给北京大学援鄂医疗队全体"90后"党员的回信 [EB/OL]. 2020-03-16.

要真正实现社会主义核心价值观入脑入心的目标尚有一定距离。但是，国家大力推进第一课堂思想政治理论课的改革创新、高校课程思政改革、"三全育人"教育实践等一系列措施为社会主义核心价值观的培育和践行营造了良好环境，奠定了工作基础，坚定了培育信心。作为高校思想政治工作者，笔者深感使命光荣，责任在肩。

围绕社会主义核心价值观融入高校第二课堂的研究是遵循社会主义核心价值观培育和践行规律的有效尝试。研究中，通过对大学生的问卷调查，笔者捕捉到了当前大学生的价值取向，以及大学生对高校开展社会主义核心价值观教育的评价和建议；了解了高校第二课堂教育的普遍情况和存在的相关问题，以及大学生对改善第二课堂价值观教育的建议等。通过对教师的访谈，除了进一步核实相关问题之外，侧重寻找问题背后的原因和解决问题的策略。所谓"兼听则明，偏听则暗"，多渠道的调研加深了笔者对当前大学生社会主义核心价值观培育情况的了解，通过有针对性地开展原则和目标、形式和内容、制度和保障、课程和师资、载体和评价等方面的研究，以期找到社会主义核心价值观融入高校第二课堂的路径，虽然从理论上已经找到了解决问题的办法，但最重要的是经得住实践的检验，真正把理论运用于实践。

虽然本课题的研究暂告一段落，但日常生活中，大学生社会主义核心价值观的培育工作永无止境。进一步聚焦价值观培育的微观载体、进一步研究价值观融入各类载体的方法、进一步开拓价值观培育和践行的阵地、进一步创新价值观培育和践行的形式和方法将是笔者未来开展理论研究和实践尝试的方向。希望本课题的研究能给理论工作者提供借鉴和参考，给高校教育工作者带来新的思路、新的方法，开辟新的路径。

附录 A

"社会主义核心价值观融入高校第二课堂研究" 学生调查问卷

亲爱的同学：

您好！感谢您参与以"社会主义核心价值观融入高校第二课堂研究"为主题的问卷调查。本调查是从大学生的角度，对社会主义核心价值观融入高校第二课堂情况做一个了解。本问卷不记名，所有数据只用于课题研究。非常感谢您的配合！

1. 您的性别：

A. 男　　　　　B. 女

2. 您的年级：

A. 大一　　　　B. 大二　　　　C. 大三　　　　D. 大四

E. 大五（五年制本科）

3. 您的政治面貌：

A. 中共党员或预备党员　　　　B. 共青团员

C. 群众　　　　　　　　　　　D. 民主党派

4. 您的专业所属的学科门类：

A. 理学、工学、农学、医学

B. 经济学、管理学、法学、教育学

C. 文学、历史学、哲学、艺术学

D. 其他（请注明）

5. 您曾经参加过以下哪些第二课堂活动？（可多选）

A. 主题教育活动　　　　　B. 社会实践活动

C. 志愿服务活动　　　　　D. 科技创新活动

E. 文艺表演或体育比赛　　F. 其他（请注明）

6. 您曾经参加第二课堂活动的频率?

A. 经常参加　　B. 很少参加　　C. 不参加

7. 您觉得参加第二课堂活动对您的价值观影响大吗?

A. 非常大　　　B. 一般　　　　C. 比较小　　　D. 说不清楚

8. 您觉得社会主义核心价值观的培育和践行在第二课堂是否有所体现?

A. 非常明显　　　　　　　B. 在部分项目中有体现

C. 不明显　　　　　　　　D. 说不清楚

9. 您更喜欢参加或接受以下哪些有关社会主义核心价值观的教育或活动?
(可多选)

A. 思想政治理论课　　　　B. 讲座或专题报告

C. 主题教育活动　　　　　D. 志愿服务活动

E. 社会实践活动　　　　　F. 文艺表演或体育比赛

G. 电视或广播　　　　　　H. 展板或条幅宣传

I. 校园主题景观　　　　　J. 书籍或报刊资料

K. 微信、QQ 等推送　　　L. 其他（请注明）

10. 您认为第二课堂在培育大学生社会主义核心价值观方面存在哪些问题?
(可多选)

A. 学生参与的积极性不高　　B. 活动存在形式主义现象

C. 活动的文化品位不高　　　D. 教师的指导不够

E. 活动随意性强，缺乏有效组织

F. 价值观教育不能全面融入所有活动

G. 其他（请注明）

11. 您认为存在以上问题（第10题中的问题）的主要原因有哪些? （可多
选）

A. 西方错误思潮的影响　　B. 市场经济负面因素的影响

C. 社会不良风气的影响　　D. 校园文化氛围不浓厚

E. 经费不足　　　　　　　F. 教师配备数量不足

G. 活动项目的设计缺乏创意　H. 其他（请注明）

12. 您认为当前有哪些因素有助于社会主义核心价值观融入第二课堂？

A. 国家对课程思政的重视　　B. 社会主义核心价值观自身的先进性

C. 丰富的思政教育经验　　　D. 良好的德育氛围

E. 第二课堂自身的优势　　　F. 其他（请注明）

13. 您的学校有没有关于培育和践行社会主义核心价值观的文件或制度？

A. 有　　　　　B. 没有　　　C. 不清楚

14. 您觉得是否有必要构建社会主义核心价值观融入第二课堂的长效机制？

A. 非常有必要　　　　　　　B. 有必要

C. 没有必要　　　　　　　　D. 说不清楚

15. 您认为如果建立社会主义核心价值观融入第二课堂的长效机制，主要需解决社会主义核心价值观融入第二课堂建设的哪些问题？（建议选择 3 项以上）

A. 多部门间缺乏协同保障的问题

B. 实践活动缺乏先进理论指导的问题

C. 活动缺乏物质或精神激励的问题

D. 活动缺乏约束机制的问题

E. 活动缺乏总结提升的问题

F. 文化品位低下的问题

G. 活动缺乏评价反馈的问题

H. 其他（请注明）

附录 B
"社会主义核心价值观融入高校第二课堂研究" 教师访谈提纲

1. 您的姓名和职务？

2. 您主要负责哪些工作？

3. 当前贵校第二课堂工作面临的问题和机遇？

4. 贵校有无推进第二课堂社会主义核心价值观培育和践行的文件？

5. 贵校有哪些促进第二课堂社会主义核心价值观培育和践行的制度？

6. 贵校第二课堂在社会主义核心价值观培育和践行方面有何举措？

7. 您对社会主义核心价值观全面融入第二课堂建设有何建议？

8. 请您介绍一下贵校第二课堂的师资配备情况？有何建议？

9. 您认为第二课堂有必要进行课程化建设吗？如果有，该如何推进？

10. 请您简要介绍一下贵校在落实"第二课堂成绩单"制度中遇到的问题。有何建议？

参考文献

一、著作类

[1] 马克思,恩格斯.马克思恩格斯全集:第41~43卷 [M].北京:人民出版社,2002.

[2] 马克思,恩格斯.马克思恩格斯文集:第2~6卷 [M].北京:人民出版社,2009.

[3] 马克思,恩格斯.马克思恩格斯选集:第1、2、3、4、7、8卷 [M].北京:人民出版社,2012.

[4] 马克思,恩格斯.共产党宣言 [M].北京:人民出版社,2018.

[5] 列宁.列宁选集:第1、2卷 [M].北京:人民出版社,2012.

[6] 列宁.列宁全集:第6卷 [M].北京:人民出版社,2013.

[7] 马克思.1844年经济学哲学手稿 [M].北京:人民出版社,2014.

[8] 马克思.黑格尔辩证法和哲学一般的批判 [M].北京:人民出版社,1955.

[9] 毛泽东.毛泽东选集:第1卷 [M].北京:人民出版社,1991.

[10] 邓小平.邓小平文选:第2卷 [M].北京:人民出版社,1994.

[11] 邓小平.邓小平文选:第3卷 [M].北京:人民出版社,1993.

[12] 中共中央文献研究室.邓小平同志论教育 [M].北京:人民出版社,1990.

[13] 习近平.习近平谈治国理政:第1卷 [M].北京:外文出版社,2014.

[14] 习近平.习近平谈治国理政:第2卷 [M].北京:外文出版社,2017.

[15] 中共中央文献研究室.习近平关于全面依法治国论述摘编 [M].北

京：中央文献出版社，2015.

[16] 习近平. 在纪念中国人民抗日战争暨世界反法西斯战争胜利 75 周年座谈会上的讲话 [M]. 北京：人民出版社，2020.

[17] 习近平. 决胜全面建成小康社会　夺取新时代中国特色社会主义伟大胜利——在中国共产党第十九次全国代表大会上的报告 [M]. 北京：人民出版社，2017.

[18] 中共中央马恩列斯著名编译局马列部，教育部社会科学研究与思想政治工作司. 马克思主义经典著作选读 [M]. 北京：人民出版社，1999.

[19] 毛泽东　邓小平　江泽民论教育 [M]. 北京：中央文献出版社，2002.

[20] 深入学习习近平关于教育的重要论述 [M]. 北京：人民出版社，2019.

[21] 杨晓慧. 当代大学生成长规律研究 [M]. 北京：人民出版社，2010.

[22] 张耀灿. 思想政治教育学前沿 [M]. 北京：人民出版社，2006.

[23] 张耀灿，等. 中国共产党思想政治教育史论 [M]. 北京：高等教育出版社，2006.

[24] 骆郁廷. 当代大学生思想政治教育 [M]. 北京：中国人民大学出版社，2010.

[25] 沈壮海. 思想政治教育有效性研究（第 3 版）[M]. 湖北：武汉大学出版社，2016.

[26] 郑永廷. 思想理论教育方法论 [M]. 北京：高等教育出版社，2010.

[27] 冯友兰. 中国哲学遗产的继承问题·三松堂全集：第 12 卷 [M]. 郑州：河南人民出版社，2001.

[28] 朱九思. 高等学校管理 [M]. 武汉：华中工学院出版社，1983.

[29] 苗力田. 尼各马科伦理学. 亚里士多德全集：第 8 卷 [M]. 北京：中国人民大学出版社，1994.

[30] 赵正文. 社会主义核心价值观融入大学生思想政治教育的创新机制研究 [M]. 北京：清华大学出版社，2018.

[31] 王玉梁. 价值哲学新探 [M]. 陕西：陕西人民出版社，1993.

[32] 袁贵仁. 价值学引论 [M]. 北京：北京师范大学出版社，1991.

[33] 袁贵仁. 价值观的理论与实践——价值观若干问题的思考 [M]. 北

京：北京师范大学出版社，2013.

　　［34］廖小平．价值观变迁与核心价值体系的解构和建构［M］．北京：中国社会科学出版社，2013.

　　［35］王国辉，等．高等教育第二课堂素质拓展学分化研究［M］．沈阳：辽宁大学出版社，2006.

　　［36］刘向，著；孙红颖，解译．战国策全鉴［M］．北京：中国纺织出版社，2015.

　　［37］荀悦，袁宏．两汉纪：第1卷［M］．北京：中华书局，2002.

　　［38］房玄龄，等．晋书：第102卷［M］．北京：中华书局，1997.

　　［39］梅荣政．用马克思主义引领社会思潮［M］．武汉：武汉大学出版社，2008.

　　［40］刘云山．建设和谐文化 巩固社会和谐的思想道德基础［M］．北京：人民出版社，2006.

　　［41］贾立平，等．校园文化建设与社会主义核心价值观实践教育研究［M］．北京：人民出版社，2019.

　　［42］易鹏．社会主义核心价值观网络传播研究［M］．北京：中国社会科学出版社，2019.

　　［43］罗理章，张一．当代大学生社会主义核心价值观教育创新研究［M］．北京：中国水利水电出版社，2016.

　　［44］郑永廷，等．中国化马克思主义理论——毛泽东思想邓小平理论"三个代表"重要思想概论［M］．广州：广东高等教育出版社，2005.

　　［45］孙迎光．思想政治教育新论［M］．上海：三联书店，2014.

　　［46］袁银传．中国特色社会主义理论体系的基本特征研究［M］．武汉：武汉大学出版社，2014.

　　［47］崔志胜．社会主义核心价值观融入精神文明建设问题研究［M］．北京：中国社会科学出版社，2015.

　　［48］李春山，何京泽．社会主义核心价值观大众化研究［M］．北京：人民出版社，2017.

　　［49］王炳林，张泰城．高校红色文化资源育人发展报告［M］．北京：人

民出版社，2020.

[50] 黄蓉生. 当代大学生诚信制度建设及加强大学生思想政治工作研究 [M]. 北京：经济科学出版社，2013.

[51] 王永贵. 经济全球化与我国社会主流意识形态建设研究 [M]. 北京：人民出版社，2000.

[52] 肖贵清. 十八大以来中国特色社会主义理论创新研究 [M]. 北京：中国人民大学出版社，2019.

[53] 冯秀军. 中国青少年道德价值观研究丛书：社会变革时期中国大学生道德价值 [M]. 北京：教育科学出版社，2013.

[54] 陈锡喜. 意识形态：当代中国的理论和实践 [M]. 北京：中国人民大学出版社，2018.

[55] 孙熙国. 传统文化与文化软实力——以中国传统价值观中的新"六德"为例 [M]. 长沙：湖南大学出版社，2016.

[56] 张景荣. 社会主义核心价值观研究综述 [M]. 北京：社会科学文献出版社，2017.

[57] 李程. 传统文化精神与大学生思政教育 [M]. 北京：光明日报出版社，2013.

[58] 骆郁廷. 思想政治教育原理与方法 [M]. 北京：北京师范大学出版社，2020.

[59] 李光耀. 李光耀40年政论选 [M]. 北京：现代出版社，1996.

[60] ［美］理查德·哈什，等. 道德教育模式 [M]. 傅维利，等译. 北京：学术期刊出版社，1989.

[61] ［美］内尔·诺丁斯. 学会关心——教育的另一种模式 [M]. 于天龙，译. 北京：教育科学出版社，2003.

[62] ［美］安·兰德. 自私的美德 [M]. 焦晓菊，译. 北京：华夏出版社，2007.

[63] ［美］乔治·瑞泽尔. 社会的麦当劳化 [M]. 北京：中国人民大学出版社，2014.

[64] ［美］博耶. 关于美国教育改革的演讲 [M]. 北京：教育科学出版

社，2002.

　　[65][德]博耶.关于美国教育改革的演讲[M].上海:上海人民出版社，2003.

二、期刊类

　　[1]习近平.把培育和弘扬社会主义核心价值观作为凝魂聚气强基固本的基础工程[J].党建，2014（3）.

　　[2]孙迎光.马克思"完整的人"的思想对当代教育的启示[J].南京社会科学，2011（5）.

　　[3]喻文德.论社会主义核心价值观的大众化[J].科学社会主义，2016（4）.

　　[4]牛佳.马克思"人的全面发展"理论与社会主义核心价值观[J].人民论坛，2016（22）.

　　[5]彭巧胤，谢相勋.再论第二课堂与第一课堂的关系[J].学校党建与思想教育，2011（14）.

　　[6]曾剑雄，等.大学生第二课堂研究:历程、焦点与前瞻——基于1999—2016年CNKI的文献述评[J].重庆高教研究，2017（6）.

　　[7]宋达飞.基于创新创业型人才培养的"第二课堂"梯度建设研究[J].思想理论教育，2017（9）.

　　[8]沈燕明，等.高校第二课堂创业教育的优势与实效性提升策略[J].学校党建与思想教育，2017（8）.

　　[9]朱国军，等.高校第二课堂成绩单工作的建设逻辑与核心机制[J].淮海工学院学报（人文社会科学版），2019（2）.

　　[10]丁彦，李子川，等.高校"第二课堂成绩单"的构建:内涵、变革与实现路径[J].高教学刊，2019（8）.

　　[11]宋丹，等.第二课堂、学习满意度与大学生核心竞争力关系的实证研究[J].大学教育科学，2018（5）.

　　[12]宋丹，等.提升高校第二课堂育人实效的路径探析[J].思想教育研究，2018（5）.

[13] 沈忠华．高校第二课堂学分制管理存在的问题及对策研究 [J]．教育科学，2018（12）．

[14] 张程．运用"慕课模式"改进大学生第二课堂教育的思考 [J]．中国成人教育，2017（14）．

[15] 冯刚．着力培育大学生社会主义核心价值观 [J]．高校理论战线，2012（9）．

[16] 徐柏才，等．大学生社会主义核心价值观的形成规律与教育对策 [J]．学校党建与思想教育，2012（2）．

[17] 周琳娜，等．以思政课情景剧教学法提升社会主义核心价值观教育亲和力 [J]．思想政治教育研究，2019（2）．

[18] 王南湜．中国梦：社会主义核心价值观之"纲""极" [J]．江汉论坛，2018（8）．

[19] 秦程节．社会思潮网络传播影响下青年核心价值观认同培育 [J]．当代青年研究，2017（3）．

[20] 裴晓涛．多元社会思潮中的社会主义核心价值观培育 [J]．中国高等教育，2018（18）．

[21] 王新刚．论中华优秀传统文化与社会主义核心价值观的内在契合 [J]．思想理论教育导刊，2018（12）．

[22] 姚才刚．社会主义核心价值观的传统文化根基及其实现路径 [J]．湖北大学学报（哲学社会科学版），2018（11）．

[23] 许益锋，等．基于立德树人的大学校园文化建设与社会主义核心价值观融合机制研究 [J]．高教探索，2017（9）．

[24] 马平均，等．社会主义核心价值观融入大学校园文化建设的几点思考 [J]．思想教育研究，2017（1）．

[25] 周萍．社会主义核心价值观融入高校校园文化建设的新思考 [J]．思想教育研究，2018（8）．

[26] 张广乐．社会主义核心价值观融入大学生职业发展教育研究 [J]．思想教育研究，2018（7）．

[27] 张天华，等．社会主义核心价值观融入高校创业教育机理与机制研究

[J]. 国家教育行政学院学报, 2017 (4).

[28] 张立梅. 关于社会主义核心价值观融入大学生核心素养教育的思考 [J]. 学校党建与思想教育, 2019 (5).

[29] 丁利锐, 等. 以社会主义核心价值观引领大学生人文素养培育探析 [J]. 河北青年管理干部学院学报, 2016 (6).

[30] 李志义. 创新创业教育之我见 [J]. 中国大学教学, 2014 (4).

[31] 陶利江. 社会主义核心价值观融入日常生活的逻辑理路 [J]. 中共浙江省委党校学报, 2017 (5).

[32] 邢瑞娟. 社会主义核心价值观融入大学生思想政治教育的长效机制探究 [J]. 学校党建与思想教育, 2018 (5).

[33] 吕金函. 国外价值观教育方法理论的路向及其启示 [J]. 思想教育研究, 2019 (4).

[34] 安钰峰. 凯文·瑞安品格教育理论的演变及启示 [J]. 思想教育研究, 2012 (1).

[35] 吴倩. 美国价值观教育的历史演进及其启示 [J]. 社会主义核心价值观研究, 2016 (2).

[36] 彭建国, 等. 论新加坡共同价值观教育对我国社会主义核心价值观培育的启示 [J]. 思想教育研究, 2014 (5).

[37] 杨茂庆, 岑宇. 新加坡学校价值观教育：路径、特点及经验 [J]. 比较教育研究, 2020 (2).

[38] 李醒民. 价值的定义及其特性 [J]. 哲学动态, 2006 (1).

[39] 韩东屏. 人·元价值·价值 [J]. 湖南大学学报（哲学社会科学版）, 2003 (5).

[40] 杨耕. 价值、价值观与核心价值观 [J]. 北京师范大学学报（社会科学版）, 2015 (14).

[41] 万光侠. 培育践行社会主义核心价值观的人本向度 [J]. 山东师范大学学报（人文社会科学版）, 2013 (1).

[42] 孙伟平. 关于社会主义核心价值观的几点思考 [J]. 山东社会科学, 2015 (2).

[43] 杨晓敏，叶启绩. 社会主义核心价值观的多元动态结构与现实表达 [J]. 山东社会科学，2015（2）.

[44] 公方彬，等. 关于构建社会主义核心价值观若干问题的思考 [J]. 南京政治学院学报，2008（5）.

[45] 赵笑蕾. 论社会主义核心价值观产生的理论、历史和现实逻辑 [J]. 求实，2017（6）.

[46] 翟宇，张新. 马克思主义意识形态理论发展脉络 [J]. 人民论坛，2016（36）.

[47] 谭培文. 社会主义自由的张力与限制 [J]. 中国社会科学，2014（4）.

[48] 李颖. 当代大学生社会主义核心价值观的培育 [J]. 社会科学家，2020（9）.

[49] 佘双好. 办好思想政治理论课须坚持显性教育与隐性教育相统一 [J]. 红旗文稿，2019（15）.

[50] 张大良. 课程思政：新时期立德树人的根本遵循 [J]. 中国高教研究，2021（1）.

[51] 冯建军. 改革开放 40 年中国德育事业的发展历程 [J]. 中国德育，2018（20）.

[52] 徐岩. 新自由主义思潮对大学生的影响 [J]. 当代青年研究，2015（11）.

[53] 王秀彦，等. 当代社会思潮对大学生价值观的影响与对策 [J]. 中国高等教育，2016（8）.

[54] 郑金洲. 新时代教师思想政治素质的新要求 [J]. 人民教育，2018（2）.

[55] 杜光. 马克思是怎样论述自由的 [J]. 炎黄春秋，2004（9）.

[56] 左亚文. 社会主义核心价值观的深层解读 [J]. 湖北行政学院学报，2013（5）.

[57] 易又群，等. 论法治的本质逻辑 [J]. 学校党建与思想教育，2018（12）.

[58] 张雨婷. 社会主义核心价值观引领高校校园文化建设常态化机制研究

[J]. 学校党建与思想教育，2020（2）.

［59］谢金土. 学校德育品牌建设的应然路径［J］. 教学与管理，2020（6）.

［60］郑萌萌，等. 西方社会思潮对大学生文化自信的影响及对策探究［J］. 学校党建与思想教育，2020（2）.

［61］阳海音，等. 大学生核心价值观培育的五大机制建设［J］. 人民论坛，2019（3）.

［62］周耀宏. 新媒体场域中党的创新理论传播的路径优化［J］. 中共福建省委党校（福建行政学院）学报，2020（6）.

［63］林立涛. 大学生社会主义核心价值观培育评价机制构建研究［J］. 思想理论教育导刊，2018（6）.

［64］周国桥. "三全育人"视阈下高校第二课堂育人的创新探索［J］. 学校党建与思想教育，2020（5）.

［65］梅晓芳. 高校辅导员工作室：共同体视域下辅导员专业化发展的新向度［J］. 江苏高教，2020（7）.

［66］许醴，等. "马克思主义灌输论"的理论还原和视域融合［J］. 思想理论教育导刊，2018（8）.

［67］沈壮海. 社会主义核心价值体系践行之思［J］. 学校党建与思想教育，2014（5）.

［68］李婷. 马克思人的全面发展理论的当代解读［J］. 人民论坛，2017（17）.

［69］罗红杰，平章起. 马克思主义灌输理论的理性审视及其当代价值［J］. 湖湘论坛，2019（5）.

［70］刘云林. 走向善教：道德视域中思想政治教育的逻辑递进［J］. 学校党建与思想教育，2019（2）.

［71］宫丽. 社会主义核心价值观培育贯穿于思想政治理论课教学的几点思考［J］. 思想理论教育导刊，2016（4）.

［72］张大良. 把培育和践行社会主义核心价值观贯穿高校文化素质教育始终［J］. 中国高教研究，2014（7）.

[73] 杨志超，张玉芳．主题教育中力戒形式主义的现实思考［J］．中共四川省委党校学报，2020（1）．

[74] 顾霁昀．"以美育人"的时代价值与实践路径——基于教师美育素养的视角［J］．教师教育研究，2021（2）．

[75] 唐湘晖．校园文化在高校校园景观设计中的表达［J］．建筑经济，2020（11）．

[76] 程立军，赵海燕．创新高校校风建设路径探析［J］．学校党建与思想教育，2013（2）．

[77] 訾谦．全媒体时代打造新型主流媒体的路径探析［J］．新闻爱好者，2021（9）．

[78] 陶青．论新时期有效劳动教育的三个条件：心理的、智力的和社会的——劳动并不等于劳动教育［J］．教育理论与实践，2020（10）．

[79] 娄雨．什么是"劳动的独特育人价值"——论劳动之于"体、技、心"的教育意义［J］．中国教育学刊，2020（8）．

[80] 刘奇．高校第二课堂建设研究［J］．教育与职业，2014（6）．

[81] 吕云超．大学生培育和践行社会主义核心价值观的着力点［J］．江苏高教，2015（2）．

[82] 吕云超．论社会思潮对大学生核心价值观形成的影响［J］．思想理论教育导刊，2015（2）．

[83] 邹绍清．论柯尔伯格的道德认知发展理论及其借鉴［J］．学校党建与思想教育，2008（7）．

[84] 陈思坤．体谅关怀德育模式的伦理内涵及实践价值［J］．现代教育管理，2010（4）．

[85] 檀传宝．诺丁斯与她的关怀教育理论［J］．人民教育，2014（2）．

[86] 杨业华，符俊．关于社会主义核心价值观的界定分析［J］．湖北大学学报（哲学社会科学版），2015（2）．

[87] 钟明华，黄荟．社会主义核心价值观内涵解析［J］．山东社会科学，2009（12）．